融创之路

重构教学新范式

黄伟祥 / 著

吉林大学出版社
·长春·

图书在版编目（CIP）数据

融创之路：重构教学新范式 / 黄伟祥著. — 长春：吉林大学出版社，2020.4

ISBN 978-7-5692-6345-9

Ⅰ. ①融… Ⅱ. ①黄… Ⅲ. ①计算机课–教学研究–小学 Ⅳ. ①G623.582

中国版本图书馆CIP数据核字（2020）第063457号

书　　名　融创之路：重构教学新范式
　　　　　RONGCHUANG ZHI LU：CHONGGOU JIAOXUE XINFANSHI

作　　者　黄伟祥 著
策划编辑　刘子贵
责任编辑　刘子贵
责任校对　张树臣
装帧设计　北京言之凿文化
出版发行　吉林大学出版社
社　　址　长春市人民大街4059号
邮政编码　130021
发行电话　0431-89580028/29/21
网　　址　http://www.jlup.com.cn
电子邮箱　jdcbs@jlu.edu.cn
印　　刷　北京虎彩文化传播有限公司
开　　本　787mm × 1092mm　1/16
印　　张　16
字　　数　272千字
版　　次　2022年6月　第1版
印　　次　2022年6月　第1次
书　　号　ISBN 978-7-5692-6345-9
定　　价　45.00元

序言

PREFACE

是什么决定我们的未来？我的答案是：互联网和教育。在方兴未艾的新经济大潮中，谁把握了互联网，谁就掌握了未来；谁开创了面向未来的教育体系，谁就会获得持续发展的动力。

——思科公司总裁钱伯斯先生

回想起我的教育生涯前半程，数学与信息技术学科的任教背景，给予了我研究融创项目的时间与空间，并提出了“立足小数，深耕信息，创新应用，融合发展”的工作思路。

二十年栉风沐雨，二十年摸爬滚打，在教育信息化发展进程中，在融创之路上我慢慢地成长为广东省特级教师、广东省教学名师、广东省领军人才、广东省学科带头人、广东省名师工作室主持人。我引领的学校也慢慢壮大，先后获得教育部首批“全国现代教育技术实验学校”“全国百所数字校园示范校建设项目学校”“全国创新应用先锋学校”称号。

在二十多年的进程中，我们共同见证着教育信息化从起步到壮大，从整合走向融合，从单一走向互联……我与我的团队跨越一个个艰难时期，取得一项项丰硕的成果：十年内三次荣获“广东省基础教育成果一等奖”，四次荣获“广东省创新成果二等奖”。成绩的背后，凝结着我们闪光的智慧，浸透了我们的涔涔汗水。这一切也足以证明：我们是仰望星空，脚踏实地进行融创项目研究的。

信息技术从最为原始的附属和辅助的角色，逐步成为教育教学发展的推动力，掀起了一场更为深刻的变革浪潮。这种深刻的变革就是教育理念、教学内容、学习方式的改变。时光倒退至1998年，我在全国教育现代化教学现场会上执教了一节数学课“长方形的周长”，这个时期的电化教育手段，仅仅是把胶片式的幻灯片通过手工制作，让静态的教学内容动态化，这就是起步阶段教育信息化的真实写照。

2012 年，我执教“认识百分数”参加全国信息技术与学科融合课堂教学成果比赛，这个时期，课堂教学应用的技术手段已非常丰富，如自主开发的学习互动平台、个性化的学习分析、个性化的学习评价等。因为当时在线学习平台开发处于起步阶段，很多学习平台没有达到教与学的个性化要求，所以，为了准备这一节课，我组织团队自主开发基于局域网的互动学习平台，在全国同行面前展示了如何基于 Webquest 进行小学数学的深度融合，得到专家与同行的高度评价，并取得了全国一等奖的佳绩。

2013 年是中国慕课元年，慕课迅速成为中国教育的研究热点，我有幸成为全国慕课中心研究团队的成员之一，开启了慕课、微课、翻转课堂的研究之旅，并致力于互联网+教育、大数据、个性化教学、智慧课堂等领域的课堂教学实践。慕课课程的开发丰富了师生的教学资源，改变了传统的教学模式，重构教学新范式。本书就是由我七年研究取得的成果，结合我个人沉淀下来的点滴感悟撰写而成，从个性化、大数据、资源开发、平台建设、思维重构、模式重构、教育智能化、实践应用等模块展开实践与经验的论述，希望本书所提炼的研究成果有助于一线教师进行学科的深度融合，有助力于他们重构教与学的新范式。

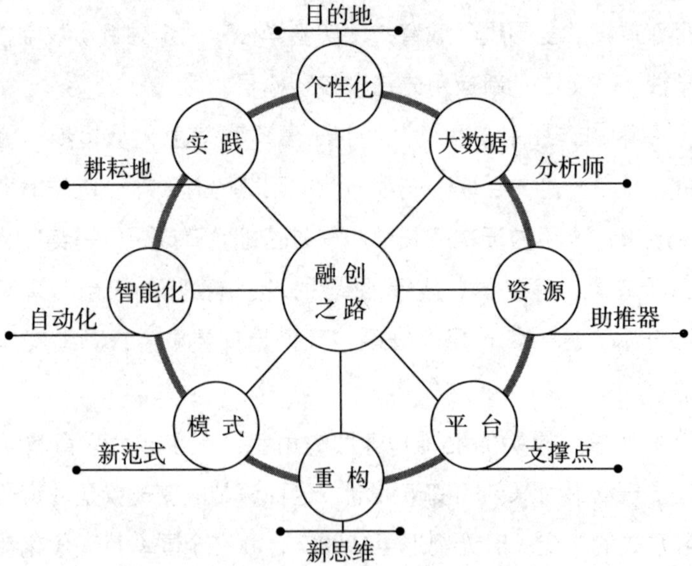

《融创之路：重构教学新范式》结构图

“求木之长者，必固其根本；欲流之远者，必浚其泉源。”我的教育生涯，一直都在融创之路研究上，未来，融创领域探索依然任重道远，我将永不停歇，不忘初心，砥砺前行！

黄伟祥

2019年8月

目 录

CONTENTS

第一章 个性化：教学重构的目的地

第二章 大数据：课堂教学的分析师

第三章 资源：教学重构的助动器

第四章 平台：课堂教学的支撑点

第五章 重构：课堂教学的新思维

第六章 模式：重构教学的新范式

第七章 智能化：人工智能未来已来

第一章

个性化：教学重构的目的地

由于现今社会的快速发展，人才培养的观念不断地发生着变化，传统的应用型和技能型人才已经不能够完全地满足社会的需要，“个性化学习”作为创新型人才培养的前提，受到了各行各业的关注。目前，很多有关中小学教育政策与法规中都提倡，上到政府机构，下到学校教师都要为“个性化学习”创造条件；“要进行信息化环境的建设，从而契合水平不一、风格各异的学生需要”，等等。国外也提倡要注重“个性化学习”，如英国政府指出，“个性化学习”将成为英国中小学教育改革的理念。由此可见，不管是国内还是国外，都将“个性化学习”作为教育的关键，而以往固化的、统一的课堂教学模式难以适应当前提倡的个性化学习与发展的理念。

一、个性化学习的再认识

（一）个性化学习的内涵

个性化学习的思想与实践可追溯到春秋时期孔子的“因材施教”观与古希腊苏格拉底的“助产术”教学法。不管是哪种教学理念，都体现出教学要以学生为中心，所以个性化学习是体现学生个性的学习，如在学习目标、学习内容、学习方式、学习手段、学习风格、学习策略方面充分体现学生的特长。因此，教育要尊重学生的多样性，不能按照统一的步调对所有的学生进行同一方式的教学。

（二）个性化学习的理解

1. 学习方式个性化

学习方式是指为了提高学生学习效率，达到更好的学习效果，所采取的方式、方法。学习方式是学生不同于他人学习特点的一项重要因素，同时也是学生提高或改善学习状况的关键所在。多样化的学习方式能够为学生带来不同的学习体验，从而达成更好的学习效果。

2. 学习内容个性化

学习内容个性化就是学生可依据自己个性化的学习需要，选择适合自己的学习内容，而非传统环境下统一的课本、统一的题库；知识呈现方式个性化是指根据知识内容所存在的载体的不同而有所差别的知识得以呈现的途径或方法，如文本类型、音频、视频等。多样化的呈现方式能够满足不同学生的感官需求。

3. 学习评价个性化

学习评价个性化是指不仅要关注学生的学业成绩这一客观因素，还要关注学生的学习态度、学习倾向等主观因素。这些因素能反映一个学生的学习状态，以便更好地帮助学生及时改正错误的学习倾向。

（三）个性化学习的特征

（1）针对每位学生的个性特点和发展潜能，教师要选择恰当的方法、手段、内容、起点、进程、评价等方式，促进学生各方面获得自由和谐的发展。

（2）学生的学习是自身个性展现和养成的过程，是自我实现和追求个性化发展的过程。

（3）揭示了教育与学习的区别：教育是教师通过外力让学生发展的方式，可以说抹杀了学生的独立性、反思性、主动性与创造性；而学习是学生在内驱力驱动下进行的发展，能够体现学生的独特性、进取性、发展性、潜在性与创新精神等。

二、个性化数字学习的价值取向

信息化是教育现代化的必经之路。个性化数字学习方式扩大了学生的学习时间和空间，也为教师自身的发展提供了一个平台，这是 21 世纪所必须具备的素养。实施课程改革在关注学生学习方式发生改变的同时不能忽略对学生技术运用基本能力的培养，要扎实地打好学生的技术基础。

个性化数字学习平台是针对传统教学模式的一次创新探索。传统的教学模式侧重在教师的口授、板书，学生的耳听、笔记，教师只能根据学生的即时反应了解学生对所学知识的理解程度，而将数字技术引入课堂辅助教学，教师上课不用再带着一叠厚厚的书进入教室，数字化设备就可将其所需的教材、教辅、课件等教学用具集于一体，借助设备自身强大的触控性、娱乐性等体验，为多媒体教学增添功能性，形成全新的师生、生生、人机互动式的教学模式。

个性化数字学习遵循“以学生为主体”的《义务教育小学语文课程标准》提出的“根据学生身心发展和语文学习的特点，关注学生的个体差异和不同的学习要求”。数字化的教育理念更强调教学的双方，特别是学生在教学中的态度，由此让学生真正地成为课堂学习的主体。基于个性化数字学习充分尊重学生的能力差异，个性化数字学习过程中教师是师生互动的关键，要努力实现这一目标，教师必须做到充分尊重每一个学生的能力差异。

个性化数字学习能充分调动学生学习的主动性，建立和谐的学习氛围，个性化数字学习的教学给师生的交流提供了更多的时间和空间，因为传统课堂很多时候大部分学生不能及时地表达自己的观点，从而影响学习的积极主动性和参与性，因此，相对具有开放性的课堂更能激发学生大胆思考，让学生的思维跳动起来，才能促进每个学生的全面发展。

个性化数字学习就是让学生从小养成良好的自主学习能力和创新意识。自主学习能力和创新意识最有效的养成方法就是让学生的思维不受禁锢，根据自己思维的发展培养符合自身情况的能力，而个性化数字学习模式则给学生创造了一个资源更加丰富、多智能参与的学习环境。

三、个性化数字学习的支持

（一）教师个性化教学理念对数字化教学实现的支持

1. 教师自身个性发展是个性化教学实现的主体力量

教师也是教学活动中存在的人，有自己的主观意识，但是传统课堂教学诸多因素的束缚，将教师锻炼成了具有相同风格的“讲课机器”。因此，教师在课堂教学中要有自己的个性与风格，这是让学生参与数字化教学活动实现个性化的必要前提。“教师个性的教育力量就在于和取决于他身上把教师和教育者有机结合的程度如何。如果我们说，学校用知识进行教育，那么，知识的教育力量首先就在于教师的个性。”所以说，教师在教学过程中体现出的自身个性的价值，不仅是对教师个人而言能够形成教学风格与自我教学特色，还是知识教育力量、力度把控的重要因素。

传统课堂中，因为教学模式的固化与教学形式的单一，教师的个性缺失是必然结果。但是，在数字化课堂教学中，教师个性缺失现象依然存在。通过调研、访谈与观察，发现教师自身个性发展的实际状况如下。

（1）教师对教师个性的内涵没有准确的把握。不论是在传统课堂教学中还是在数字化课堂教学中，教师都没有关注自身的个性发展。许多教师将教师个性的发展，狭义地理解为教学风格，这也限制了教师对教师个性的关注。在数字化课堂教学中，教学内容丰富，学生主动性提升，如果教师都没有理解自身个性的内涵，就更难在数字化课堂教学中判断自己是否有教师个性。

（2）数字化课堂教学中信息技术的持续加强与教师个性产生了博弈。在日常工作中，我们发现数字化课堂教学中教师个性的缺失与信息技术的能动性增强有关。较多的教师表示，自己只能在课堂有限的时间中成为信息技术的组织者，有被信息技术“奴役”的感觉，这与教师没有深入地把握技术特征，简单地基于工具主义实用信息技术有关。教师作为教学活动中的引导者与组织者，自身主体性应该凸显，在技术使用中应存在人文向度，而非成为技术工具的束缚者。

（3）在数字化课堂教学中，教师个性的培养阻力来源于学生的自主性增强。传统课堂中，教师个性发展的阻力，来源于教学模式的固化、集体备课资源的统一化、学生被动式接受与教师灌输式讲授。但是在数字化课堂教学中，基于互联网与移动终端技术的支持，学生的自主性增强，学生的个性化凸显，让教师进入了新的教学活动适应期，难以把控学生学习的进度与学生在学习过程中的需要，使得教师无力去培养自身个性。

简而言之，在数字化课堂教学中要想实现个性化教学，达成个性化的“教”，其前提条件是要保障教师有个性。因此，首先需要加强教师对教师个性内涵的理解，唤醒教师对自身个性发展的意识，以确保未来在数字化课堂教学中，教师有培养自身个性的动力。其次，在数字化课堂教学中教师应不断更新技术观，摒弃与信息技术进行博弈的姿态，在二者平衡的教学过程中寻找自己的个性发展的可能。只有确保教师有个性，有发展自身个性的意识与动力，才能形成个性化的教学观。

2. 教师自主意识培养是个性化教学实现的持续能量

“教师要形成独特的个性化教学，就必须有自己的独立意识，对教材、学生、教学过程都要有自己独特的见解，不能人云亦云。”在数字化课堂教学中，个性化教学的实现需要教师个性化的教，教师个性化的教一方面体现在教师自身的个性，另一方面体现在需要教师有自主的意识，能够在教学过程中摒弃从众心理。

传统课堂教学中，教师缺乏自主意识的主要原因是受困于教学资源的匮乏、集体备课形式的单一等因素，表现出教师在教学过程中的被动与固化，依据现有的教学资源墨守成规，并没有能够与自己的主观思想融会贯通。数字化课堂教学中，教师自主意识的缺乏主要体现在以下几个方面。

（1）教师自身缺乏对数据统计的分析。依托于大数据技术，数字化课堂教学中对学生各方面的发展都贴上了数据的标签，随着数据的增多，大数据的数据分析日益增强，依靠这些数据可以做出精准的判断。但是，在大数据时代，并不意味着所有事情的结果都能依靠数据的量化，尤其是教学过程中学生的发展问题，不能“唯数据”，如果学生的发展评价等都是仅靠数据的分析去形成，无异于教师从传统课堂中无思想的机械化教学，变为数字化课堂教学中无思想的数据化教学。所以，在数字化课堂教学中，教师不仅要会看数据分析，还要会用数据分析。在用数据的过程中，出现同样的数据分析结果，教师只有以数据分析为依据，注入不同的思想，对学生的分析具有自己的见解，才能体现出教师教学的自主性。

（2）体现在教师过度依赖人工智能，有“人工智能云亦云”的现象。当下，科技的发展已经让人工智能与教学的结合成为趋势，传统教学中，必须需要教师智慧，需要教师自主意识判断的工作，也逐渐被人工智能所取代，如在某些平台，对英语作文等主观题目的批改已经能够达到智能化批改。这种智能化的批改形式上减少了教师的教学任务，但是并不意味着可以代替教师进行自主性的思考。但是，许多教师完全依赖人工智能，人工智能的结果成了唯一的标准，并没有对此有自己的思考与见解，这样最终会导致教师的自主性缺失，教学生成性变弱，同样的题目，同样的批阅程序，造就出同样的结果，这不仅不利于教师个性化教学，还阻碍了个性化教学的实现。

所以，教师具备自主意识和独立思考教学的意识，是教师形成个性化教学观的必要前提，是实现个性化教学的关键条件。教师的自主意识的培养，首先是教师对学生与自己的认识与判断，不仅不能人云亦云，还不能“唯数据”是从。在信息技术的辅助上，用有思想、有教师自我判断的方式开展教学活动，才是达成个性化教学的前提。其次，教师需要对教材与教学评价有主观的把握，数字化课堂教学中，电子教材资源丰富，教材参考齐全，但是并不能代替教师对教材的独立思考，挖掘教材形成教师不同的理解才是个性化的教的根本。另外，在教学评价上，依托数据的多元评价，并不是技术支持下的形式上的多元，而是应该有教师自身的思考，只有对学生的评价灌输了教师个人的思想，才是真正有意义的评价。

3. 数字化课堂教学中教师对师生观与角色定位的认识

正确的师生观是教师在教学中必须坚持的，但是在数字化课堂教学中，师生关系发生的变革，使得教师的师生观发生偏移，以实现个性化教学为目的，形成数字化课堂教学中恰当的师生观，是教师形成个性化教学观的目标之一。在数字化课堂教学中，随着学生主体性的凸显，使得学生与教师关系从传统课堂中的主客体关系到双主体关系，这种双主体关系，明确了学生是学习主体的地位，强调了教师组织与引导的作用。在这种关系的变革中，有部分教师对教师的角色与定位产生了新的理解，导致师生观的偏移。

数字化课堂教学中师生关系的变革是个性化教学实践逻辑的动力系统，基于实践，本研究发现数字化课堂教学中的教师更愿意将自己的角色认同为服务于学生的人，相比于传统课堂，教学过程中的主动权发生了转变。在传统课堂中，以知识为本位，教师作为知识的传递者，拥有教学过程中的主动权，但是在数字化课堂教学中，以达成学生个性化、多元化发展为愿景，学生自主学习的能力提升，学生成为知识的需求者，掌握了教学活动中的主动权。这种主动权的转换，原本是课堂教学正常的发展规律，但是在权力削减的过程中，许多教师形成了如服务者、学习者的角色定位，弱化了教师对课堂教学的组织与引导的作用。这种角色定位，容易让教师形成永远以学生为先的观念，在课堂教学中逐渐失去主观能动性，最终形成教学过程中的惰性，仅以机械化的教学方式满足学生的学习需求，就认为达成了个性化教学，却未意识到，这种惰性正是阻碍教师形成个性化教学观的本质原因。所以，要形成个性化的教学观，教师必须对自己的角色有一个正确定位，认识到教师在课堂教学活动中组织引导的价值，增加教师对课堂教学的主控权，是教师形成个性化教学观的前提。

（二）学生个性化学习方式对数字化学习实现的支持

数字化课堂教学中要实现个性化教学，一个重要条件是学生能够进行个性化的学习，如果仅有技术支持与教师个性化的教学，学生没有个性化的学习观，那么个性化教学必然无法实现。

1. 学生对学习资源的整合与使用是个性化教学实现的先行条件

在教学过程中，学生对学习资源的整合与使用，体现了学生的学习观。

传统课堂中，学习资源对于学生来说基本局限于教材与教师所提供的学习素材，学生能够自主去做的只是接收这些学习资源，自主性较高的学生能够将接收的学习资源，按照自己的需要进行一个分类与整理。所以，长期的传统课堂学习，从学习资源使用的角度来看，学生的学习观趋于被动，也缺乏主动去整合与使用学习资源的意识，更无法达到在学习资源层面的个性化。在数字化课堂教学中，学习资源形式较为丰富，学生可获取的渠道增多，因此，学生所能获得的学习资源在数量上大幅增长。但是，数字化课堂教学中学生对学习资源的自主性仍有缺失，首先表现在学生面对海量的学习资源，没有明晰自身学习目的，批量化接收现象较为普遍。这种没有进行自主思考就全部获取的行为，是传统课堂中的惯性思维所造成的。其次，学生对学习资源的动态性生成较弱。“学习资源的动态性，一方面是指构成个性化学习资源的各要素之间关系是不断的生成与变化的；另一方面是指针对不同的学习领域、不同的学习层次、不同的学习环境，学习资源要保持动态的调整”，简单地说，学习资源不是一成不变的，学生需要根据自己的学习需要与学习环境，使学习资源保持动态的调整状态，使学习资源能够有个性化地展现。所以，在数字化课堂教学中树立学生个性化的学习观，首先要形成正确的学习资源使用观。对于资源的整合，需要学生对自己的学习需要有较为清晰的认识，同时，能够基于自己的需求，通过整合形成新的学习资源。另外，在学习资源的使用过程中，要能够形成学生个性化的学习观，需要以学生能够个性化地使用学习资源为基础。个性化地使用教学资源主要体现在，学生在使用学习资源的过程中，明白自身为什么用这一资源、怎么使用与什么时间使用三个问题。在传统课堂教学中，教学资源的使用往往不需要学生去明确这三个问题，学生只是被动地记忆或者接收学习资源。在数字化课堂教学中，如果学生对待学习资源的使用仍然是同一模式，那么必然会阻碍个性化教学的实现。

总地来说，为了促进个性化教学的实现，学生使用学习资源由三个阶段组成。

第一个阶段是学习资源的选用，即明晰为什么选择使用的问题。在数字化课堂教学中，鼓励学生多元化发展，同一个知识点的教学，每个学生对此知识点需要的学习资源并不相同，在技术层面，已经可以为学生提供分层推送，但是仍需要学生明确自己的学习目的以及构架好这个学习资源对以后学习的系统化帮助，所以在选取学习资源阶段，学生通过明晰自身需求以及后续学习的需要，使已经选用的学习资源具有一定的差异性，但是这种差异性又包含着解决同一个学习知识点的共性。

第二阶段是学习资源的使用形式。数字化课堂教学中的学习资源不再局限于课堂中的教材以及教师所准备的影像资料等。在内容上，电子资源逐渐增多，零碎化的信息是电子资源的特点，因此，学生在使用学习资源的方式上有了多样的选择，应更加注重资源的生成性。例如，同一知识点的学习过程，学生可能需要视频材料与相关的生活素材，在探究式、研讨式的学习中，学生更多的是将学习资源作为佐证材料；在项目式与混合式的教学中，学生倾向于将学习资源作为帮助自己深入拓展知识点的基础。所以以何种形式使用学习资源，取决于学生以何种模式学习，呈现出学生多元化的思想特点。

第三阶段是确定学习资源的使用时间。数字化课堂教学一个明显的特点就是凸显泛在化的学习，随时都可以进行学习活动，也就意味着学生使用学习资源的可支配时间不再局限于课堂之上，而在整个教学过程中，课前、课中与课后都可以使用学习资源。所以，学习资源的使用时间需要学生依据自己的学习目的与大数据分析等反馈，确定这一学习资源是课前预习还是课中参与学习或是课后巩固。不同的学生针对同一资源，对资源的安排是有差异性的，明确何时使用学习资源，是学生个性化学习观的又一体现。

2. 学生自主与合作学习能力的提升是个性化教学实现的必要支点

数字化课堂教学给予学生自主学习的空间大了许多，但是从传统课堂向数字化课堂教学转型的过程中，学生对数字化课堂教学自主化的教学模式并未完全适应，仍然保持着传统课堂中被动学习的惯性。为了能够形成学生个性化的学习观，以实现数字化课堂教学中的个性化教学，学生自主学习与合作学习的能力仍需要更大的提升。

学生自主学习能力的提升是学生个性化学习观形成的前提与基础，相较于传统课堂，学生自主学习能力的含义也宽泛许多，不仅仅体现在学生学习自主性的凸显，还需要学生在学习过程中有首创性、合作性与反思性。首创性是学生创新能力的体现，在教学资源丰富、学习形式多样的教学过程中，学生进行探究式与研讨式的学习模式逐渐成为常态，在这种模式下，学生对于资源的整合利用以及学生间头脑风暴，都能激发学生在学习活动中的创新性，而这种创新性正符合数字化课堂教学中学生多元化发展的方向，是学生个性化学习观形成过程中需要重点加强的部分。合作性与反思性的需要，是因为目前数字化课堂教学的开展，多以小组学习的教学形式进行，在小组学习中，学生的自主性首先体现在需要知道如何与其他学生合作，需要的是合作精神，目前学生合作精神的缺乏是较为突出的问题，因为技术的辅助与学习形式的多样，更多的学生选择了独立地进行学习活动，独立并不意味着自主性的凸显，在项目式学习中如果没有小组间的合作，个人的所得往往是缺失的。所以需要让学生首先树立合作精神，愿意合作及懂得合作是提升合作性的基础。

（三）信息技术对个性化数字学习实现的工具支持

1. 数字化课堂中的平台化技术

平台化的思想源自互联网思维，开放、共享与交互联结是互联网思维的核心。平台化技术首先是对教学资源提供技术支持，平台化技术的开放让教学资源得到了高效的整合，使得教学资源在形式上的丰富程度大大提升。教学资源的匮乏，是教学形式单一、教学模式固化的一个重要原因。基于互联网的平台化技术，将各种形式的教学资源整合，形成了内容丰富、形式多样的资源库，这种资源库的支持，是使课堂教学从单一转向多元的基础条件。另外，随着互联网技术常态化应用与移动终端技术不断成熟，教学资源整合为资源库已经是平台化技术的基础功能，分层与实时推送展示功能的深入应用，让平台化技术，不再是云端化技术，而能够“落地生根”。教学资源的分层，是平台化技术与大数据支持的产物，以往虽然能够把各个零散的教学资源整合在一个资源库中，但这种资源库的存在只能在数量上丰富教学资源，起到化零为整的作用。在教学实践中，往往又要在庞杂的资源库中进行选取，对于教师而言，选取的标准往往会依据教学目标，然而对于学生而言，往往很难有合理的依据从资源库中精准地选择真正需要的资源。因此，通过大数据技术形成的量化分析，将资源库中的资源进行分层是十分必要的做法。例如，科大讯飞的畅言智慧课堂中，将资源库中的教学资源依据学生知识点的掌握情况，进行排列分层。较多学生能掌握的知识点的相关资源，在资源库中排在靠前的位置，这样学生在选取资源时，能够轻松地获得更符合自己学情的资源。同时，教学资源的实时推送与选取，支持了课堂动态的生成。在传统课堂教学中，教师一般在课前会将需要的教学资源选取完成，在教学过程中只能限制性地使用已经准备好的教学资源。而大数据技术教学资源的推送与实时选取功能，保障了教学资源能够满足教学过程中的动态生成，可以随时根据教学中的实时需要推送到每个学生的移动终端上。

2. 数字化课堂中的交互技术

交互技术在课堂教学中的应用，为情境化的教学、师生关系在课堂教学中的变革以及教学形式的多样化都提供了条件。基于多元智能理论，教学中的情境化越来越丰富，信息技术的发展让图片、视频技术在情境化教学中已经成为常态化的应用，但是这种情境化教学的技术仍然只能停留在展示的层面，只是对学生感官上的刺激，学生的情境参与感不高。交互技术依托平板电脑等移动终端，让每个学生都能在情境中发声，同时支持学生上传自己的微视频、音频等，让情境化教学得到立体呈现，使学生真正地入情入境。同时，交互技术真正给了学生在课堂上的话语权。在课堂上，因为时间的限制，不能让每个学生都发表自己的意见，但是在课下，学生可以发表自己的想法与观点到班级空间，与同学老师一起讨论。这种话语权的回归，让数字化课堂中的师生关系发生了本质的变革，话语上的平等，才是主体地位的真正体现，并且交互技术方便了学生之间在课堂中的交流，学生可以通过移动终端随时加入讨论、以小组形式进行学习或者可以通过移动终端落实小组的学习任务，实时呈现给教师。这种交互技术是学生能够在教学过程中发声的基本条件。

3. 数字化课堂中的大数据技术

目前的信息化时代可以说是一个数据的时代，大数据诱发了教学的多样变革，支持了教学评价的精准化、教学设计的定制化与教学模式的科学化。在我国应试教育转型素质教育时，就提出了教学评价需要多元化，单单依靠一张试卷来评价学生显然是片面的。但是常态化的评价至今都难以达到多元化的教学评价，其中重要的原因就是其操作难度较高。大数据的出现将原本难以划清标准的多元评价，以数据的形式进行统计，使过程性评价逐渐替代了结果性评价。同时，每一个学生都形成了一个属于自己的数据库，多元化的标准评价都转换成了精确的数据直观地体现出来，为精准的多元化评价提供了保障。并且，要想实现教学定制，大数据技术的支持也是必不可少的条件。大数据通过对每个学生薄弱知识点的展示，能够直观并且完整地展现出每个学生的需求以及一个班级共同的学习需要，使得教师的教能够精准对接学生的学习需要，使得学生定制化的需求更加清晰，教师的反馈更加精准。最后，大数据技术为教学模式的创新提供了条件，能够科学地调整教学模式，而非盲目跟风。教学模式的固化是传统教学中影响个性化教学实现的一大弊病，何种教学模式才是有效的一直是教师们在讨论的问题，大数据技术可以科学地为教学模式的变革提供数据决策，如目前线上线下混合式的教学模式，可以通过数据直接获得此类教学模式的反馈。

四、数字化课堂个性化学习的设计原则及要素

个性化学习的关键就是确保学生有足够选择的条件，并且这些条件能够支持学生进行有效的自主建构。

（一）设计原则

1. 提供多样化的学习路径

如何让学生具有选择权，可以选择适合的方式来建构知识，这是实现个性化学习的关键。因此，如果要让学生具有选择权，一方面要充分利用数字化学习环境的智能性服务，如通过监控来记录学生的学习轨迹，为学生推送合适的资源等；另一方面，教师要创造性地设计资源、工具和评价等智化要素，给学生可供抉择的条件，要充分调用和组合环境中的各个要素，最大限度地提供充裕的条件。

2. 促进学生的自主建构

自主建构是指教师基于学生原有的知识经验，通过设计环境中的各个要素（资源、工具、方式、评价等）为学生搭建“支架”，使学生能够借助这些“支架”，对新知识进行建构，并且不断地完善和扩充原来的知识体系。自主建构作为其中的一个主要特征，从某种程度来说，建构的程度对个性发展的水平是有影响的，决定着学生是否能够将习得的知识（经验）建构到个性化的知识体系当中，因此教师要对学生的构建进行引导与纠正。

3. 尊重学生的个体发展

每个学生都是相对独立的个体，在很多方面都存在着差异，如果教师一味地采取统一的、整齐划一的或是“一刀切”的教学形式，那么就会在很大程度上泯灭他们的天性，所以在教学时，我们需要认识到这些差别，从而“区别对待”，有针对性地实施教学策略。个性化学习是以学生个体为单位的，强调要尊重学生之间的差异性，因此，在为学生提供设计资源、工具、评价时，要注重他们之间的差异性与学习需要。

（二）设计要素

数字化学习环境中的资源和工具是充裕的与多样的，但是如果不对这些资源和工具加以组织与加工，学生在应用时会产生迷惑感，所以教师在推荐资

源时，要智慧式地设计这些要素。

1. 学习资源设计

当对资源进行加工、组织与设计时，我们要关注下面两点。

（1）关注学生的学习水平。对于知识水平各异的学生来说，使用的资源是不同的，如学习基础薄弱的学生，并没有夯实基础知识，这时可以为这类学生设计讲解型微课资源，待学生补充基础知识之后，再进行下一步的学习。

（2）关注学生的学习风格。对于风格各异的学生来说，喜好不同形式的资源，如个别学生喜欢纸质资源，还有个别学生喜欢阅读电子资源，这时可给予学生选择权，让学生依据自己的喜好，选择适合自己学习偏好的资源。

2. 学习工具设计

在工具设计方面，我们应该考虑的是适时引导，给予学生更多的选择权，让他们可以按照自己的进度来选择工具。例如，在学习基础知识的同学，可能正在观看微课视频，并不需要学习工具；而在进行合作探究的同学，在进行任务分工时，需要利用搜索引擎工具来搜集资源；对于一些学习能力很强的学生，完成了知识的学习后，已经在用思维导图工具进行知识点的梳理了。针对不同进度的学生，需要的学习工具也不同，因此，教师要鼓励学生借助适当的学习工具来帮助自己解决任务。

3. 学习目标设计

学习内容包括了概念、事实、原理、规则等，在设计学习内容时，教师应着重关注学生的学习水平。因为学生接受新内容的速度各不相同，因此对目标进行设计时要注意目标的分层。例如，对于处在学习基础薄弱的学生，教师可以推荐微课资源来支持和引导学生，来补充学生的基础知识；而学习基础较好的学生已经完成了基础知识的学习，这时我们可以让他们进行一些有难度知识的学习，这样就会避免成绩好的学生比较“闲”，成绩不好的学生比较“忙”的情况出现了，最终使各个学习水平的学生都可以有一些收获。

4. 学习评价设计

评价不但可以对学生自身的学习全貌有一个系统的把握，而且能够不断地促使自己弥补空缺，我们在进行设计时，要注重如何让学生来建立整体的认识。若是评价的方式只有一种的话，那只能让学生形成片面的认识，所以我们要注重运用多方位、多角度的思考，对学生进行全面的考量，这样有助于学生形成一个整体的、清晰的、动态的认识，如在“学前评”时，根据学生了解的知识水平，教师可以依此设计不同的资源、内容等；“学中评”可以使学生明晰自己的状态，从而及时地进行调整；“学后评”可以了解自己与其他同学在哪些方面存在差距，从而相应地进行补充。

五、数字化课堂中个性化教学实现的路径

基于前文所述数字化课堂中个性化教学实现的逻辑，将教学活动分为课前、课中与课后三部分，分别探索三部分中的关键环节，明确通过关键环节需要达成的目标，以形成整个数字化课堂中个性化教学的实现路径（见图1-1）。

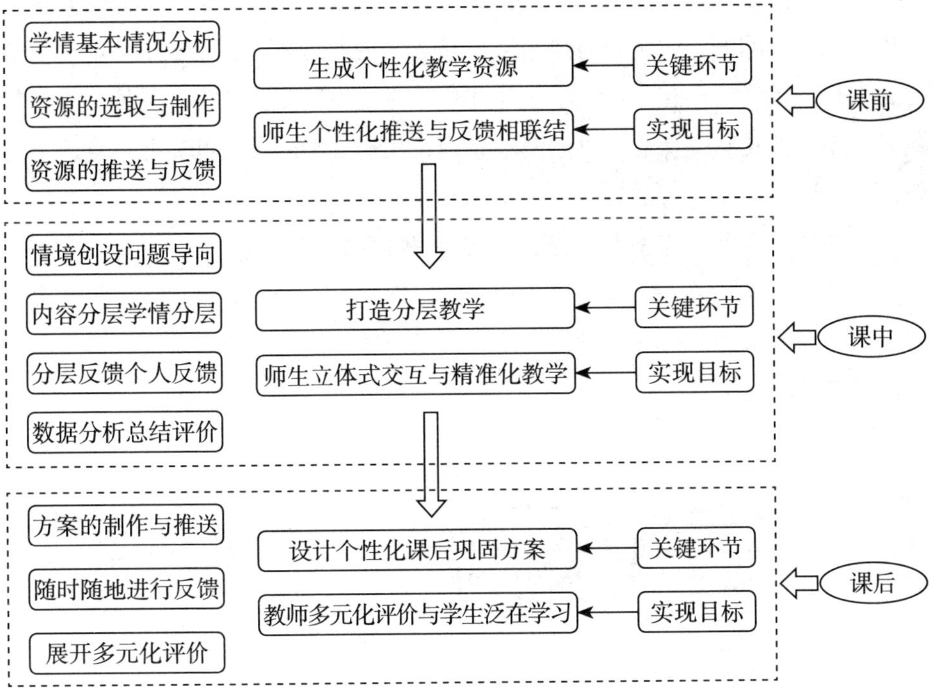

图1-1　数字化课堂中个性化教学实现关键环节与目标

根据数字化课堂中个性化教学实现的逻辑理路与实践过程中的特点，在个性化教学实现过程中，有以下几个关键环节：

（1）在课前，主要环节是个性化学习资源的生成，这种资源的生成是整个个性化教学活动的开始。在个性化学习资源生成中，实现课前教师与学生的反馈联结，以明确本节教学活动的教学内容与教学目标，达到“以学定教”的最终效果。

（2）课中主要环节是打造分层的教学。这种分层逻辑是在信息技术支持下，达到学情分层、目标分层以及内容分层甚至反馈分层。在这种逻辑下的分层最终要实现的是师生能够进行立体式的交互以及精准化的课堂教学。同层次间与不同层次间学生与教师、学生与学生可以进行实时的交流与协作，将交互立体化以便于学生发散思维，找准自己的兴趣偏好，体现学生间的差异性。同时，让课堂中的教学更加精细与准确，是课中教学环节中需要达成的目标之一。让个人的学习能力在课堂教学中得到发展是个性化教学的追求，而精细与准确的课堂是实现这一目标的前提。

（3）课后的主要环节是设计个性化课后巩固方案，最终实现教师多元化的评价与学生泛在化的学习。与传统课堂有别的是，课后的学习巩固需要学生打破时间与空间的界限，随时随地进行有效的巩固与复习，给予学生更多的学习自主权，现代信息技术也为学生泛在化学习提供了支持条件。另外，多元化的评价是个性化教学课后评价的基本原则，从形式与内容上都需要丰富评价的维度，达到多元化评价的目的。

（一）个性化课前学习资源，实现个性化推送与反馈

数字化课堂中个性化教学课前的关键环节主要是课前学习资源的形成，最终要实现教师的“以学定教”以及学生明确教学活动的学习需求，达成师生之间的反馈联结（见图1–2）。

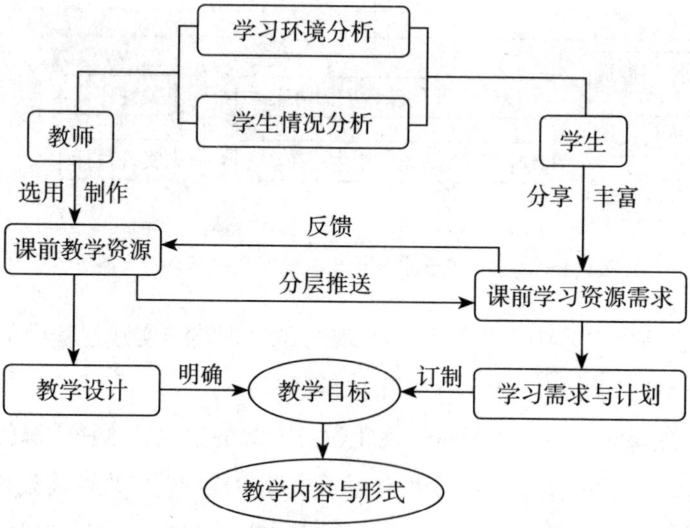

图1–2　课前教学环节整体路径

1. 教师利用数字化课堂交互技术与资源平台达到“以学定教”和分层设计

（1）课前教学资源的选用与制作。课前教学资源主要目的是为学生提供课前预习材料。传统课堂中以教材与习题为主，形式较为单一，数字化课堂教学中课前预习的资源形式丰富，教师可选用与制作的资源大致有以下几种形式。

① 线上优质微课与慕课。互联网时代使互联网技术成为常态化的应用，尤其“互联网+教育”的发展，让线上线下混合教学模式更加成熟与完善，线上资源的获取与使用在教学实践中已经非常普遍。微课作为“互联网+教育”的热门产物，以教学小片段为形式，以随时随地可反复观看为优势，迅速成为课堂教学中的一种重要形式。同时，微课也是课前预习的优质资源之一，其时长较短且视频内容趣味性较高，情境性较强，适合课前对学生激发兴趣，但是短小的视频又对学生留白，给学生以思考的空间。同时，同一教学内容的微课众多，不同知识点不同的教学片段资源都相对比较丰富，教师在选用微课时，可以依据学生较为薄弱的知识点进行选取，为后面的分层推送做好准备。另外，自制微课也是数字化课堂中助力教师实现个性化的教的途径之一。例如，在科大讯飞的畅言智慧课堂系统中，已经上线了微课空间，方便教师自制微课，同时提供了各种形式的微课模板，针对不同的教学形式以及学生群体，教师可以方便地选取相应的微课模板进行制作，这种自制的微课，完整地体现了教师个人的教学智慧以及教学风格，是形成个性化的教的必要过程。同时，慕课也是互联网的产物，慕课是指大规模的在线课程，这种在线课程在数字化课堂中能够很好地进行动态生成，如学生将相关慕课作为预习材料，在这种慕课形势下，学生关于一个知识点可以听到来自全国各地的，不同的教师，不同的教学形式的讲解。在这种差异化教学中，学生对这个知识点的发散性增强，能够较好地达到预习效果。

② 选择多种形式的媒体资源进行整合。传统教学过程中除了对教材的预习，另外就是一些习题的辅助。在数字化课堂中，媒体资源更多的是对教学内容情境上的创设。例如，视频资源、在线的尝试性习题以及知识点的实践应用。这些资源既可以单独地呈现给学生，也可以根据具体的学情，教师进行个性化的整合使用。目前许多公司研发的数字化课堂系统，都有科学的整合模板，对情境视频、习题与实践应用等资源的数量都有比例划分，最终统一再整合为一个完整的课前预习资源包推送给学生，形成了既多元化又整体系统的课

前预习资源。

（2）教学资源的分层推送与学生反馈的接收。数字化课堂中移动终端技术的成熟，可以支持教师随时随地地向学生终端推送资源。

① 这是对泛在化学习的支持，泛在化学习强调让教学打破时间与空间的界限，以适应当下碎片化知识的时代。虽然泛在化学习更多的价值是丰富了教学的组织形式，但是在教学时间与空间的选择上给了教师与学生很大的自主性，可以依据学生不同的安排与教师教学的进度，随时随地地推送资源，避免了传统课堂上课 40 分钟的局限。分层教学的理念在个性化教学中贯穿始终，在资源推送环节，数字化课堂实现个性化教学的关键在于教师能够对课前预习资源进行分层推送。预习资源的分层推送，是整个教学过程中的第一次分层推送。在具体操作过程中，第一次分层推送一般是依据教师对学情的主观分析，依据学生对课前预习资源的偏爱程度以及学生对知识点理解的不同需求，将不同的预习资源推送给不同的学生，如学习兴趣较弱的学生，可以推送情境性较强的视频资源，以引发学生的学习兴趣；探究能力较强的学生，被推送的资源一般知识性较强，可探究的空间较大，从而引导学生深入思考。因此，在教师的主观意识判断的基础上完成的第一次分层推送，可以形成个性化教学的雏形，为后面的“以学定教”、定制化教学设计打下基础。

分层推送工作后，就是接收学生反馈的环节。传统课堂中，学生预习效果的反馈渠道较为单一，往往是将学生的学习效果作为学生预习的反馈，但这种反馈其实已经在课堂教学中进行了，一定意义上反馈的时间非常滞后，导致学生失去了预习反馈的价值。数字化课堂中，教师接收学生预习反馈的形式较为多样。首先，基于平台化技术，在平台上与学生进行交流与讨论，如科大讯飞数字化课堂系统中的“班级空间”功能，为师生提供了共享与交互的平台，在教师推送预习资源后，学生关于预习后的想法与感受，都可以通过文字、图片与短视频的方式，在班级空间内与教师、同学进行交流，在平台的交流中，教师可以得到学生预习后的反馈。其次，基于移动终端技术与大数据统计技术，教师可以规定学生统一提交预习反馈的时间，利用大数据技术分析，得出数据化的反馈报告。这种反馈形式更加高效便捷，能够直观地反映学生的课前预习情况。

② 针对学生预习情况的反馈，教师可以基于反馈情况进行二次分层推送。第二次分层推送与第一次相比，教师主观性削弱许多，更多是依据大数据

分析技术，更精准地对学生进行二次分层推送。二次分层推送的内容，主要是针对学生的预习反馈，进行资源的补充。但是并不是每一次课前预习与每一个学生都需要二次资源的补充，教师根据实际反馈情况进行定夺。

（3）教学设计的分层设计与定制化。课前预习的目的之一是为了让教师能够更好地“以学定教”，传统课堂中教师更多的是依据教材与学情的主观判断制订的教学计划。在数字化课堂中为了实现个性化教学，“以学定教”的依据与方式都发生了变革。

数字化课堂中的“以学定教”，是教师主观判断与客观数据分析同时作为教学目标确定的依据。在课前资源分层推送后，依据学生的反馈与教材在知识层面的所要达到的目标及教师的教学经验可以确定本节教学活动的总目标，即全体学生所要达到的总目标。在这个总目标的统领下，教师再依据学生的学情数据分析与不同的知识点需求，分层设计教学目标。基于大数据技术，教师可以看到学生通过学习预习资源后的一个数据反馈，包括了学生对教学内容最感兴趣与最不感兴趣的知识点，能够轻易理解与较难理解的知识点，不同学生在不同知识点上发散思维的数据量以及学生所提出的问题等。依据直观的数据反馈，教师能够较为精准地对教学内容的重点与难点进行把握，对教学形式的安排更加符合学生的需要。例如，对于学生兴趣度较低的知识点，教师可以采用情境化教学形式来激发学生的学习兴趣；对于学生兴趣度较高的知识点，可以采用探究式学习、小组合作学习等教学形式，在学生具有探究动力的基础上，进一步深入教学。因此，依托数据反馈，教师能够实现教学目标和重难点与教学形式的确定，在方便快捷的同时也形成了精准化的教学。

另外在课前预习阶段中的因材施教的定制教学，教师可以通过移动终端的交互技术制定。因为环境条件的限制，大部分的教学活动都是班级授课制，班级授课制在环境上极大地限制了个性化教学，有许多个性化的教学形式在班级授课时往往无法实现，所以许多教师在备课时从这一现实条件出发，不会考虑学生的一些个性化需求。但是借助移动终端技术与互联网交互技术，都可以打破这些限制，实现定制化教学。在课前阶段，教师需要进行下列环节。

一是通过数据分析表与平台中学生的反馈，明确学生的定制需求，如知识点的需求以及不同学生不同关注点的需要。这些需要是设计教学过程的依据。

二是制作学案。传统教学中的学案是统一设计，统一发放的。数字化课堂中，教师依据学生不同需求，可以设计多种形式的学案，并且目前研发的数字化课堂系统，如科大讯飞的畅言智慧课堂，已经支持模板化的设计，可以进行一键定制，依据之前的数据分析，通过大数据处理技术，自动生成每个学生的学案。再由教师基于教学活动的实际需要，对一键生成的学案进行个别的调整。这种学案既满足了每个学生的需求，也注入了教师对教学活动的整体思考，高效便捷地体现了教师个性的教。

三是利用移动终端技术。将学案推送给学生，让每个学生获得自己的专属学案，为后续的教学提供个性化的学习材料。

2. 学生基于课前平台交流与学习资源而提升兴趣与明确需求

学生作为教学的主体，是数字化课堂中个性化教学的重要因素。在课前，学生需要进行预习活动，传统课堂中学生的预习往往是以课后作业的形式来表现，学生需要独自完成对教材的熟悉，提升的是学生对教材的感悟。但是在数字化课堂中，更多的是让学生在熟悉教学内容的基础上明晰自身需求，提升的是学生对自身发展需要的明确性。所以，在整个课前预习活动中，学生最终解决的问题只有一个——明确自己在教学活动中需要什么。

（1）通过分享与交流，丰富课前预习资源。学生在移动终端上接收了教师所推送的预习资源后，在预习的过程中，要注意预习资源的动态性与学习性。首先，学生在熟悉预习资源的基础上，可以在“班级空间”等交互平台上，分享自己的预习所得，分享与交流的过程，也是教学资源动态生成的过程。学生在交互平台上的发言，相较于课堂中的发言，自由性更高，开放度更大，容易激发学生自我的想法与灵感，这种想法与想法的联结，能够生成一些新的资源，使每个学生都能有属于自己的个性化课前资源。另外，除了分享与交流以外，也鼓励学生自己去独立自主地完成一些丰富的课前预习资源，如一些教学所需实验器材的制作与开发，教学活动中所需素材的寻找等，这些独立自主的工作能够使学生更加熟悉教学内容，明确知道自己在这一教学活动中的需要，同时还使学生在自主活动中发现自己的兴趣所在。所以，这种线上交流，线下自主预习的模式，能够很好地照顾学生的多元化发展，帮助学生在短时间内明确自身的学习需要。

（2）明确学习需要，将预习活动的结果反馈给教师。学生完成预习活动后，需要在数字化课堂的个人空间中对自己预习后的结果进行记录。对预习结果进行记录的表格，一种是由教师或学生根据学生预习特点，自行设计，主要记录学生的兴趣点与预习中所遇到的问题；一种是由数字化课堂系统自动进行生成，主要是数据化的直观体现。在完成预习结果的记录后，学生不仅熟悉了教学内容，还对教学内容有一个自我认知，这种自我认知体现在学生是否能够定制适合自己的教学。这是学生在课前环节的一个小结，通过这种形式让学生明确自己需求，同时依托平台化技术对教师进行即时的反馈，以高效的方式让师生共同完成反馈联结，从而确定教学的目标与内容。

（二）打造分层教学模式，凸显师生立体式交互与精准化教学

传统课堂教学以“讲授法”为主，主要教学过程为教师通过情境导入新课，讲授新知，通过对学生的个别提问以及课堂练习巩固新知。在这种教学设计中，可以看到教师讲授占时较多，师生对话与生生间互动很少，整体把控权在教师，学生的话语权缺失。这是传统课堂中个性化教学开展的不利因素。加德纳认为：“未来的教育是以个人为中心的。”因此，个性化教学课堂中的环节设计，需要对这些不利因素进行消解。

经过多年的研究，通过课堂观察、课例分析，从实践层面对数字化课堂个性化教学中的环节进行归纳总结，将理论与实践相结合，设计能够在数字化课堂中实现个性化教学的合理路径。在实现的各个环节中，体现出下列一些特征。

（1）数字化课堂教学的每一个环节都突出了立体式交互的特征。不论是教师与学生之间还是学生与学生之间，都是双向的推送与反馈。在传统课堂教学中，教师与学生之间也有沟通，但往往是教师指向学生的单向输出，并且不是教师指向全体学生，就是教师指向某一个学生，学生在这个过程中一直处于被动接受状态。在数字化课堂中，教师与学生的立体式交互体现在教师与学生是双向交流，教师既能指向学生，学生也可以对教师进行反馈；同时这种双向交流在纵向上也是立体的，教师可以与全班学生交流，也可以与个别的学生交流，还可以与不同层次的学生进行交流与反馈，所以教师与学生之间的交流与反馈的局限被打破。同时，学生与学生之间的交流增强，既可以在小组内进行线下交流合作，也可以在小组间进行线上讨论学习，这种线上线下混合交流的模式，对学生与学生间交流的时间与深度上都有所增强。

（2）数字化课堂教学的每一个环节都凸显了合理预设，注重动态生成课堂的特征。数字化课堂中的个性化教学既要实现个性化的学习，同时也要包含个性化的教。因此，如果预设过多时，整个教学过程便无法满足学生与教师的个性化学习。所以在教学过程中，进行动态化的学习路径设计，是数字化课堂

在课堂教学中实现个性化教学的关键。动态化的学习路径的完成与生成性的教学，既能体现教师的教学智慧，在教学中彰显教师的风格，也可以满足学生之间的发展差异，让每一个学生都能在集体化的班级教学中，得到适合自己的发展。

数字化课堂中的个性化教学，在课堂中主要包括以下几个环节：情境创设发现问题、分屏教学合作学习、实时训练分层反馈、数据分析个别反馈、实践探索巩固消化（见图1-3）。

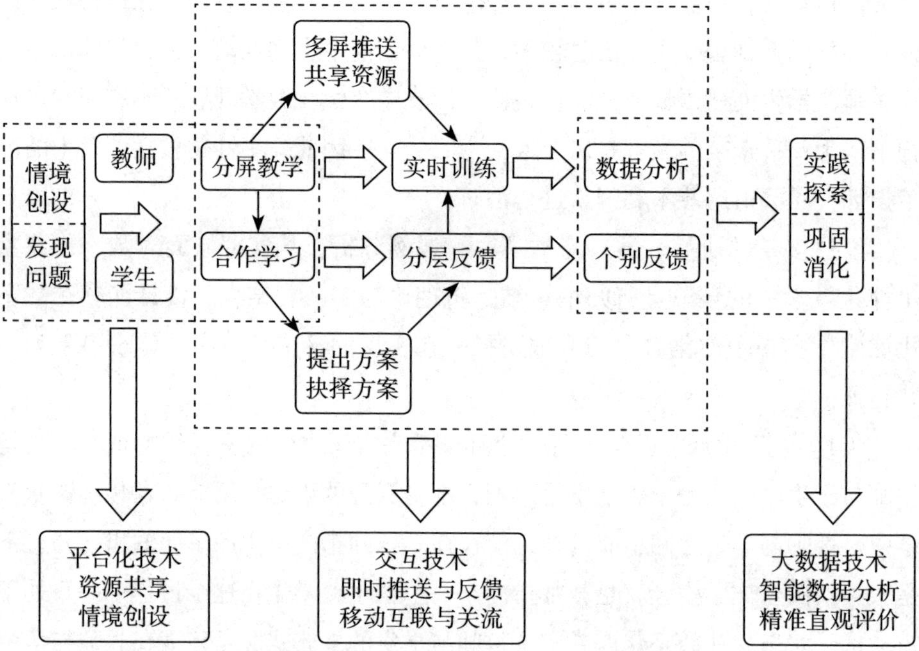

图1-3　数字化课堂中个性化教学课中实现环节

1. 情境创设发现问题

与传统课堂不同的是，这一环节是由教师与学生共同参与完成的。传统课堂中更多的是教师通过展示图片或者视频以创设教学情境，其目的是以情境激发学生学习兴趣，以导入教学内容。数字化课堂中，情境创设的目的除了激发学生的学习兴趣以外，更重要的是发现问题，以问题为导向开展教学活动。由于平台化技术的支持，在情境创设方面，不仅是教师提供情境，学生也可以进行创设或者师生利用信息技术共同创设情境。例如，在资源平台上，学生推送情境视频或者生活中与教学内容相关的现象；教师在公共屏幕上进行展示或者加工，以完成共同情境的创设。这类情境创设，由于不是教师完全自主地强行推送给学生，有学生自我思考在其中，因此对情境的代入感与接受度更高，情境创设的多元化与生成性更强。

在教学实验中发现，在教师引导下，同一教学内容在不同班级，所创设的情境都有所不同，情境中更多地体现了学生个人的主观意愿，这种创设的形式，能够让学生更自然地在此情境中进行思考与发现，避免了传统教学中，教师创设情境与学生生活经验相背离、学生被动接受情境，在情境中思考兴趣不高的现象。同时，对于教师来说，也发挥了教师智慧；对于平台中学生所创设的情境，教师需要进行筛选与加工，选取能反映大部分学生意愿的情境，在公共屏幕上进行展示。这一过程不但加强了学生对生活实践的感悟，而且从课堂教学活动开始，便给予学生自主性学习的权利，让学生能够基于自身情况创设情境发现问题，为整个教学活动的个人定制提供基础。同时也展现了教师的个性风采，不再是机械化地展示备课素材，而是与学生一起创设情境，融合教师智慧体现教师个人个性，提升了教师教的个性化水平。

2. 教师进行分屏教学，学生按照小组进行合作学习

通过师生共同进行情境的创设后，明确了教学活动需要解决的问题。教师进行分屏教学环节，数字化课堂依托于移动终端技术，在数字化课堂教学中使用平板电脑移动终端教学的形式，因此，每一个学生与教师都有属于自己的终端屏幕，同时教室除了黑板之外，还有一个交互式屏幕作为公共屏幕。数字化课堂基于无线网络技术，支持教师进行无线投影，教师利用移动设备，可以多角度、多方位地进行教学资源的投放。因此，整个教师的教学过程是属于分屏教学的过程。开展分屏教学，教学形式多为合作讨论式学习，教室的布置一般为可移动桌椅，学生入座的形式为圆桌形或田字形，可以多角度、多方位地观察教师投影，方便师生间交流互动。

（1）进行资源的多屏推送。创设情境后，针对学生发现的问题以及想解决的问题，进行分小组的入座。每一个小组都有一个需要解决的主题，从而使学生进入项目式的学习中。教师可以根据项目学习小组，选择与这一小组相关的教学资源实时推送给小组成员。在推送资源这一过程中，首先推送的教学资源可以是教师课前备课活动所准备的资源，也可以根据实际需要，及时从资源库中下载并推送资源，以保证教学过程的动态生成，满足学生在学习过程中的及时需要，凸显教师对整体教学活动的思考。其次，教师推送资源的时机是这一环节的关键。推送资源的时机依据的是学生的讨论交流与教师授课的节奏，在学生交流讨论的过程中，学生可以通过移动设备向教师发出即时的讨论结果与交流过程中遇到的问题，教师以此继续推送教学资源，避免一次推送所有资源限制学生思考方向。

（2）教师多屏教学进行资源的多屏共享。在学生进行交流学习后，教师需要对学生的学习成果进行阶段性小结。各个小组的学生可以通过平台化技术，实时地将自己的学习成果分享在公共平台上，教师进行投影，对每一个小组的成果进行讲解与评价，以扩宽教学的深度，带领与引导学生做进一步的探究。这种教学过程在形式上鼓励了学生进行交流与协作，将最大的话语权交还给学生，同时教师引导学生继续学习、加深教学内容把控力的同时，也自然而然地与整个学习活动融合在一起，不会使学生产生被动感，师生间的对话也从一问一答走向了协商讨论与交流。从各组不同的问题解决，到共同的交流分享，体现出教师对教学动态生成的把握，也尊重了学生学习的个性化差异需求，让每个学生都在自己感兴趣的问题讨论下共同学习新知。

（3）学生在构设方案的环节进行合作学习。接收到教师所推送的资源后，在教师的引导下，学生对所需解决的问题设置构设方案与抉择方案两个环节。“方案构想始于对形成方案所需知识的调用，调用的知识一方面是在以往学习过程中已经具备的已知知识，另一方面是需要学习的新知识。”因此，在构想方案的环节，实际上是学生对已有知识的应用，在应用过程中遇到阻力后，再与教师共同进行新知识的学习以完成方案构设的过程，可以说构设方案是学习新知，而其本质是温故知新的过程。并且构设方案的过程是能够满足学生多元化发展需求的过程，学生构设方案的最终目的是为了解决问题，在目标明确的情况下，学生需要考虑方案所用的方法、步骤以及最终方案的操作流程和所运用的知识原理。学生在解决问题的方法上基于每个学生的直观经验不同，会有格局差异与不同方法，所以构设一个方案需要学生合作交流，在每个人的差异中求得共同发展，这就是学生构设方案的意义所在。

（4）抉择方案的环节，这一环节主要是让学生能够形成一个动态的学习路径，而非静态线性的学习路径。如果学生构设方案后就结束了交流学习，改为教师所传授的新知，那么这种学生学习的路径依然是静态的，只是在形式上学生进行了言语上的沟通与合作，但是最终话语权依然在于教师。学生虽然有个性化学习的萌芽，但是抉择方案环节的缺失让学生个性化学习的路径被打断。抉择方案的环节由教师将各个小组的方案进行投影，分屏进行推送，在抉择方案环节中，主要是教师与学生对方案进行比较，这种比较是基于设计方案时所学新知，是对新知识应用的过程，在比较过程中如果发现方案的弊端，学生可以重新回到构设方案阶段再次进行构设。在教师的引导下，构设方案与抉择方案形成了一个回路，这种闭合的回路是学生学习的一个动态路径，随时可以生产新的方案，体现个体想法的同时共同获得新的知识。

3. 教师进行实时课堂训练，学生实施分层反馈

教师进行实时课堂训练，学生实施分层反馈主要是对上一教学环节的深入与巩固。教师进行分屏教学，并且与学生共同学习分享了新知后，需要在这一过程中或者之后对新知进行巩固，同时学生也需要进行分层的反馈，加强与加深自己对新知识的理解。数字化课堂中，教师进行实时的课堂训练与传统课堂在形式与内容上都有所区别。形式上，数字化课堂尊重学生的多元化发展以及教师自我个性的实现，所以不囿于仅是习题的训练。针对不同学生逻辑思维、言语思维等能力的差异，教师在形式上有习题训练、情境训练、实践与实验应用训练。在实时训练中，教师针对不同层次的学生，在形式上也有所划分（见图1–4）。

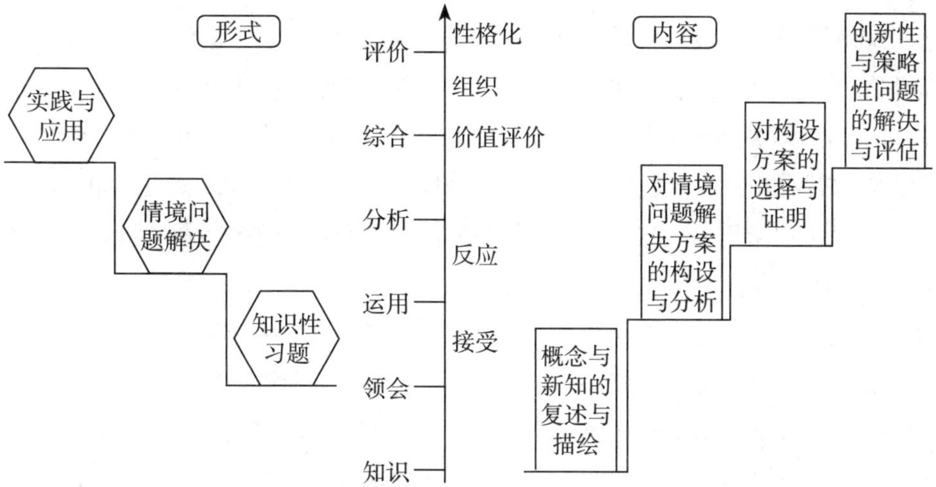

图1–4　数字化课堂个性化教学中课堂训练形式与内容的分层

依据这个标准，教师实时推送的课堂练习可以分为三大类型：对于基础层面的学生，表现在小组学习中反馈较弱的，对知识性学习掌握不牢靠的，以第一种形式的推送为主，旨在让学生能够加深对所学新知的掌握，牢固对所学新知的理解，为后续的教学环节打下基础。这一层面，学生以对所学新知识的接受和反应为主，所以推送内容中识记内容所占比例较大。以概念性的学习内容为核心，使学生在实时训练后能够达到第一层的教学目标。通过教学实践的观察，在课堂教学中大部分的学生已经处于第二层次，表现在学生对基础概念的接收与反应已经完成，接收新知识后达到领会与基本简单地运用，从大数据分析所反馈的数据上可以直观地表现为能够利用所学知识形成一个基本的解决方案。针对这一类学生，教师可推送以情境为载体形式的问题解决类练习，如利用互联网技术下载与教学内容相关的情境短视频，将这些短视频推送给学生。教师根据具体的教学需要，可以预设相关问题，也可以将问题的发现留给学生，学生需要有将情境问题转换为所学知识的思维过程。

在这一层面，有两类可推送给学生的训练内容。第一类，是对学生分析与应用的能力进行训练，主要目的在于学生能够将实际情境问题转化为所学知识的模型，以便解决问题，这依托于学生对所学内容的分析与应用。第二类，是对学生评价与比较能力进行训练，这一类推送内容对学生的要求要高于第一类推送内容的要求，这一类的推送内容不仅要求学生能够进行理解与应用，还需要学生在此基础上能够进行评价与比较。不仅需要学生对所学新知识有一个较好的掌握程度，还需要学生对所学新知识的整个体系能够融会贯通，才能做到准确地评价与比较。在教学过程中，有个别接受能力较强的学生，已经能够达到第三层次，具体表现在学生对于情境化的问题能够熟练地分析与应用，并且对不同的解决方案作出合理的评价。对于第三层次的学生，教师更多的是以实践与应用的形式来进行课堂训练，适当地进行拔高性目标的掌握。如在内容上，教师可以抛出一个与教学内容相关的前沿性问题，这类问题本身具有开放性与创新性，学生在解决问题时所反馈的方案，除了运用所学知识外，也包含了其个人思想特点与思考问题角度等个人特色，或是教师让学生对一个策略性方案的评估，这种评估不仅是知识的运用，还是个人思维逻辑的一种体现，同时基于学生个体发展的差异性，不同学生对此类问题的擅长方向与兴趣点都不相同，因此在课堂实践中，这一类内容的反馈通常能看到学生从不同的角度出发进行评估。

学生在这一环节进行分层反馈，第一是反馈小组交流合作学习时，抉择的问题解决方案，第二是对教师课堂实时训练的反馈。对问题解决方案反馈的分层，主要是以小组形式进行反馈，是以方案内容为区别的分层，不同小组解决的问题不同或是方案不同，依据具体内容进行区分反馈。数字化课堂中学生的反馈可以直接将反馈内容上传至讨论平台，也可通过抢答，小组间“PK”的形式进行反馈，增加课堂教学的趣味性，激发学生合作交流的学习动力。对教师实时训练反馈的分层，主要是依据教师训练形式进行分层，如知识性习题层面的学习，学生通过移动设备将习题答案反馈给教师，情境问题解决的学生将自己的解决方案实时地推送给教师。目前数字化课堂的系统，能够将学生名单实时进行分组，每一个层面的学生所反馈的内容，都会自动归入所在组别中。数字化课堂中的学生反馈，能够实时高效地集中反映每一个学生的意愿，使每个学生拥有了平等的话语权。同时，分层反馈的形式，从内容上或者形式上进行划分，让每一个层面的学生都能有与其个人发展相适应的反馈机制，在集体反馈的班级化教学中，实现了尊重每个学生的个性化发展的目标。

4. 教师根据数据调整教学，学生进行个别反馈

数字化课堂的一个重要特点是课堂教学的动态生成性。与传统课堂教学不同，传统教学中由于诸多因素的限制，往往预设大于生成，预设性过强的课堂教学不利于教师智慧的成长以及学生个性化的发展。在智慧教学中，教师需要精准把脉，随时调整教学过程，避免整个教学活动静态进行。所以，这一环节主要依托大数据分析技术，以数据化的形式为教师呈现教学活动的发展动向以及每一个学生在教学过程中的动态学情。以精准的数据来满足教师对教学活动的精准化判断，以便教师能够精确地把握教学活动的动态发展。在教学活动的这一环节，学生从分层反馈转向个别反馈阶段，依托移动设备的交互技术，教师在教学过程中学生个人可以通过设备随时向教师发出反馈，反馈信息单独出现在教师一人的移动设备上，以便教师在教学过程中对学生个人的反馈进行单独处理，同时不影响整体教学活动的进展。

（1）教师依托大数据分析技术，对学生在教学活动中的表现以数据的形式进行呈现。一是对学生在教学过程中的学习行为进行“全景式描绘”，即数字化课堂系统通过搜集从分小组合作交流、解决方案构设与抉择到分层反馈课堂训练等环节各个层面的学生所体现的相关数据，如构设方案数、教师的反馈量、小组平台发言数等信息，对这些信息数据进行分析，对每一个层面全景化地进行直观的描绘，教师可以清晰地看到哪一个层面的学生兴趣度更高，哪一个层面的学生掌握度更好等，便于教师从宏观的角度去调整教学。二是对学生在教学过程中的学习行为进行“特写”，教师可以在自己的移动设备上，随时点击某一个学生的姓名，对这个学生在本节教学活动中的所有动态数据进行查看。另外，大数据技术中的云计算等数据分析技术，可以对单独的学生所呈现的数据与所有这个层面或者其他层面学生所呈现的数据，进行关联性或者差异性的分析。教师可以直观地通过个别学生的数据，迅速高效地分析出某一个学生在课堂教学中的短板与优势，以便更好地对一些临界生在教学活动中的状况进行把握。通过数据的“全景式描绘”与“特写”，教师能够直观且精准地对之前分层教学的所有环节效果进行快速判断，实时地调整整个课堂教学的教学方向，在预设的基础上，动态生成。

（2）学生可以进行个别反馈。在教师的传统教学过程中，通过合作交流学习与课堂实时训练后，并不能代表每一个学生都能够掌握教学内容，掌握的程度也不是完全相同。并且在传统课堂中，无法实现学生对教师的实时反馈，如果学生需要向教师反馈问题，整个教学活动就会被打断，因此很难实现个别学生的反馈。而在数字化课堂中，依托交互技术，学生可以在自己的移动设备上实时地向教师终端推送信息，只有教师一人可以在自己的设备上看到学生随时推送来的信息，教师可以采取在教学过程中自然融入的方式对个别学生提出的问题进行解答而不打断原有的教学节奏，如果多数学生对此问题进行反馈，教师也可以明确一个生成性的教学难点，在原有教学节奏的基础上，对此问题进行解释。因此，虽然是班级授课制下的教学活动，但是并没有限制学生个人反馈的实现，反而因为学生的个人反馈激发了教师的教学智慧，也体现了学生的学习智慧，将知识性的教学活动，能够“转识成智”，让个性化教学在数字化课堂中取得实质性的实现。

（三）师生共同解决问题并总结，对整个课堂教学过程进行评价

这一环节是教师对本节教学活动的一个总结与评价。在传统课堂中，教师对教学活动的总结大多是对知识的总结与回顾以及布置课下练习。但在数字化课堂中，教师不再是对知识点进行总结与回顾，而是对学生进行总结与评价。教师以大数据分析为依据，可以将数据分析结果直接地投影在教室公共屏幕上，这些数据可以直观地反映出每一个学生在这一节教学活动中，达成的教学目标数以及每一个知识点的掌握程度。例如，在智学网的学情分析平台上，通过对本节课实时训练结果的记录以及每一个学生在平台上所反馈的信息，进行关键词频分析，可以呈现出这个学生在这节课对每一个知识点的掌握程度。因此，在解决课堂情境问题的基础上，教师更多的是要呈现每一个学生在教学过程中的动态数据，同时可以在班级空间中即时地为本节课数据层面上较为优

秀的学生“点赞”等，以激发学生的学习兴趣。在这一环节，学生除了接收教师的信息之外，也可以对本节课自身的数据分析加以补充，因为大数据技术对数据进行收集时，数据价值密度较大，虽然许多数据直观，但是相对冗余的数据也较多，学生自身对数据的补充与修改，是对数据的一个提纯化过程，从长远来看，能为学生建立一个更加精准且科学的数据库。

同时，学生根据教师对学生知识点掌握的分析，自身对知识点有一个系统归纳，每一个学生在每一节教学活动结束后，都能形成一个属于自己的知识点体系，而不是传统课堂中由教师统一呈现的知识点网络。由于掌握程度的差异性，每一个学生每节课所整理的知识点体系也呈现出差异性，为课后巩固环节的个性化学习提供了基础。

（四）设计个性化课后巩固方案，完成多元性评价与泛在化学习

1. 数字化课堂中个性化课后巩固方案的设计

课后，主要是学生对教学内容的巩固与进一步的理解应用以及教师对学生学习活动进行评价。与传统教学中学生先完成作业进行知识性巩固，教师再批改作业对学生进行评价不同，在数字化课堂中，学生的巩固与教师的评价具有系统性和整体性，没有明显的阶段划分对课后巩固方案进行统一设计。

（1）实现个性化课后作业的布置。在传统课堂中，课后作业的统一布置，不论哪一个层次的学生，所面对的课后作业均是相同的，作业的同一性与规范化是传统课堂课后作业布置的常态。这是受各种条件的限制，在班级授课制下，如果教师给每一个学生布置一份适合其一人的作业，所花费的时间成本与人力成本就会大大提高。在互联网技术与移动终端交互技术的支持下，传统课堂中所受的条件限制被打破，教师可以高效便捷地为每一个学生推送一份适合其学情的个性化作业。

① 在作业内容选择上，需要更加精准。既然数字化课堂能够满足“一人一案”的个性化作业布置，在作业内容上就需要教师能够对学生进行精准把脉，切实使内容与学生之间能够无缝对接，推送真正适合学生的作业。所以在内容选择上，教师主要依据大数据分析技术与大数据云计算技术。在数据分析上，可以直观地看到每一个学生的知识点掌握程度以及学生在课堂教学中的参与程度，间接地体现出学生的学习效果。基于数据分析，数据库与教学资源库通过大数据云计算技术可以互相联结，在统计数据的基础上，大数据云计算技术可以从教学资源库选取符合数据要求以及对应学生薄弱知识点的习题，自动

生成一份习题类型的作业。教师对这份自动生成的作业，基于实际情况与教师主观上的判断，可以再进行个别的调整。这样在作业内容上，能够较为精确地对学生较为薄弱的知识点进行针对性巩固，避免了传统课堂中“题海战术”的低效状况。

② 打破了课后作业受时间与空间的限制，能够基于现实情况布置课后作业。基于移动终端技术的应用，教师对作业的布置形式，也产生了诸多变革，尤其在时间与空间上，数字化课堂中的作业布置更加体现了“以人为本”的特征，尊重学生的学习习惯与时间安排是数字化课堂中作业推送时机的原则。传统课堂中的作业布置是由教师集中布置，基本上规定了学生作业的时间，学生课后时间的自主安排的权利严重缺失，这也是传统课堂作业效果较差的重要原因。由于数字化课堂中互联网技术的支持，教师可以将确定好的作业内容全部传入云端储存空间，由学生自己在任意时间去下载，教师可以随时登录云端查看学生的下载情况以及完成情况。这种形式可以满足学生依据自身实际情况安排时间的要求，也为提升学生作业的有效性夯实基础。

③ 每日个性化的作业布置，为学生个人学习数据库提供了具有资源价值的日常数据积累。大数据的核心是数据，数据分析与计算都是基于数据产生，数据的量与数据的价值是数据分析与计算精确性的关键。所以，收集学生日常的数据在整个课后评价方案中显得尤其重要。通过数字化课堂进行作业内容的选择与布置，能够满足大数据技术对学生日常动态数据的收集，在数量上满足了大数据的实时数据积累，在价值上也避免了大量低效数据的出现。

（2）促进课后云课堂的搭建。依托互联网交互技术，云教育已经开始逐步作用于课堂教学。“云教育充分考虑到学生的主体地位，以学生为中心，从学习需要的角度出发，完成云教学平台功能的设计和开发。”在数字化课堂中的云教育主要体现为依托云计算技术，建造云教学平台，辅助教学实践的展开。这一技术在数字化课堂中的运用，为教学活动开拓了第二课堂，可以使教学活动能够很好地在课后进行延续，并且搭建这样的平台能够使学生课后巩固的形式更加多样化。

教师可以录制微课进行个性化的课后巩固。利用云教育搭建的课后教学平台，支持教师录制短时间的微课，同时基于数字化课堂的交互系统，可以分层或是单独将微课进行推送，极大地突破了课堂教学中时间与空间的界限，能够将课堂教学的局限性打破。教师在课后，依据数据分析，可以直观地明晰知识点的掌握情况，针对整体掌握较为薄弱的知识点，教师可以录制微课，推送给全部学生，学生随时随地利用碎片时间都可以查看教师推送的微课。另外，针对个别学生或是个别层次的学生，教师可以进行不同内容的推送，以实现个性化的课后巩固。相较于传统课堂中教师往往占用学生自习时间对学生进行课后巩固，个性化的课后巩固环节，在时间上不会给教师与学生造成负担。学生查看微课的时间可以是自己规划的专用时间，也可以是课间等碎片化的时间，避免了学生时间被侵占现象，学生课后接收教学内容的随时随地性，较大地提高了课后巩固环节的效率。

对于教师来说，微课的形式更能够精准对症，面面俱到反而造成了教学的低效。同时，依托大数据技术与交互技术，教师能够高效地完成微课录制以及推送工作，减轻了教师在课后环节的负担。另外，教师利用线上微课不仅可以对课堂内的教学内容进行延续，还可以利用云教育平台，在平台上发起线上讨论，对学生的学习思路进行扩展，激发学生更高的学习兴趣，满足学生多元化的发展方向。由于课堂中教学时间有限，进行交流合作活动的时间也被大大地限制，在传统课堂中，许多小组交流合作的学习形式因为时间过短，都只能浮于形式，学生并不能进行深入的探讨。因此，课后利用平台交互技术，教师可以提供平台，继续就教学内容发起讨论与交流，线上的交流突破了时间与空间的限制，也让学生的思路更加宽阔。在交流平台上，教师可以随时随地地上传有关资源，拓展学生的思路。同时，在实践过程中，研究发现由于是线上交流，学生话语权得到归还，其思路更加活跃与开放，同时个人兴趣偏好更加凸显。教师可以利用此契机，进行个性化的课后拓展，对于在交流讨论中有明显兴趣偏好的学生，进行针对性的引导，让学生能够基于自身情况实现多元化的发展。

（3）形成课后学生立体化反馈。传统课堂中，学生在课后完成作业后得到的反馈仅限于教师对作业的评价，这种反馈使学生课后巩固的形式较为单一。数字化课堂中，基于互联网技术的常态化应用以及移动设备的支持，学生可以接收线上线下的立体式反馈，这种多形式反馈利于学生在反馈中更清晰地描绘自我认知，也使整个教学过程更加丰满。

首先，在数字化课堂教学的个性化教学中，课后学生拥有属于自己的个性化错题与总结数据库。由于数字化课堂教学中，学生的作业与课后反馈都是在网络平台中进行提交，系统对每一个学生的提交数据都进行了保存，可以自动生成学生的错题集以及课后巩固较弱的部分，从反馈层面加强了学生课后巩固的精准度。

① 不仅是线上的巩固，在线下，数字化课堂还根据学生兴趣偏好以及巩固后的数据分析生成一份课后报告，每节课的报告由教师打印出来发给学生，学生装订成册，基于这份报告，学生自己也能精确地为自己的学习状况进行诊断，线上反馈与线下报告的混合模式，使学生的课后巩固能够得到立体化的呈现。

② 教师如果对学生的作业进行反馈，依托数据计算技术，每一道习题都可以按照答案的标准分层，将学生的名单录入不同的分层中，这样教师可以直观地看到每个学生所能达到的层次，在课后评价反馈时，能够针对学生所在层次进行评价与反馈，而非平面化、集体化地进行点评。就习题讲评而言，每一道习题在数字化课堂系统中，都依据正确率等数据标明了它的重要程度，为教师提供参考，避免了传统课堂中教师一题到底没有重点的低效讲评。总之，分层化与线上线下的个性化反馈，都使学生得到的课后反馈更加立体。

2. 多元化评价与泛在化学习

课后多元化与个性化的评价是教学活动的重要环节，但由于诸多条件的限制，进行多元化的评价似乎只停留在理论层面。在数字化课堂中，由于技术的支持与对个性化教学的追求，在评价主体，评价内容与形式以及教学评价的价值取向等方面，都呈现出了多元化发展。

由于“以学定教”是数字化课堂的基本原则，所以在数字化课堂中的教学评价主体不仅仅是评价学生，还需要对教师以及教学活动进行评价，课后评价中评价主体的增多让多元化评价所需的条件变高。目前基于互联网支持，线上与线下混合评价的方式已经能够满足对多元主体的评价。因此，在评价形式上也呈现出了线上线下混合评价的方式，不仅可以在线下对学生、教师进行评价，也可以在线上平台进行评价，同时将评价数据录入数据库，能让数据的分析与技术更加趋于精确。数字化课堂中线上线下混合评价的形式，也使得过程性评价能够更加落实，在以往的教学评价中，过程性评价一直流于形式而未触及实质。

（1）对学生进行评价时，可同时进行学生自评、学生互评与教师评价三个方面。在课堂教学中，教学活动基于分层教学的模式多以小组教学展开，小组间的交流合作占据了课堂的大部分时间，因此相较于教师对学生的评价，在数字化课堂中，学生间的评价的价值与意义显得更加重要，同时由于学生间的交流合作话语权具有一定的对等性，其之间的评价也更加真实。学生自我评价是基于让学生不断提升自我认知的需要，能够在每次教学活动后，让学生能够更加明晰自身的发展需要，增强对学习的自主性、主动性。教师对学生的评价则更加具有指向性，教师对学生的评价一般基于目标而又指向目标，所以教师对学生的评价是一个评价与反馈的闭路，能够增加整个教学评价体系的完整性。

（2）在评价内容上涉及知识掌握与解决问题能力、自主与合作学习能力、继续探究与实践能力三个层面。

第一，知识掌握与解决问题的能力层面，是以知识掌握的角度进行评价。相较于传统课堂教学，个性化教学中的知识掌握层面的评价多为形成性的评价，强调评价的动态性。基于大数据技术的支持，学生既拥有自身的数据库，也是自身数据库的数据加工者，在教学活动中，形成性评价能够为数据库提供更多的数据支持，最终形成的数据分析较终结性评价更具有精准性。同时，通过利用云计算等信息技术，学生可以建立自身的习题库，这种习题库基于知识的评价与数据的分析在不断更新，针对学生未掌握的知识点自动推送相关习题，以保证评价与反馈有机地结合。

第二，在自主与合作学习能力层面，更多的是课堂教学中，利用平台交互技术的即时评价。学生在小组交流与学习中，可以即时地为同学“点赞”；当学生在自主学习能力方面有明显提升时，教师可以为学生的资源库升级。这种即时评价伴随着学生自主学习能力提升的过程，使学生随时都处于自我评估学习的状态。

第三，继续探究与实践能力层面，这一评价内容是对课后学生反馈的针对性评价。在课后个性化巩固方案中，不同层次的学生有不同的继续学习与实践的巩固内容，针对这一内容，教师在移动设备上推送资源，并对学生最终的反馈进行评价，这种评价是提升学生继续学习兴趣的关键。

六、个性化教学案例

“数学广角优化——烙饼问题”教学设计

根据“学生主体，关注差异”的宗旨，将智慧教育理念应用于小学数学课堂，构建数字化、智能化、个性化的课堂学习环境，能实现学习过程可视化、结果检测精准化、学习方式个性化，能让学生在轻松愉快的学习氛围中主动地学，从而掌握知识，学会方法，提升技能。下面以“数学广角优化——烙饼问题”一课为例，探讨数字化环境是如何实现个性教学的。

一、原教学现状分析

1. 为了学而学

为了学知识而学知识，学生内在动力在教学实践中未被激活。教师一般都是直接呈现书本中的图片，让学生读图，看图说话，而学生根本不明白为什么学习知识，从而导致对学习内容不感兴趣，内在动力未被激活，原定的学习目标难以实现。

2. 自主探究不足

教师组织学生上台演示，费时费力，耽误课堂进程；安排学生按照小组依次到讲台前演示烙饼过程，占用了课堂大部分时间，却没有收到很好的教学效果。在课堂教学实践中，教师没有选取合适的探究工具提供给学生，没有给学生充分的自主探究时间，一再延续传统的授课方式，由此耽误了课堂进程。

3. 测评单一

沿用传统测试方式，教师无法找到问题症结。在传统的教学实践中，教师在讲解新知后，会组织学生进行测试，通常都是出题目，观察是不是有学生举手，然后随机找举手的学生回答，最后把这道题面向全班学生再讲解一遍。这种检测方式是毫无意义的，因为它无法找到问题症结，难以达到“因材施教”的目的。

二、数字化课堂教学优势

1. 创设情境，还原知识，任务驱动，激发兴趣

在课堂导入环节，本节课一改呈现书本上的枯燥图片的方式，而是应用动画形式呈现“厨房中的数学”情境，将要学习的知识还原到现实生活中。学生在教师的引导下观看情境动画，并提取其中蕴含的数学信息。

教师在课前根据教学内容设置好三个不同梯度的任务，让学生带着任务和问题去思考，能够在很大程度上提升学生的学习兴趣，激发其内在学习动力。

2. 提供信息化支撑环境，实现学习过程可视化

在本节课中，教师在充分考虑课型、教学目标的前提下，在学情分析的基础上采用电子书包系统来支撑课堂教学。课前，教师为学生准备了符合自主探究的交互式学案；课中，学生利用学案进行自主探究及小组合作交流，经历知识的建构过程。在学生探究过程中，教师能够利用电子书包的交互功能，实现对学生的实时监控，实时捕捉学生的探究动态，对有需求的学生及时进行个别化指导，推选出优秀的小组进行课堂展示。信息化支撑环境既能使教师合理地把握课堂有效时间，又能增加学生个体的探究时间。

3. 提供智能测试，实现结果检测精准化

在新知讲解后的测试环节，教师利用电子书包的提问功能，将提前制作好的试题学案提供给学生，当学生提交答案后，系统不仅能实时呈现出全班学生对该学案的答题情况、正确率等信息，还能精确地找出答错题目的个别学生，这样有助于教师有针对性地进行再次提问，实现“对症下药”。结果检测的精准化能实现个别化指导，不让一位学生掉队，真正达到巩固知识的目的。

三、典型案例呈现

【教学内容】

“烙饼问题”是人教版四年级上册“数学广角——优化”中的内容，主要通过探究怎样能尽快吃上饼，让学生学会在解决问题中优化思想。本节内容的安排符合学生的认知特点，是生活中处处存在数学的一种体现。学生通过日常生活中的一些简单事例，能从优化的角度在多种方案中寻找最优方案，提高解决问题的能力（见图1–5）。

图1–5　“数学广角——优化”教学内容

【教学对象】

四年级的学生已经有了一些生活经验，对生活中的优化问题也有了一定的初步认识，对解决实际问题的兴趣浓厚，也初步具备了解决简单问题的能力。但他们的年龄较小，生活经验不足，注意力集中时间较短。

【教学目标】

1. 知识技能

经历操作烙饼过程，初步了解统筹的含义，掌握烙饼问题的统筹方法，并能实际应用。

2. 数学思考

经历比较，探究最优方案，培养择优意识与解决问题的能力；在探究过程中，发展合情推理能力，进行有条理的思考，并清楚地表达自己的思考过程与结果，体会数学优化思想。

3. 过程与方法

尝试从日常生活中发现并提出简单的数学问题；经历自主学习、与他人合作解决问题的过程，尝试解释自己的思考过程；在规律探寻中，培养观察能力与独立思考能力，发展思维；理解优化思想，形成从多种方案中寻找最优方案的意识，提高解决问题的能力。

4. 情感、态度与价值观

积极参与数学活动，对数学有好奇心和求知欲；了解生活中的一些数学现象，感受数学与生活有密切联系，即数学来源于生活又应用于生活；在运用数学知识和方法解决问题的过程中，认识数学的价值。

【教学框架】

本研究运用智慧教育相关理念设计教学框架。数字化课堂的构建要以学生为中心，利用任务驱动的方式来激发学生的学习欲望。学生在完成任务的过程中可以采用自主探究与合作学习的方式，当其完成任务时，教师可以进行知识检测，帮助学生找到问题的症结所在，并进行指导答疑，达到“因材施教”的目的。课程内容结束后让学生总结与梳理知识，这有助于学生内化知识，提升知识拓展能力。

【教学过程】

步骤一：创设情境，导入新课

教师活动：创设厨房的情境，引导学生集中观看烙饼情境动画。之后，逐步引导学生提取数学信息，发现其中蕴含的数学问题。通过与学生互动，引导他们说出动画中蕴含的关键词“尽快”，并回顾自己学习过的“优化法”。

学生活动：观看动画，结合所学知识及已有的生活经验与教师互动。在教师的引导下提取数学信息，发现其中蕴含的数学问题。

信息技术支撑：Flash动画，电子书包推屏。

（设计意图：引导学生去发现生活中的数学问题，采用动画形式导入新课，能激发学生的好奇心和求知欲。）

步骤二：自主学习，探究新知

1. 了解信息，明确问题

任务一：

教师活动：组织学生完成任务单中的第一个任务：

“爸爸、妈妈和我每人1张饼，每次最多只能烙2张饼，每张饼两面都要烙，每面3分钟，怎样才能尽快吃上饼？”用“____”画出重要信息，并将自己画下来的重要信息阅读两遍（见图1-7）。

学生活动：按照任务单要求，在任务单上画出重要信息，并进行阅读。

信息技术支撑：Flash动画，电子书包推屏（见图1-6）。

（设计意图：了解信息，明确问题，为学生动手操作做好铺垫。）

图1-6 用平板电脑上课场景

图1-7　任务一

任务二：

教师活动：组织学生打开平板电脑中的学案“烙饼问题”，让学生动手操作烙饼过程。要求学生边操作边记录，用优化法先探索烙2张饼、3张饼所用时间，并填写下来。在学生动手操作之前，先演示动画操作，并给出5分钟的时间限制。在学生自主探究过程中，利用电子书包的监控交互功能（4分屏），监控学生的探究情况，对探究有困难的学生进行个性化指导（见图1-8）。

学生活动：打开学案“烙饼问题”交互动画，利用优化法先探索烙2张饼、3张饼所用的时间。

信息技术支撑：交互式学案，电子书包的监控功能。

（设计意图：了解操作细节，以便更好地进行探究活动，提高学生独立解决问题的能力。）

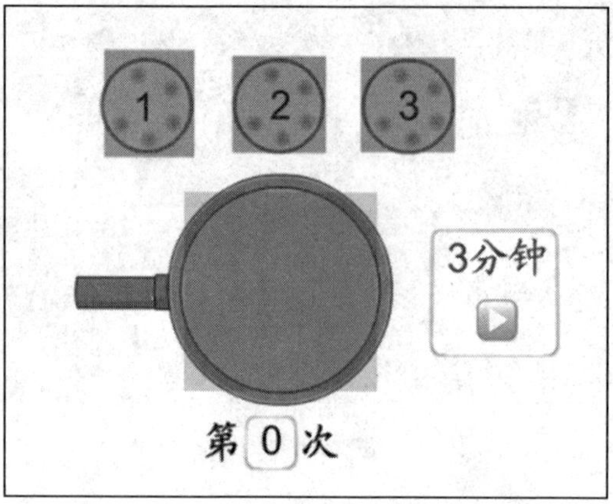

图1-8　任务二

2. 对比方法，选出最优

教师活动：推选学生分享自己的烙饼做法，推送不同烙法的学生到屏幕上，并分别组织学生进行讲解。将不同学生的烙法命名为烙法 1、烙法 2 等，安排学生在平板电脑上将烙法1、烙法 2 等再演示一遍，继续使用电子书包的监控功能（4 分屏），监控学生的操作过程，并组织他们分析哪种方法更优，优在哪里。学生在回答优法的同时，教师进行简要板书（见图1–9）。

学生活动：讲解自己的烙饼过程，分析不同烙法的优势。

信息技术支撑：交互式学案，电子书包的监控功能。

（设计意图：经历比较，探究最优方案，培养学生的择优意识与解决问题的能力。）

图1–9　平板电脑演示操作

任务三：

教师活动：让学生根据探究思路继续填写烙 4 张饼、5 张饼、6 张饼……所用的时间，然后观察所填写的表格，写出自己的发现。

学生活动：根据任务单要求，继续探究 4 张饼、5 张饼、6 张饼的烙法，并填下表。

（设计意图：在探寻规律中，培养学生的观察能力与独立思考能力，发展学生的思维。）

任务单

姓名：________

4张饼的烙法：

	饼1	饼2	饼3	饼4	时间（分）
第1次	正面	正面			3
第2次	反面	反面			3
第3次			正面	正面	3
第4次			反面	反面	3
第 次					
第 次					
第 次					
					总时间：12

5张饼的烙法：

	饼1	饼2	饼3	饼4	饼5	时间（分）
第1次	正面	正面				3
第2次	反面	反面				3
第3次			正面	正面		3
第4次			反面		正面	3
第5次				反面	反面	3
第 次						
第 次						
						总时间：15

6张饼的烙法（一）：

<table>
<tr><th></th><th>饼1</th><th>饼2</th><th>饼3</th><th>饼4</th><th>饼5</th><th>饼6</th><th>时间（分）</th></tr>
<tr><td>第1次</td><td colspan="2" rowspan="2">2张同时烙</td><td></td><td></td><td></td><td></td><td>3</td></tr>
<tr><td>第2次</td><td></td><td></td><td></td><td></td><td>3</td></tr>
<tr><td>第3次</td><td></td><td></td><td colspan="2" rowspan="2">2张同时烙</td><td></td><td></td><td>3</td></tr>
<tr><td>第4次</td><td></td><td></td><td></td><td></td><td>3</td></tr>
<tr><td>第5次</td><td></td><td></td><td></td><td></td><td colspan="2" rowspan="2">2张同时烙</td><td>3</td></tr>
<tr><td>第6次</td><td></td><td></td><td></td><td></td><td>3</td></tr>
<tr><td colspan="8" align="right">总时间：18</td></tr>
</table>

6张饼的烙法（二）：

	饼1	饼2	饼3	饼4	饼5	饼6	时间（分）
第1次							3
第2次		3张交替烙					3
第3次							3
第4次							3
第5次					3张交替烙		3
第6次							3
							总时间：18

步骤三：互相交流，合作学习

教师活动：布置小组合作任务，按照三个步骤进行：四人一组，组长安排每人发言顺序，将你的发现说给组里成员听；推选出组内书写工整、发现规律的同学的作品，将它拍照上传；组织各小组代表汇报本组的作品。

学生活动：按照教师的要求，每个小组在组长的安排下轮流发言，推选出本组的优秀作品，并拍照上传，小组代表汇报本组作品（活动如下图1-10、图1-11所示）。

信息技术支撑：电子书包图片传输、推屏功能。

（设计意图：经历自主学习、与他人合作解决问题的过程，尝试解释自己的思考过程，培养学生的小组合作能力和口语表达能力。）

图1-10　学生小组合作

图1-11　小组汇报展示

步骤四：当堂检测，巩固新知

教师活动：组织学生进行课堂检测，利用电子书包的提问（通答）交互功能，快速统计出学生的答题结果。引导学生用规范的语言表述烙饼过程，并对出现错误的学生进行再次提问和及时指导（见图1-12，图1-13）。

学生活动：完成平板电脑中布置的练习题。

信息技术支撑：电子书包的提问（通答）交互功能。

（设计意图：检验学习成果，让学生体会运用所学知识解决问题；大数据实现检测结果精准化，能引导学生用数学语言描述数学问题。）

图1-12　解决问题一

图1-13　解决问题二

步骤五：课堂总结，归纳所学

教师活动：组织学生谈谈今天的收获。引导学生善于发现生活中的数学问题，并能运用数学知识去解决生活中的问题（见图1-14）。

学生活动：畅谈在本节课中所学，进行知识总结。

（设计意图：总结全课，进行知识梳理。）

最省时间烙饼的策略：

尽量使锅不空闲

同时烙和交替烙使锅不空闲，是最省时间的烙法

饼的张数>3时，

双数张饼的烙法：　2张2张同时烙

单数张饼的烙法：　先2张2张同时烙，剩下的3张交替烙

图1-14　最省时间烙饼的策略

【教学反思】

本研究初步探索了如何运用智慧教育理念指导小学数学课堂教学，我们也在教学实践中不断进行思考和总结，具体内容如下：

目前，课堂教学普遍存在的本质问题之一是“学生内在学习动力没有完

全激活”。本案例引领学生走进厨房中的数学，将优化知识还原到真实生活情境中，让学生认同知识，知道为什么学，并让其结合相应的任务单，带着问题去思考、去学习，激发了学生的学习兴趣。

在传统课堂教学中，费时费力上台演示的授课方式不能很好地达成知识和能力目标。本案例采用信息化支撑环境，有效支撑了学生的个性化探究，让其在课堂上经历发现、猜想、探究的过程，自主构建和梳理知识，实现了原有手段无法达到或者难以达到的效果。

由于传统的测试方式面向全体学生，所以教师不能很好地找出问题症结，从而很难实现“对症下药”。本案例借助信息化手段，进行大数据统计，能够实现结果检测精准化，这样教师就能结合检测结果再进行个性化指导，实现“因材施教”的目的。

七、数字化课堂中个性化教学实施效果分析

（一）数字化课堂教学中个性化教学环节符合师生需要，整体能够实现课堂教学个性化

基于课题实验观察，在不同学科不同教学模式的形态下，依据所设计的实现个性化教学的路径，整体层面上可以实现个性化教学的效果。

1. 师生参与课堂教学的积极性全面提高，为实现个性化教学打下基础

数字化课堂教学个性化教学的环节设计中，大量地使用了平台技术与交互技术，拓宽了教师与学生之间、学生与学生之间的交流渠道，形式上丰富、满足了师生之间的对话需要。在观察中，师生间的对话热情明显提升，改变了传统课堂中师生对话动力缺失，教师“一言堂”的常态。在设计路径中，多次涉及学生反馈与教师反馈的双向进行，所以可以在课堂教学中观察到，不论是平台讨论与反馈，还是小组间交流，学生因为教学活动的需要都会使自己参加到交流讨论中去。在内力上，由于数字化课堂技术的支持，教师对于学生的讨论与交流有“点赞”“加分”等形式多样的奖励机制，学生在参与交流对话后，自身也会形成交流的动力，参与度大大提升。

2. 分层教学环节效果凸显，实际教学中展现出多种分层形式

个性化教学环节设计的核心，在于依托数字化课堂技术支持实现完整分层教学。在课堂教学的观察中发现，几乎所有的学科都能实现分层教学环节。例如，在概念教学的新课教学中，教师一般依据定义、特征与应用三个维度对

学生进行分层，基础较为薄弱的学生主要任务是熟悉与掌握概念的定义，大部分学生在这一基础上需要明晰这一概念的特征与外延，对于学有余力的学生还可以进行概念的拓展应用。通过难度与学情进行分层，是新课教学中较为常见的分层标准。另外，在习题课教学活动中，有的教师依据题目类型将学生进行分层，有的教师依据学生掌握的知识点进行分层。总之，在实际的教学过程中通过对课堂教学的观察可以看到，分层教学的模式实际可行，分层形式上不拘泥于所设计环节的分层形式，依据不同的实际情况与教学活动需要，教师能够以不同的方式实现分层教学。同时，由于分层教学的实现，教师针对不同层次的教学，其推送与反馈也不相同，尊重了不同层次学生的差异性，能够在班级授课制的课堂中，完整地体现尊重学生个性差异的原则。

3. 学生自主学习的源动力提升，但仍需继续关注学生自主学习的能力提升

依据学生的主观意愿进行分层，在课堂活动中，学生自主选择想要解决的问题、自主选择小组。这种设计，从新课教学活动开始便埋下了个性化教学的种子，学生的学习动机由解决别人提出的问题，转变为解决自己提出的问题，其学习的源动力明显提升。因此，为了在教学中能够满足自身的需求，学生对于教学资源的挖掘、小组间在课堂行为上的交流与协作都表现出积极性的一面。然而通过观察也发现，学生虽然有自主学习的源动力，但是自主学习的能力较弱，如不能完整或很好地使用资源库所提供的学习资源、在小组讨论中对话，效率普遍较低或在反馈过程中不能精准描述自己的学习需要，等等。这种需求与能力的不匹配，是长期的传统教学影响的一个释放。在数字化课堂中可以满足个性化教学的条件下，学生自身动力虽然提升，但是由于长期的灌输式课堂，学生还没有完全具备自主学习的源能力，所以在课堂教学中表现出意愿与能力的差异。因此，在课堂教学中除了为学生提供自主学习的源动力以外，还需要继续培养学生自主学习的能力，为学生未来学习与终身学习做好准备。

（二）数字化课堂中信息技术应用有差异，导致个性化教学实现程度不同

基于课堂观察发现，因为数字化课堂信息技术应用较多，实现数字化课堂中个性化教学的技术系统丰富，所以在实际课堂教学中，不同学科与不同教师之间对信息技术应用的熟练度、挖掘度与价值取向均有不同，直接导致了个性化教学的实现程度出现差异。

1. 教师对信息技术应用熟练程度差异较大，需要推进教师数字化课堂培训机制

数字化课堂的技术应用均是新兴技术，因此青年教师与中年教师之间应用熟悉程度上呈现了较大的差别。数字化课堂中的信息技术本是为教学服务，是教学活动减负提质的推进剂，但是部分教师因为对信息技术应用不熟悉，反而造成了束缚，直接结果是在课堂教学中，教师重心偏向于如何用好信息技术，导致教师教学个性缺失。

例如，在一堂新课教学中，教师囿于如何推送教学资源给不同学生以及如何利用交互技术进行情境的创设，反而忽略了教师自身需要什么教学资源以及学生需要什么情境。虽然在形式上也能达到个性化教学的目的，但是在实现程度上就大打折扣。教师无法体会信息技术带来的教学支持，而是停留在工具如何使用的层面。所以，在个性化教学实现条件的探讨中，不仅需要关注教师个性化教学观的形成，还亟须完善教师信息技术应用的推进策略，以帮扶结对、过关课、展示课等多种形式，激发教师信息技术的应用热情，尽快完成教师对技术应用熟悉程度的统一化，以避免影响数字化课堂中个性化教学的实现程度。

2. 学生专注程度不高，容易被信息技术分散注意力，影响个性化教学实现的效果

虽然在数字化课堂教学中学生的参与度与自主学习的源动力都大幅提升，但是在课堂观察中发现，由于数字化课堂的技术支持与互联网技术的普及，在课堂教学活动中存在着信息技术分散学生注意力的现象。在理性状态中，信息技术是数字化课堂的一个支持因素，独立于教学活动并尽其所能，但是教学实践中，由于学生性格发展差异及互联网平台给学生提供了较大的自由空间，学生的兴趣注意力很容易在平台化交流中发生偏移。例如，在课堂观察中，当教师推送了交流任务后，学生在讨论过程中，突然被某段与教学内容不相关的微课视频所吸引，注意力开始由本节教学内容转向其他处，而教师需要反馈时，学生并未认真思考而是草率地进行反馈。虽然这是在课堂观察中出现的个例，但是由于智慧教学对大数据技术数据精准性的要求，这种反馈必然会影响教师最后所获得的教学数据分析，使个性化教学中的精准性有所偏差。

3. 数字化课堂中个性化教学实现环节完整性高，教学活动走向精准与高效

通过课堂教学观察，可以对数字化课堂中的个性化教学有一个全景化的描述。在从课堂教学的流畅性与各环节的衔接性来看，数字化课堂中的个性化教学完整性较高。从创设情境到分层教学、分层与个别反馈、最后的总结评价，个性化教学在各科的课堂教学中都能一气呵成，使整个教学活动的完整性较高。

（1）教师个性化的教与学生个性化的学能够有机结合。在传统课堂教学中，教与学往往形式上结合。数字化课堂中个性化教学的整体设计，是依据"以学定教"的思想，基于这一点，让教师个性化的教与学生个性化的学能够相得益彰。因为教师所教正是学生所需，教与学能够在关系上找到一个契合点。同时，由于立体化的交互并没有让教师的个性与学生的个性间产生冲突。例如，在课堂中，教师的生成性资源往往包含着教师的智慧，但是这些生成性资源又是基于学生的反馈，所以虽然二者都在强调自身在教学活动中的自主性，并不是对立的存在。

（2）数字化课堂中个性化教学有两个明显的倾向性特征，更加精准与高效。

① 通过课堂教学观察发现，教学活动中的精准性明显提升。基于大数据技术，教学活动中教师反馈的精准性有所提升，通过数据云计算，教师能够明确直观地掌握某个学生当前的学情，据此，教师可以在教学活动中精确把握教学形式以及对某个学生的提问方式，这种精确性提高了整体课堂的效率，并且在发展学生个性层面具有影响意义。同时，对教学目标、教学内容的确定更加具有精准性，这种精准性，包括教学目标和教学内容确立的精准化与不同目标学生分层的精准化两个内容。整个教学设计关键在教学目标的确立上，"以学定教"的路让数字化课堂中的个性化教学目标确立更加能够直接对口学生的需要，让教学目标的指导价值更高。另外，通过学生的反馈与数据技术的分析，教师能够对学生进行精准的分层，精准化的分层为后续精准化的个性教学提供基础。

② 数字化课堂中个性化教学更加高效，由于教学活动中双向反馈的机制设计，让教学信息能够更加通畅地在师生间进行传递，基于精准化教学倾向，课堂教学在短时内开始出现较好的效果。例如，在英语课堂上，电子教材的人工智能领读功能，可以自动生成发音标准的单词库，学生在阅读短文时，只需要点击句子就可以列出相关语法，对仍然还不明确的句子，可以拖拽到班级空间，由教师与学生共同讨论完成。相较于传统教学中，整篇短文从第一个单词

到最后一个单词的排雷式讲授法，数字化课堂中的个性化教学，可以在短时内完成短文的精讲精练，同时尊重学生不同的学习意愿，加强了交流与协作的能力。

八、视点链接

慕课研究，我们在路上

在移动、开放、共享、参与的大数据时代背景下，微课、慕课等应运而生。它们的出现，无论是对学生的学还是教师的教，都有着深远的影响。2013年9月7日，华东师范大学慕课中心牵头成立了全国中小学C20慕课联盟。广东省中山市实验小学成为当时广东地区仅有的三个中小学成员，成立了由校长挂帅的慕课中心，并聘请华东师范大学陈玉琨、吴志宏、田爱丽等多位专家为顾问，开启了慕课研究之旅。

一、研制微视频，由点及面

为了让教师意识到数字技术对当今课堂教学的巨大影响，校长亲自开设“微时代，我们应该怎样教”的专题讲座，让教师了解学校即将进行的慕课研究的大体思路和想法，获得教师对该项改革的理解和认同。

慕课是一种新生的教学模式。最初，教师们都觉得该项研究比较适合在理科类学科开展。在此情况下，我们在面向全体普及理念和广泛动员的基础上，充分尊重教师的意愿，对于还没有准备参与改革的教师，暂不强求；对于有意参加改革的教师，给予重点支持和相应的鼓励。数学是我校的强项学科，拥有一批“名特优”教师，他们具有很强的研究能力；同时，我校也是中国少年科学院确定的科普基地、全国书法艺术教育实验学校、全国心理健康实验学校。根据以上情况，学校选取数学、科学、书法和心理健康四个学科作为慕课研究的先行试点。目前，我校的慕课研究已推广至各学科。

制作微视频，是实施慕课的第一步。我校遵循“适合就是最好”的原则，倡导微视频制作“草根化”，不追求高难度。由于大部分教师的信息技术能力并不强，学校就请信息技术教师为所有进行微视频制作的教师提供技术支撑。我们用了约一个月的时间，对全校进行微视频制作的教师开展系列培训，包括微课视频课件的设计、录像制作、音频视频的处理、后期的制作等。

微视频的选题是微视频制作中最关键的一环。在培训中，我们要求实验教师抓住教学的重点、难点和易错点，遵守目的性（呈现的知识点必须清晰明确，不贪多求全）、科学性（从内容到书写，必须准确无误）、可学性（学生能够听懂）、“悦读性”（界面友好、简洁大方）、“悦听性”（声音悦耳动听，语气亲切自然，表达幽默风趣）、整体性（微视频设计与课堂教学设计要统一）六个原则开发微视频。

我校最先接触微视频的是数学学科教师。学校从全员培训的基础上，根据数学学科具有演绎、推理的特点，对数学科组教师都进行了更专门的培训，培训内容包括从资源的选取，到PPT技术的运用，再到画面、音乐的搭配，文字的处理以及数学工具软件的使用等等。教师在视频制作实践阶段，一位教师先尝试制作出微视频，然后在校本教研时展示其作品，大家对此各抒己见，为其提出修改意见，之后，制作者根据大家的建议，再进行二次、三次修改，直至趋于完善。一位数学老师在一次展示交流活动后感慨地说：“感谢大家教会我制作微视频。经过几轮打磨，我发现，小视频隐藏着大道理，这段时间虽然为一个小小的视频修修补补，但这些小技巧真的很有用，既提高了我的信息处理能力，又提高了我对数学教材的理解能力。”

二、与联盟学校实现共建共享，开发系列化微视频

全国慕课中心制定了共建视频资源标准与共享机制，联盟学校间可以实现资源共享。慕课中心要求联盟学校使用本校特定账号，每个学科每月上传四五个微视频到慕课中心研究平台（http：//home.c20.org.cn/mooc/）。到目前为止，我校的数学、科学、心理健康等学科教师已制作了二百多个微视频并上传到全国慕课中心。以数学为例，我们制作了“分数”“货币单位”“时间单位”“图形与位置”“质量单位”共六个模块的微视频。在保障联盟学校共享“在线开放课程平台”资源的基础上，全国慕课中心会逐步将平台课程资源向国内非联盟学校开放，以扩大享受优质教学资源的群体范围，促进教育优质均衡发展。

在实践中我们感到，单个的、孤立的微视频的作用十分有限，教师对微视频内容的选择较为随意且容易造成重复建设的现象，只有开发系列化的微视频（如单元整体开发），才能充分发挥其功效。因此，我校在加强微视频的应用环境平台的开发中，努力整合、汇聚整个区域的微课资源，使其产生集聚效应，以实现从原来单一化的微视频制作，到学科微视频的系列化开发。

三、应用微视频，实施教学“翻转”

在传统的教学模式中，学生是在“教中学”；而在“翻转”教学模式下，教师是在“学中教”；学生先通过教师制作的微视频自学，然后到课堂上做一些实践性练习，并通过小组、班级合作探究的形式，利用学到的知识解决问题；学生遇到困难时，教师会对不同的学生进行个性化指导。

慕课中心研究平台目前已有覆盖各学科的微视频五千多个，联盟学校可以根据特定的账号，随时使用这些资源。在此情况下，如何利用这一丰富的资源平台，有效实施课堂教学的“翻转”服务，就成为我们的研究重点。于是，自2014年2月起，我校开始在部分班级和学科探索“翻转”课堂教学模式。

我非常认同华东师范大学慕课中心陈玉琨、吴志宏教授的观点，他们认为，好的“翻转”课堂应该是学习兴趣更高、互动性更强、思维更活跃、针对性更强、效率更高的课堂。“翻转”课堂的组织步骤是：导入—汇报收获（谈）—学生提问互动（问和答）—教师针对重难点和共性问题讲解（讲）—举一反三（合作学习、练）—分析反馈，成果交流（评和议）—巩固练习，夯实基础（习）。“翻转”课堂的五个环节：视频学习—汇报提问—点拨精讲—合作探究—巩固提升。

“翻转”课堂的本质是以微视频为载体，实现先学后教，变“高效+统一”为“高效+个性”，以大数据为支持，实现教学流程再造。我们认为，“翻转”课堂探索，必须把握好“课下新的基础知识学习”和“课上知识内化”两个阶段。

“课上知识内化”阶段主要包括三个环节。

（1）教师和学生用约10分钟的时间，对保障性知识进行回顾和梳理，教师重点帮助没有学会的同学掌握这些知识。

（2）在知识学习的基础上，师生一起梳理并提出有关知识理解和应用的问题；学生先进行小组合作交流，共同找出解决问题的方案或回答问题。

（3）在教师的帮助下，学生通过全班的合作探究等，解决未解决的问题；对所学内容进行总结，并完成进阶性练习。教师在设计练习题时，要设置基本知识的变式题，以便考查学生对基础知识的理解和灵活运用情况。

四、慕课研究取得的成效与遇到的问题

经过一年多的实践，我们发现，学校参与慕课研究，尤其是实施“翻转”课堂后，学生的学习自主性和学习动机明显增强。特别是借助慕课研究中心所提供的丰富的微视频等资源，学生可以较为灵活地提前学习学科知识，学习过程比较自主。更为重要的是，学生在课前通过观看微视频等，初步掌握了基本的知识，因此，他们在课堂上感到自己有话好说、有话能说，表现出很高的参与热情。在师生共同构建的开放、和谐的学习氛围中，学生的主体地位得以凸显。而对于教师来说，他们的角色也从教学内容的呈现者，转变为学生学习的帮助者和指导者。在这样的课堂上，教师有更多的机会观察学生之间的互动，发现学生存在的差异，进而进行更有针对性的指导。

当然，随着慕课研究的深入，各种相关的问题也随之而来；面对这些困难，我们有了一些初步的对策。

问题一：如果自律性不强的孩子，回家上网只玩游戏，不看微视频，怎么办？

我们认为，学生自控力不强，除了年龄因素外，还与学生的学习兴趣、自主学习习惯、自主学习能力、学习成就感等因素有关。因此，通过各种途径，提升学生的学习兴趣、养成自主学习的习惯等至关重要。同时，要解决这个问题，需要家校密切配合。比如，我校通过“家校通”平台，及时向家长发送看微视频作业的短信，要求家长根据学习清单，督促孩子观看微视频。实践证明，实行在线学习，家长的监督作用尤为重要。我们感到，绝大部分家长都会配合教师，对自制力不强的孩子进行及时有效的干预，帮助学生逐渐形成良好的学习习惯。

问题二：“翻转”课堂是不是降低了教师的作用？

“翻转”课堂强调的是课前学习与课堂教学的结合，能够充分发挥现代信息技术的优势，并不是降低教师的作用，而是对教师提出了更高的要求。学生通过课前学习，有了较好的学习准备，带着问题走进课堂。学生提出的问题，往往超出教师的预料。这对教师的快速反应能力和知识储备提出了更高的要求，对经验少的教师则提出了挑战。

问题三：教师负担是否会增加？

对于教师而言，“翻转”课堂的确会增加一定的负担，主要原因是需要预备更丰富的教学资源。这些资源包括微课和其他提供给学生阅读的材料。但随着公共资源平台的完善与更大程度的开放，教师可能不用再花大量的时间制作微视频。同时，随着硬件环境条件的进一步提升，智能系统的功能会日益完善。例如，智能系统能为学生提供大量有价值的配套练习，学生在自学相关知识点后，系统会自动推送配套练习供学生自测；学生做完练习后，只需提交，系统就会即时给出学生的测试成绩，方便学生掌握自己的学习情况，同时，对学生做错的题目，系统会自动归入错题档案，方便学生日后查漏补缺。这样，就会有效减轻教师的负担。

（《慕课研究：我们在路上》一文2014年发表于《中小学管理》）

第二章

大数据：课堂教学的分析师

随着社会的快速发展以及全球化、信息化的普遍，世界上每时每刻都会产生海量的信息。如何对这些海量信息进行储存以及挖掘其中的价值，成为人们研究的主要课题。目前“互联网+”的概念已经越来越普及，同时，随着移动互联网、物联网技术的不断成熟，更加加快了数据量的增长，也更加方便了人们对信息的获取和利用。

大数据浪潮的来临，对智慧校园提出了新的挑战。校园内部各部门在日常工作中会产生大量的数据，学生和教师在每天的学习、工作、生活中也会产生大量的数据信息。如何对每天产生的海量数据进行处理，最后利用在校园管理和师生服务中，从而使得校园生活更加的高效、便利、智慧，值得我们深入思考。

对于信息获取的途径也存在着更高的要求，这就要借助于物联网的技术，在校园内布置大量传感器，从而更加方便有效全面地获取信息。例如，校园内布置的烟雾报警器、监控装置等。最后，获取的数据通过优化分析得到有用的信息后，要及时有效地反馈给师生和管理者，这就要求信息的共享。

针对海量数据的出现，对其处理难度也超过了普通服务器的范畴，而云计算技术则为海量数据的处理和分析提供了有力的保障。云计算的概念是一种全新的网络服务方式，这种全新的网络服务模式打破了传统网络计算能力的不足（传统的计算机网络各自为战，彼此缺乏交流，一旦未来的需求需要更加顺畅地交流的时候，传统的网络则无法满足这种新的需求）。

综上所述，从信息的获取，到信息的存储和优化分析，再到信息的共享，组成了整个的智慧校园平台。在研究大数据的发展现状和云计算的基本概念的基础之上，分析了智慧校园中各种资源的使用情况，结合大数据和云计算技术，构建了一套基于大数据的智慧校园云资源利用服务平台模型，并针对此模型提出了一项手机平台上的客户端方案，实现了该客户端的部分应用。并且提出了一套完整的智慧校园云资源利用建设的机制，为促进高校数字化教学资源的建设和优质教学资源的共享，提供了更为高效的途径，为校园的管理，提供了更多的科学的决策依据，为师生的生活、学习、工作提供更加便利的服务。

一、大数据的理解

目前国内外大多数学者都是从宏观的角度对大数据进行研究，将其定义为需要新处理模式才能具有的更强决策力、洞察发现力和流程优化能力的海量、高增长率和多样化的信息资产。然而大数据的“大”，其侧重点并不在于其所谓的大容量，而在于大数据潜在的大价值。对教育大数据分析的好处表现在两个方面：一方面，教育者通过大数据分析可以了解学生的学习特征、知识漏洞等，利用可视化的反馈，实施教学干预，并为学生制订个性化的学习方案，针对性的教学或辅导；另一方面，平台全面地跟踪和记录学生的学习过程，了解并掌握学生的特性、学习习惯，为其推荐符合其学业水平的学习资源，培养学生的个性化发展。

二、大数据的应用

在美国、英国的高等教育中，有学者采用大数据探测性地分析学生的上课情况、提交的作业及考试测验，数据报告使教师了解了影响学生学习成绩的因素。针对这些不良的因素，教师会适当干预，确保有效的教学。除了教育界外，很多国外企业也尝试将大数据应用到教育中，例如美国的“梦念学习”公司和“纽顿”公司，开发了基于大数据的“适应性学习”系统。该系统通过对学生的跟踪，向学生提供学习数据，让其了解自己的学习情况及当前存在的学习问题。此外，还有美国的“麦格劳希尔”公司与英国的“培生”集团合作研究的“课程精灵”系统，加拿大的“渴望学习”等等，都为学生的个性化学习提供了优质的服务。

国内的企业也有对大数据在教育中的应用做了尝试，如梯子网基于大数据技术的应用，该网站可全程跟踪学生的学习轨迹，检测每个用户学习的薄弱环节，分析学生的学习习惯和思维方式，网站最终依据数据，给出每位学生针对性的学习方案。同时，家长通过网站上可视化的数据分析和作业报告，随时随地了解孩子的日常学习情况和最终考试情况。

不难发现，大数据是未来教育的根基，用来分析和研究学生群体或个体对学习问题和知识点的掌握情况。目前很多的系统和平台都可以通过后台收集有关学生的大量数据，但是，如何去建构一个科学合理的个性化学习诊断模型，利用实例分析和效果检测，即用户反馈来改进个性化学习诊断模型，跟踪和收集学生的学习过程数据，分析学习问题，家教或家长进行有针对性的教学和辅导，提高学生的学习效率，真正地实现所谓的“因材施教”和“个性化学习”，值得我们进一步研究与探索。

三、真实全面的数据采集

数据是基础，也是核心。只有采集了学生学习过程中常态化的海量数据，教师才能说“了解”每一位学生，才能看到学生发展进步的动态过程，并进行客观理性的学情分析和学生学业水平评估。

数据采集可以将“线上数据采集”和“线下数据采集”两种方式相结合，前者采集“电子数据”，后者采集“纸质数据”。通过数据采集，可以获得学生学习过程中最鲜活、最丰富的真实数据，如学生解答的痕迹、教师批改的痕迹等。

线上数据采集主要通过数字化在线课堂教学平台以及学习终端设备，记录学生在线课堂上的提问互动、习得反馈、在线作业等情况，生成相关学习数据。当然，如果把平时的“线下作业”也做成“在线”方式，那也可以实时采集到学生的作业反馈数据。

线下数据采集主要通过记录学生每一次作业、每一周练习、每一次考试的解答痕迹，反映学生课后学习及学习效果的全过程。线下数据采集有两种模式，一种是对于日常大量的作业采用“先批后扫”的数据采集模式，在不改变学生和教师原有的学习和工作模式基础上，进行常态化的数据采集，甚至可以保留教师的批改痕迹和学生的订正痕迹。整个流程是先将学生的日常作业或练习卷在传统批阅基础上，通过高速扫描仪采集学生作答情况以及教师批改痕迹保存至云端，教师通过手机、电脑及终端 App 随时查看教学诊断云平台上收集生成的学生数据，如每个学生的作业完成情况、每个题目的做错学生名单等，学生也可以通过手机、电脑及终端 App 随时查看自己的作业反馈，系统还会自动建立个人错题库，并给出个性化的补偿学习建议。另外一种是通过网上阅卷系统在不改变学生原有作答模式的基础上，对学校的大型考试采用“先扫后批”的方式，实现集中的网上阅卷，同步实现考试数据的采集分析，其缺点是改变了教师的工作方式，同时学生试卷上也没有留下任何痕迹。

在数据采集阶段，为了使大数据技术支持下的小学数学教学和学习都达到最佳水平，需要做到以下两点：

（1）在开展教育教学之前对小学生的年龄进行判定。小学阶段一般学制是6年，年龄段为 6 ~ 12 岁，根据学生年龄又具体分为低龄组（6 ~ 8岁）、中龄组（9 ~ 10岁）、高龄组（11 ~ 12岁）。不同年龄段的学生对小学数学的学习内容、学习方法以及知识技能的掌握与应用有很大的差异。瑞士心理学家皮亚杰的“儿童认知发展阶段论”认为，小学阶段的儿童处于“具体运算阶段”向“形式运算阶段”转变的状态中，此阶段的儿童在认知结构上逐渐形成抽象的概念，同时具有初级的逻辑推理能力。

（2）了解学生的基本信息、社会信息、学习历程、学习风格。小学生一般活泼好动，其学习活动一般应以寓教于乐为宗旨，因此，教师要从第二课堂、家庭氛围、自律情况、业余游戏、是否参与课后班等方面对学生进行全方位的了解。确定学生的学习起点，对相同初始能力的学生进行同质分组，以便于后续教学的顺利开展，也为进一步的个性化自适应的学习模式设计奠定基础（见图2-1）。

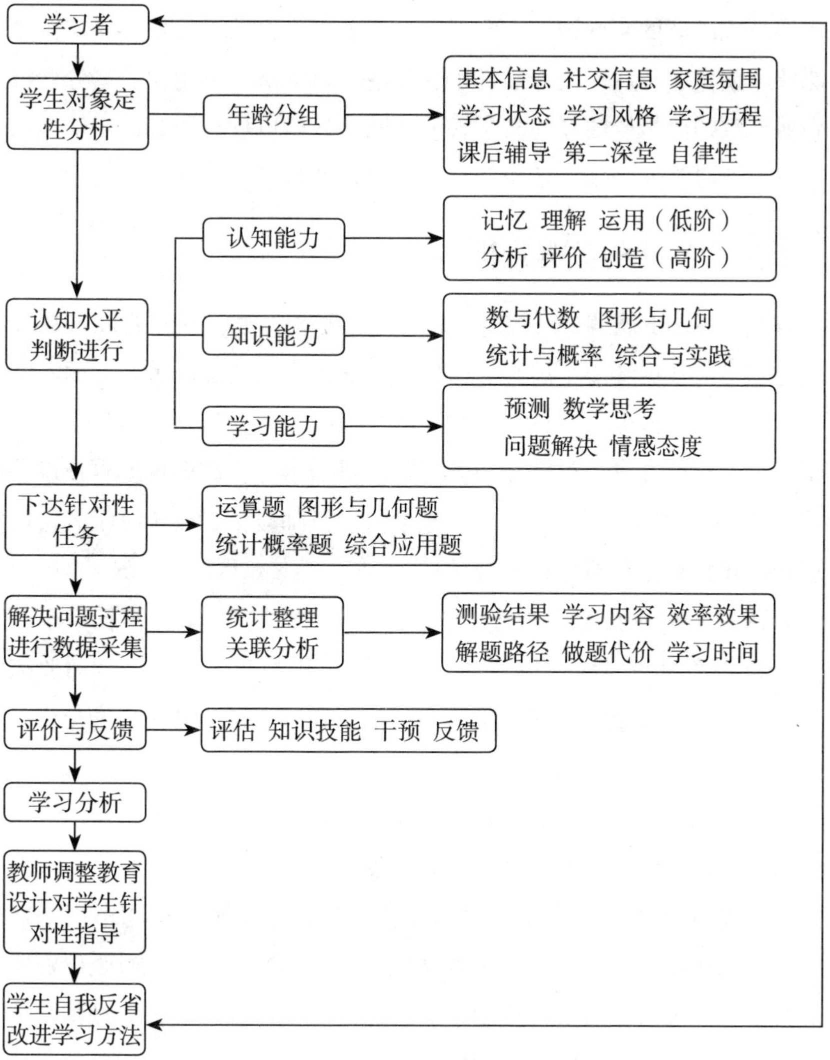

图2-1 个性化自适应小学数学在线学习模型细节流程图

在小学数学教学中，所有数学教师通常都是带两个及两个以上的班级，所以要想及时了解并分析所有学生的数学学习情况就极为困难。数学课程主要是以训练为主，所以数学教师在平时主要是通过学生的课后作业的完成情况及单元测试来掌握学生的学习情况，而教师在批改和分析学生的作业与单元试卷时，至少需要一至两天时间，同时还只能分析出班级全体学生的学习情况和考试结果。而使用大数据就只要教师在文档中编辑好电子作业，再根据系统导入作业，系统会对学生形成二维码答题卡，最后再扫描学生的作业和试卷，实现诊断一个班级的学习情况只需要短短几分钟的目标。通过大数据可以将数学知识点作为当堂反馈的客观题进行练习，将过去单一而烦琐的单元测试转变为当天的课外反馈作业，从而使数学知识堂堂清、章节清。应用大数据分析技术，除了有助于教师由传统的经验教学转变为精准教学以外，还有助于学生从以往模糊的数学学习转变为精准定位，从而及时调整自己的学习方法与学习状态。

四、精准科学的数据分析

一方面，常规的学生考试成绩统计如班级平均分、各分数段人数等，已远远不能满足大数据形势下教师、学生、校长的内在需求。另一方面，常态化的学生学习、考试数据是海量的、零碎的，需要专业人员根据实际需要建立数学模型，再由软件开发人员应用数学统计、机器学习、数据挖掘等技术手段，进行精准科学的数据分析，生成对学生学习、教师教学、校长决策有价值的信息。这就是我校数据分析的核心技术。

我们认为，学习数据分析应该包括不同层级。对于学校校长来说，需要精准分析每一个班级、每一位教师、每一门学科的对比数据，全面监控学校的教学现状，适时调整学校的教学管理；对于教师来说，需要精准分析每一位学生的学习数据并进行学情追踪，帮助找准课堂教学的起点、重点和每一位学生的知识薄弱点，开展精准教学；对于学生来说，需要精准分析自己的学习现状，提出个性化的课后复习计划和作业建议。

数学教师通常会要求学生自己建立错题本，但是建立错题本不是短时间就可以实现的。由于小学生的认知发展能力不足，建立错题本时难以考虑到系统地分析错题。大数据通过分析学生的试卷，做出详细的报告，教师只需要在学生的学习详情中点击错题本，大数据系统就会自动生成错题本，从而让学生知道哪些作业题与单元试卷题容易出错，教师也可以通过学生的错题本了解学生知识学习情况，从而及时进行针对性辅导。此外，大数据还可以把不同班级的答题情况进行比较，建立详细的数据分析，让教师直接了解自己的教学质量。

1. 学校整体分析

学校校长更多地关注学校、年级、学科的整体发展情况，因此，数据分析的重点在于教师之间的差异性、班级之间的差异性、试卷的整体质量、考试成绩的整体分析等方面。

2. 班级表现分析

班主任作为一个班级的管理者，更多地关注班级的整体学习表现，每一个学生的学业表现、历次成绩跟踪、班级优势学科和劣势学科等。

任课教师作为一个班级某一门学科的责任人，更多地关注学科章节的知识点和重难点掌握情况的数据分析、学生成绩分布情况、得分率较低题目的归因分析等。通过大数据系统分析，每个题目的平均分、得分率、标准差、难度、区分度和知识点等都有详细的说明。

五、精准高效的教学活动

精准的大数据分析，能够帮助学生更好地了解自己，也帮助教师更好地了解每一位学生，从而做到有的放矢、因材施教。

（一）选好教学起点

教学的起点至关重要。起点过低、过高都会影响到整节课的教学效果。以往主要依靠教师的个人经验，如今，基于大数据的精准分析，使得教学起点的选择更加科学。

以新授课为例，通过数据分析系统，教师在备课前就已经对学生的学情有了初步了解，对学生前一节课（章节）的课后作业完成情况进行精准分析，可以精准备课。再通过“数字化在线课堂教学平台”的课前预习反馈、基础测试等环节的在线数据分析，使得教学的起点选择更加精准。

（二）选好教学重点

正确把握一节课的教学重点，精心设计并开展突破性教学，是一节课成功的关键。教学重点不一定完全照搬教参，而要具体根据学生的基础和能力，做适当调整。可以通过对学生预习过程的数据进行采集与分析，从而更好地服务于课堂教学。

比如讲评课，通过数据分析系统或者“网上阅卷系统”对学生作业、考试形成的数据分析报告，使教师对整份试卷或作业、每个题目的得分情况、得分率较低的题目归因、每个学生的解答情况等都做到了心中有数。教师讲评时，可以随时调看某个学生某个题目的解答情况、某个题目的错误分类、某个题目值得推荐的样本等，突出重点，针对性地开展教学活动，包括后续的跟进练习。

（三）针对性的课堂提问

课堂提问和师生互动也是课堂教学的重要环节。什么时候互动、提什么问题、让哪位学生回答等等，都会对课堂的教学效果产生一些影响。

比如复习课，教师可以借助数据分析系统和“数字化课堂教学平台”里存储的一个阶段、单元或者章节的学生学习数据和分析报告，在完全了解了每一个知识点的掌握情况、难点或者学生错误率较高的题目、个别学困生的问题所在等信息后，师生互动、课堂提问才能做到有的放矢。

（四）个性化的补偿教学

学生的差异性是客观存在的。对于学习能力弱的学生，课后需要个性化的辅导答疑；对于学习能力强的学生，课后需要个性化的激励提升。借助数据信息，教师很容易掌握每一位学生的学习情况，主动开展一些补偿性教学，包括录制一些知识点或者题目讲解的微视频，推送给相关学生，指导他们自主学习，并及时进行答疑。

各个学科学困生的存在是一个不争的事实。一个班级由于存在学习力的差异，使得面向全体的教育目标难以全面贯彻落实。学困生在自主探索、算法多样化等数学活动中屡屡失败受挫，在快节奏的课堂中“囫囵吞枣”，无法在规定的时间内完成学习任务。

随着信息技术的飞速发展，特别是“互联网+教育”的背景下，产生了很多快捷方便、易学易用的学习分析工具，可以对学情、思维监察、创新水平等方面进行实时评估。利用这些工具，可以实现对学困生的界定、转化和困难预知。

1. 学困生的数据化界定

一要采集信息。先依据布鲁姆认知目标分类，设计一份测试卷，全班施测，从而对学生的“四基”情况进行了解。再将学生带到学校微格教室上课一周，并对每节课进行全程录像，主要目的是为了了解学生的探索能力、学习态度、主动性、创新性等学习素养。

二要生成、处理与分析数据。将收集到的信息进行分类整理，按照所掌握的学生情况，导入不同的学习分析工具软件生成大量数据。例如，学生在微格教室无论是利用答题器还是平板电脑完成的题目，都可以利用软件将完成情况、答案分布生成实时数据，并分析出错误原因和知识掌握情况；可以利用软件对学生的问卷和课后作业以及对课堂教学视频和音频中的学生表现、解答问题的次数和正确率等进行统计分析。生成大量的数据后，再从多个维度，如认知方面的速度、准确度、灵活度等，情感方面的懒惰、逆反、自卑、畏难以及焦虑等，分析学生的学习情况。学生在各个维度将形成自己的“点”，利用这个“点”可与已有的数据资源进行比较，在标准值以上为学优，标准值以下则是该维度的学困。

三要分析学困原因。除了依据学困维度的量判断学困生外，还需要对学困进行必要的分类，找出导致学困的影响因素及各因素之间的关联性。这样就为“私人订制”转化方案，提供了科学依据。例如，依据学生学优、学困维度的分类，可以将全班学生按“同组异质、异组同质”的原则划分学习小组，让每个学困生在小组中都有可以胜任的角色，并能够扬长补短。

2. 学困生的精准式转化

在数据分析的基础上，每一个维度都可采用递归的思想确定学困生转化目标。在递进过程中，可根据该维度的特征，层层分解，形成一个个阶段性目标。每一个阶段性目标都有一个转化方案库，以对应各种能力水平。回归到过程，教师每天对学困生的学业及表现进行测量，通过日常的测试与记录可在教学过程中监测学困生的转化过程，一旦偏离目标，要及时调整方法，循序渐进，直至达到目标。如果监测到新的情况，也可以随时增减阶段性目标。根据发展心理学的研究，儿童的身心发展具有差异性、阶段性、连续性和顺序性的特征。虽然造成学生学习困难的影响因素很复杂，但学生的变化也较快，具有较强的阶段性和时间性。针对不同的学困生制订不同的转化方案，可以一个维度一个维度地按次序转化，也可以几个维度同时进行。当然，最关键的还是转化过程中的动态管理，可以随时监测取得实时数据。通过大数据的学习分析技术，对学困生的学习过程做可视化分析，将学习过程进行横向与纵向比较，呈现学习变化轨迹和发展趋势，发现问题及时调控，实施针对性的教育干预，以帮助学困生实现转化的目标。

3. 学困生学习困难的量化预测

一方面，不定期地利用练习、观察、问卷等方式，对所教学困生的学习状态与效果进行测试、数据分析、总结经验、发现问题、调整教学内容与方法。另一方面，在每堂课结束前，根据学困生的不同发展水平及学习特点，设计与教学相关的开放性学习问题，并额外增加一两道与下节课内容相关的题目，结合收集的数据与系统中原有数据，分析出学困生在下一节课堂学习中各知识点的难易度及出错概率，发现潜在的问题，以便更好地进行教学。

（五）个性化的课后作业

当前学生学业负担较重的一个重要因素是所有学生做同一份作业，很多学生做了“不该做”的作业。根据学生学习过程中分析得到的差异性数据，教师完全可以布置不同层次、不同类别、不同难度的题目，因材施教，实现个性化的课后作业，切实减轻学生的学业负担。

大部分学生都喜欢趣味性作业、实践性作业。信息化软件作为一种技术支持打破了传统作业模式中的时间和地域限制，为学生提供了作业实践情境。同时，学习资源，是学生自主探究学习的重要前提。信息化软件具有集成性、共享性功能，可在线为学生提供大量课程资源，让学生更加积极主动地完成数学作业。此外，信息化软件可将典型数学作业以视频、动画、声音、影像等动态化方式呈现出来，极大地激发了学生做作业的积极性。

1. 创新作业方式

数学来源于生活。在小学数学课堂上，为提高学生作业的实效性、趣味性，教师可充分利用信息化学习软件的强大功能，为学生布置生活型作业、调研型作业，以调查采访性、生活养成性作业方式增强学生的实践体验，使学生能够灵活运用已学的数学知识解决更多的生活问题。

例如，在“统计”一课学习完毕后，教师可布置这样一个作业：对本班同学喜欢吃什么水果的情况进行统计与调查，要求制作成统计表。期间，学生可登录“小学数学专业网”等数学学习专题网站搜集一些资源，不断充实自己。在这样一种“线上线下”相结合的作业模式下，学生通过网络平台完成了生活型作业，实现了“统计”知识点的巩固与强化。

2. 创新作业模式

在小学数学课堂上，为了激发起学生做作业的兴趣，实现“线上线下”数学作业的优势互补，教师可运用信息化软件为学生设计个性化作业、趣味性作业。

例如，教师可运用“作业盒子”App，为学生布置“速算”练习作业，在线进行简单的“速算”练习。当学生完成作业之后，教师就可以从“作业盒子”教师端及时了解学生的作业情况，存在的问题，进一步优化作业内容。在“作业盒子”这个App上，还提供了“森林闯关”等游戏作业形式，教师可运用App创新数学作业的形式。

例如，在“乘数是一位数的乘法”知识点讲授完毕之后，教师可在“作业盒子”App上设计一个“帮助小兔子找门牌号”的闯关游戏，将一道道计算题目融合到故事中。故事中的小兔子要到小熊家去做客，但小熊家小区门牌号都是乘法算式，只有算出正确的结果，才会帮助小兔子找到门牌号。在这样一个闯关游戏中，学生不仅巩固了所学知识，对做作业也产生了浓厚兴趣，增加了作业的趣味性，增强了学生作业的主动性和实效性，减轻了学生的作业负担。

3. 作业的实效性

在小学数学教学活动的开展过程中，教师可以运用信息化软件，设计短期型和长期型主题作业，打破时间的限制。其中，在短期型主题作业的设计中，要重视对学生数学知识的巩固、理解、掌握情况的训练；长期型主题作业，要为学生创设特定情境，引导学生在情境中解决实际问题，发展学生运用知识的能力。

比如，在教学“时分秒的认识”时，教师可以利用“一起作业”这个App设计四种不同形式的作业，包括“时分秒的对话”“计时器的历史”“时间大拼盘”和“我的作息时间”。其中，前三个都是短期型主题作业，可巩固学生对时、分、秒数学知识点的认识，而“我的作息时间”作为一个长期型主题作业，可训练学生设计“我的一天”作息时间表，培养学生运用知识的能力。在这两种作业模式下，会培养学生良好的学习习惯，提高作业质量。同时，利用信息化软件设计短期型和长期型主题作业相结合的作业模式更能够提高学生参与数学活动积极性，对学生学习数学知识起到较好的作用。

4. 优化作业设计

在实现线上作业和传统纸笔作业相结合的基础上，教师可以充分利用信息化软件的大数据功能优化作业设计。

（1）教师可利用在线学习软件丰富数学资源，随时随地地获取一些课程资源设计作业，优化作业内容设计。比如，利用“作业盒子”App的“数学练习周报”功能，可以分析学生作业的积极性、作业的难易度、学生掌握知识的薄弱点、每个学生的答题情况等，为教师优化作业设计提供科学的参考依据。

（2）教师可在“线上线下”相结合的基础上，利用信息化软件特有的功能，设计趣味性很强的数学作业。比如，“身边的行程问题”就是“线上线下”优势互补结合的体现，整个学习过程，要求学生在信息化软件上自主搜集“游一游中山”等景点路线，制订假日旅行路线。在完成这一项数学作业的过程中，学生不仅掌握了课堂所学知识，也在数学作业探究中体会到了数学学习的乐趣。

除此之外，在数学课堂上，教师还可以运用网络平台，信息化学习软件，引导学生对数学作业展开自我评价、相互评价、小组评价。结合作业评价结果不断提高自己的作业质量。比如，课堂教学过程中，可以借助“班级优化大师”App，及时评价学生在课堂上的作业表现，给学生以鼓励和鞭策，让学生及时调节学习状态，有助于引导学生形成良好的学习习惯、作业习惯。

（六）针对性的命题测试

学生做题，教师必然就要出题。备课组教师搜索、选择、编辑题目耗费了大量时间和精力。但由于一个年级往往是同一份作业、同一份试卷，教师对自己的班级相对了解，而对于其他班级却不甚了解，这样的命题针对性、有效性相对欠缺。有了大数据分析，全体学生课堂学习、平时作业、常错试题等数据信息一目了然，命题教师可以做到轻松组题、精准命题。

（七）实现教师、学生、家庭三端互通

大数据系统可以基于教师端口出卷、评卷，形成详尽的数据，并将学生的作业、考试动态发送给家长。一方面，教师在收到学生在学生端口的学习及修改作业行为的反馈情况后，根据学生知识学习情况，有的放矢，筛选题目。另一方面，家长端口能在学生请求打印错题的基础上，和教师进行交流，掌握孩子的学习现状。此外，通过家校互动平台，了解孩子在校学习现状、成绩等方面信息，掌握孩子错题与对知识点学习情况，从而协同督促孩子学习，真正实现“三位一体”，进而促进学生健康、全面发展。

六、大数据教学案例

“数学广角——植树问题”教学设计

【融合点】

（1）本课的教学设计依据小学生的认知规律，充分利用课程资源，对教材内容进行了加工处理，并发挥互联网的特点，在信息技术环境下，运用文字、图像、声音、视频等素材激发学生的学习兴趣。

（2）本节课结合课程标准要求，设计了“园丁耕耘”“智慧比拼”“创意空间”等多个学习环节，并引导学生积极参加，使其在人机互动的“发现规律”“运用规律”“微课在线”“游戏闯关”“自主创编”的学习过程中成为主人，从而有针对性地突破教学重难点，培养学生自主学习、主动探究知识、解决问题的能力。

【教材分析】

“数学广角——植树问题”是人教版小学数学五年级上册第七单元的内容。本课通过现实生活中一些常见的实际问题，让学生从中发现一些规律，抽取出其中的数学模型，然后再用发现的规律来解决生活中的一些简单实际问题。“植树”的线路可以是一条线段，也可以是一条首尾相接的封闭曲线（见图2-2）。

2 大象馆和猴山相距60 m。绿化队要在两馆间的小路两旁栽树（两端不栽），相邻两棵树之间的距离是3 m。一共要栽多少棵树？

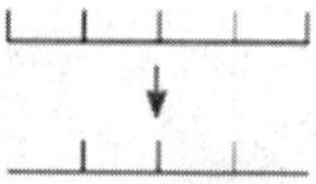

60 ÷ 3=20

20○（　）=（　）

（　）×2=（　）

答：一共要栽________棵树。

做一做

1. 在一条全长 2 km 的街道两旁安装路灯（两端也要安装），每隔 50 m 安一盏。一共要安装多少盏路灯？

2. 小明家门前有一条 35 m 的小路，绿化队要在路旁栽一排树。每隔 5 m 栽一棵树（一端栽，一端不栽）。一共要栽多少棵？

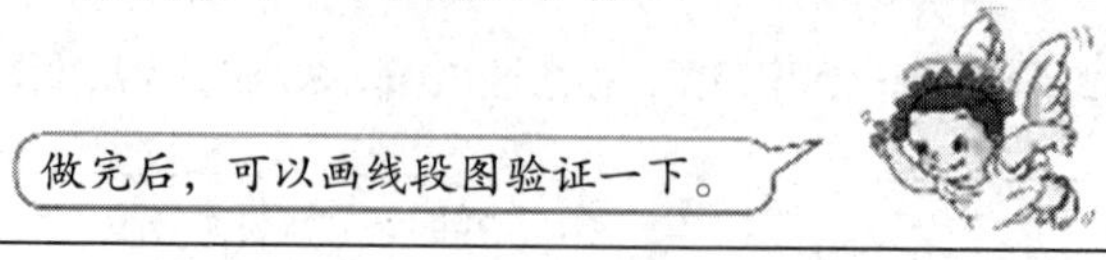

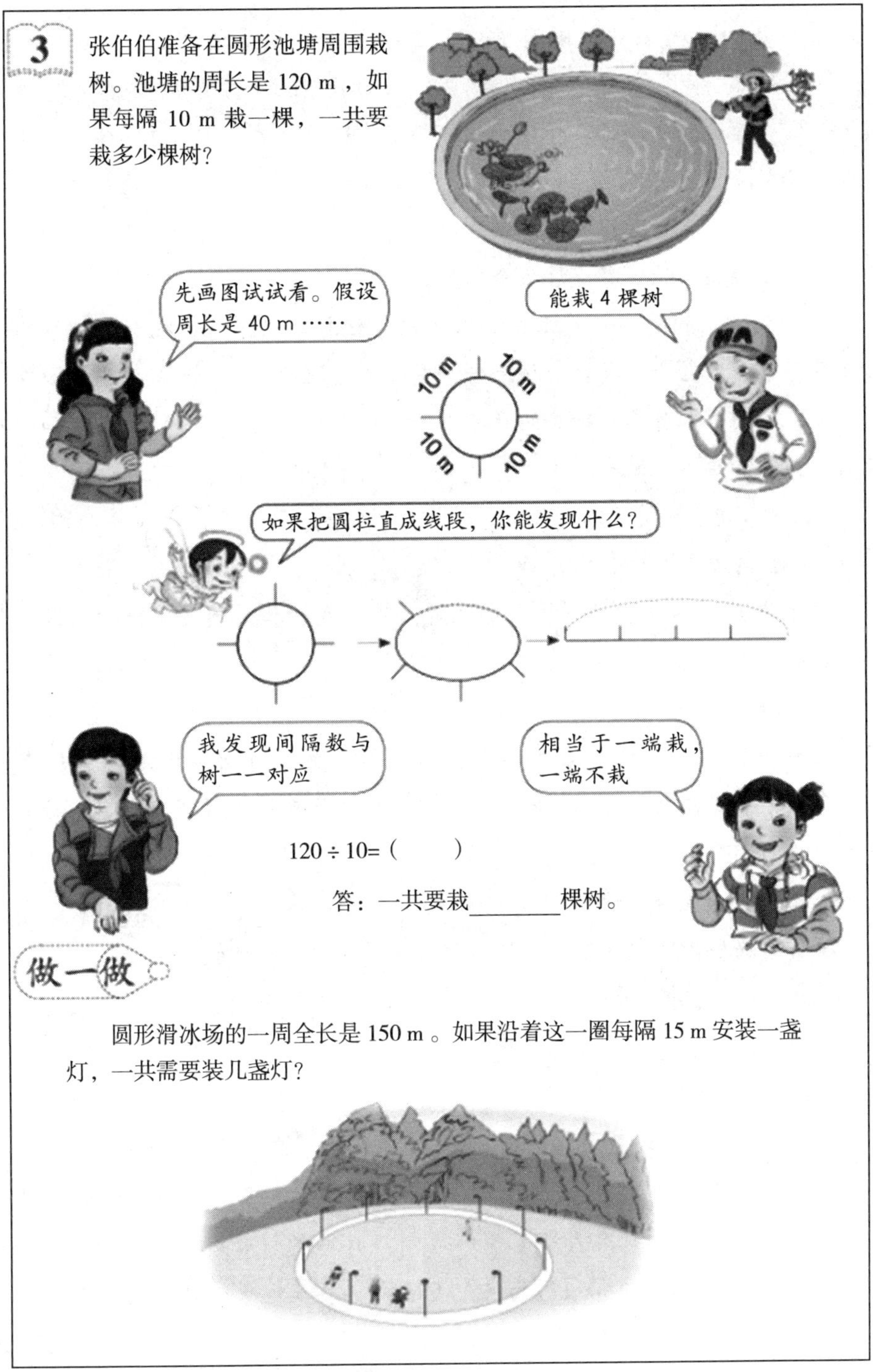

3 张伯伯准备在圆形池塘周围栽树。池塘的周长是 120 m，如果每隔 10 m 栽一棵，一共要栽多少棵树？

120 ÷ 10=（　　）

答：一共要栽________棵树。

做一做

圆形滑冰场的一周全长是 150 m。如果沿着这一圈每隔 15 m 安装一盏灯，一共需要装几盏灯？

图2-2　“数学广角——植树问题”教学内容

【学情分析】

由于是初次接触“植树问题”，这部分的学习内容学生一定会很感兴趣，学习的热情也会比较高涨，但根据以往的教学经验，这部分内容对学生来说是不容易理解和掌握的。学生已经掌握了线段的相关知识，也具备了一定的生活经验和分析思考能力与计算能力，因此，为了让学生能更好地理解本单元的教学内容，应在教学过程中对教材进行适当的整合，并充分利用学生原有的知识和生活经验来组织其开展各个环节的学习活动。

五年级学生的思维仍以形象思维为主，但抽象思维能力也有了初步的发展，具备了一定的分析综合、抽象概括、归类梳理的能力。这部分内容放在这个学段，说明其本身具有很高的数学思维和很大的探究空间，既需要教师的有效引导，也需要学生的自主探究。

【教学目标】

1. 知识与技能

初步体会“植树问题”的模型思想，掌握直线和封闭线路植树的棵数与间隔数的关系。

2. 过程与方法

在网络环境下，能够自主学习、主动探究知识并自主解决问题；在合作、交流中探究棵数与间隔数的规律，并用植树问题的方法解决实际生活中存在的简单问题。

3. 情感、态度与价值观

具备解决植树问题的思想方法，激发环保意识。

【教学环境与准备】

网络教室、网络课件和学件。

【教学过程】

1. 创设情境，导入新课

师：同学们，在我国北方，春天经常会出现沙尘天气，你们听说过沙尘暴吗？老师准备了一段有关沙尘暴的视频，我们来一起看看（见图2-3，图2-4）。看了这段视频你们有何感受？（2~3 名学生谈观后感受）

图2-3 沙尘天气

图2-4 沙尘暴

师：要治理沙尘天气，你们说最好的办法是什么？（学生回答：植树）

看到这一排排整齐的小树，如果我们从数学的角度来分析，一定会有很多有趣的数学问题。那么，这节课我们就来研究“植树问题”。（板书：植树问题）

（设计意图：利用沙尘暴视频的视觉冲击引导学生直奔教学主题。）

2. 充分经历，探究新知

（自主探究，发现规律）

师：今年学校计划对校园展开进一步的绿化，大家看看，想想有什么方案。

小小设计师

为了绿化校园，学校计划在长为 20 米的一条小路的一边种树，每隔 5 米栽一棵，需要准备几棵树苗？请小组合作设计植树方案。

图2-5 植树设计要求

你们想试试吗？可以进入到“小小设计师”界面；接着，可以用一条线段代表 20 米长的小路，将小树拖到相应的端点上表示植树（见图2-5）。赶紧动手试一试吧！

学生活动：教师多屏监控转播学生电脑，并巡视指导。

（设计意图：让学生亲身体验设计的快乐，为探究树的棵数与间隔数的规律提供了认知基础。）

师：谁来介绍一下自己设计的方案？（学生边介绍方案边用板贴展示在黑板上）

方案一：两端都栽（见图2-6）

师：这位同学在小路的两端都栽了树，他一共种了几棵小树？（学生回答：5 棵）

那 5 棵小树之间有几个间隔？（学生回答：4 个）（板书：5 棵，4 个）

图2-6　两端都栽

方案二：两端都不栽（见图2-7）

师：这位同学在小路的两端都不栽，他一共栽了几棵小树？（学生回答：3 棵）

有几个间隔？（学生回答：4 个）（板书：3 棵，4 个）

图2-7　两端都不栽

方案三：一端栽一端不栽（见图2-8，图2-9）

师：这位同学在小路一端栽一端不栽，他一共种了几棵小树？（学生回答：4棵）

有几个间隔？（学生回答：4 个）（板书：4 棵，4 个）

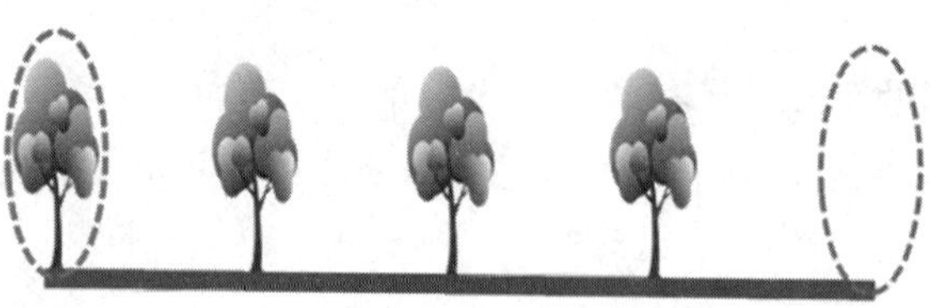

图2-8　一端栽1

图2-9 一端栽2

师：比较三种方案，它们有相同的地方吗？不同的地方又有哪些呢？

生：相同点都是 20 米长的小路，都是每 5 米一段间隔，都有4个间隔，都是直线植树……

不同点是植树情况不同（两端都栽、两端都不栽、一端栽一端不栽），树的棵数不同……

师：不用画线段图，如果这条路长 30 米、35 米、40 米……又应栽几棵树呢？

请同学们拿出学习纸，小组合作选择其中一种直线植树情况，填写实验报告，并思考棵数与间隔数之间有什么规律。

（学生填写表格，教师实时展示学生活动情况，并巡视指导小组交流汇报。）

生1：两端都栽的情况，棵数=间隔数＋1。

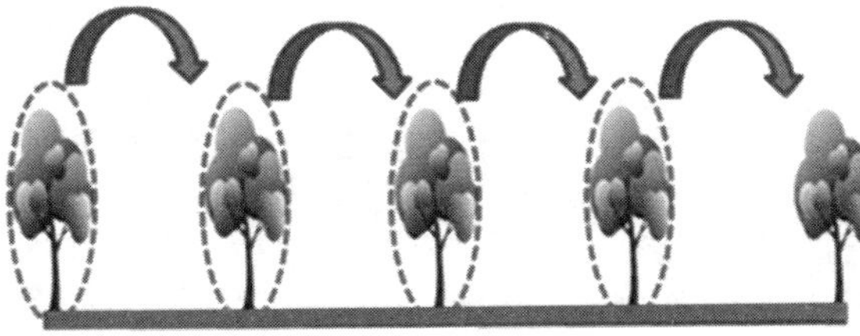

图2-10 两端都栽

生2：两端都不栽的情况，棵数=间隔数－1。

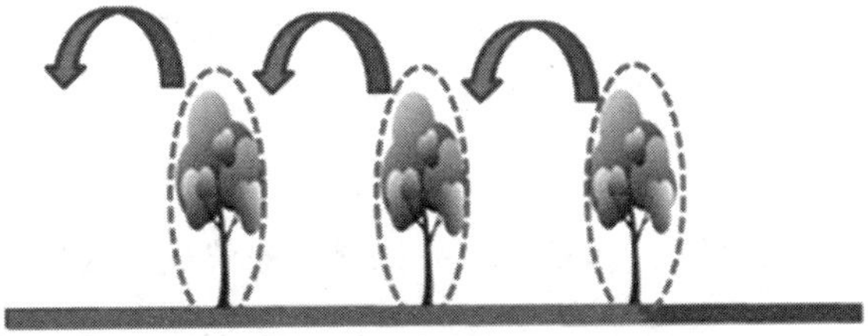

图2-11 两端都不栽

生3：一端栽一端不栽的情况，棵数=间隔数。

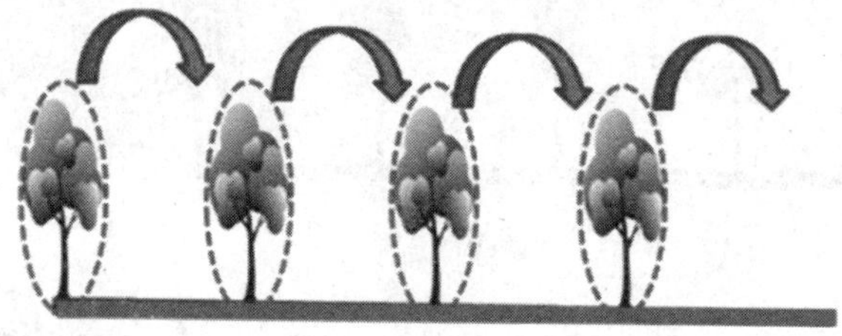

图2-12　一端栽

师：你是怎么想的？如何得出这样的结论？

学生活动：课件演示一棵树对应一个间隔。

（设计意图：让学生经历探究"植树问题"数学模型的过程，突出一一对应，理解其算理，利用不完全归纳法，发现两端都植树棵数和间隔数的规律，再借助两端都植树的规律类推只植一端和两端不植时棵数与间隔数的关系，既培养学生迁移、推理能力，又进一步巩固了一一对应的方法，避免学生死记硬背规律，牢固掌握画图、一一对应的方法。）

3. 运用规律，巩固新知

师：老师需要购买一些树苗，请你们帮老师算出要准备多少棵树苗？请单击"运用规律"，同桌两人分别选择小路或教学楼其中的一种绿化方案进行解答，利用"数字小键盘"在答题区列式计算。

学生活动：学生独立解答，同桌互相交流再汇报；教师多屏监控转播学生电脑，并巡视指导。

（设计意图：学生运用发现的规律解决课本例题，体会"植树问题"在实际生活中的运用。）

4. 运用微课，学习封闭线路"植树问题"

师：刚才我们一起研究了直线植树时三种情况的棵数与间隔数的规律，下面继续研究封闭线路的"植树问题"。请同学们点击"微课在线"，戴上耳机自学微课视频。通过这段微课你学会了什么？封闭线路的"植树问题"相当于直线植树的哪种情况？

生：封闭线路，棵数=间隔数，相当于直线植树的一端栽一端不栽。

师：（出示反馈练习）这道题里没有植树，能用我们今天学的方法解决吗？本题中可以把什么看成一棵树？（一盏路灯）怎么解答？

学生活动：学生先独立思考后汇报，教师电脑输入。

师生小结：其实“植树问题”，并不只是与植树相关，生活中有很多问题都能用“植树问题”的方法解决，如锯木头、插彩旗、上楼梯、设立公交车站……

（设计意图：总结既注重结果，又注重引导学生总结经历探究结果的过程：合理猜测—画图验证—发现规律—实际运用，落实了学法指导。同时联系生活实际，生活中有哪些问题可以看成“植树问题”？沟通了知识之间的联系，真正建立数学模型，有利于学生形成知识网络。）

师：现在老师考一考大家，你们敢接受挑战吗？（教师讲解游戏方法并操作演示）

学生活动：学生操作电脑闯关游戏，教师多屏监控转播学生电脑，并巡视指导。

（设计意图：此环节旨在调动学生的主动性、积极性。利用计算机及时评价和激励功能增强学生练习的趣味性。学生在快乐的学习氛围中运用“植树问题”的方法解决实际生活中的问题，能有效地突破本节课的教学难点。）

师：闯关结束后单击“我要植树”可以把你获得的小树栽种在沙漠中，为防护林造林基地作出自己的贡献。然后可以点击喜欢的内容进行浏览学习。

（设计意图：利用平台的强大功能，将有限的课堂学习延伸到无限的课外学习中。）

5. 课堂小结

师：这节课有收获吗？学得开心吗？（学生畅谈收获）老师希望大家通过自己的努力，将来长成参天大树，成为建设祖国的栋梁之材！

【教学反思】

在“数学广角——植树问题”一课的教学设计和实际教学中，尽可能地将网络的优势在课堂中展现出来，引导学生更好地自主学习。教学结束后，深深地体会到信息技术给数学课堂的学习带来了巨大变化，做如下总结。

1. 精心设计教学，环环相扣，主线明晰

基于本课教学的重难点，我对本课教材进行了文本再构。整节课在“我为环保作贡献”的情境下教学，用学生们喜爱的微课，将“绿化环境”情境贯穿始终，激发了学生的学习兴趣，增加了学生动手操作环节。整个教学过程，层层推进，既符合学生的认知特点，又将各个教学环节很好地衔接了起来。

2. 创造性地使用教材，充分挖掘网络资源，突破重难点

整节课的设计源于教材，但又不拘泥于教材，利用各种网络资源素材突破重难点，充分调动学生参与。

3. 充分利用网络的各项功能，使学生的主体地位得以体现

教学以活动为载体，如在“发现规律”“运用规律”“微信在线”“游戏闯关”等环节，自始至终让学生自主探究。更重要的是教学中发挥网络的“诊断与调节功能”来辅助教学，如“智慧比拼”环节的电脑考核功能能够及时肯定学生的学习成果，指出不足，促进其反思，扎实地掌握教学内容。

4. 让学生通过微课的自主学习，学会封闭路线棵数与间隔数的关系

（略）

5. 利用微信和智慧教育应用平台拓展延伸学习

学生小组合作，运用手机扫描二维码关注老师的微信公众号，参考老师提供的关键词，并在自己创编了生活中的“植树问题”后，通过语音、手写录入、拍照等方式分享自己的成果。

本课的设计，既有教材内容，又与生活紧密相关，既落实了活动的有效性，又体现了评价的发展性，让学生们动口、动手、动脑，在多种形式的自主合作交流、人机互动中愉快地完成教学任务。

第三章

资源：教学重构的助动器

在国内，微课程的概念于2010年提出，随后微博、微信以及社交网络等新媒体爆发，迅速占领了人们的生活。而人们的工作、生活以及学习都受到了这种新观念、新媒体冲击并且发生了急剧的转型和深刻变化。

微课程满足了人们对碎片化学习、个性化学习、移动学习甚至泛在学习等多种学习方式的需求，体现了当代 IT 科技的云计算、物联网和大数据三大特征，顺应了移动互联时代的发展趋势。

为了顺应这种潮流，教育部发布了《教育信息化十年发展规划（2011—2020 年）》（以下简称《规划》）。《规划》首先揭示出我国教育资源建设中存在的不足："必须清醒地认识到，加快推进教育信息化还面临诸多的困难和挑战，数字教育资源共建共享的有效机制尚未形成，优质教育资源尤其匮乏……"基于此现状，《规划》提出了接下来的发展目标是："到2020年，基本建成人人可享有优质教育资源的信息化学习环境。各级各类教育的数字资源日趋丰富并得到广泛共享，优质教育资源公共服务平台逐步建立，政府引导、多方参与、共建共享的资源建设机制不断完善，数字鸿沟显著缩小，人人可享有优质教育资源的信息化环境基本形成。"

"翻转"课堂理念变革引领教学方式转型，必然要求新型学习资源作为学习支架。教学微视频表现力强，短时间内即可传递大容量信息。教学微视频之"微"体现为视频内容与视频大小两方面，短小精悍的微视频小而聚焦，其表现形式符合心理认知规律与现代化学习需求。作为微型化教学资源，其显著特点是相对于传统视频课程而言，时长明显缩短，学习内容少而聚焦，动态呈现教学内容，更加贴合学生认知心理，亦适宜于各种移动终端随时随地的学习，降低学习成本。同时，教学微视频可将抽象概念具象化，从而简化一些难以理解的教学信息。学生花费较少的精力理解所接收到的视觉信息，而花费较多的精力在理解所要传达的目标教学内容上，更有助于保障教学信息的高效传递。

一、微视频的特点

教学视频中的一类教学微视频，“微”体现为视频内容与视频大小两方面。认知学习领域相关实验证明，通常人类工作记忆容量是 7±2 个模块。短时记忆中信息可储大约 20 秒，而后消失。成年人在观看视频时，可维持的注意力平均时长是 2.7 分钟，在听演讲、报告时的注意力可以持续大约 20 分钟。教学微视频属于微型化资源，表现形式符合心理认知规律与现代化学习需求，其显著特点是相对传统视频课程而言，时长明显缩短，学习内容减少，更加贴合学生认知心理，亦适宜于各种移动终端随时随地的学习，更加符合当前所提倡的远程学习、泛在学习环境下教学资源微型化的特点与需求。

1. 时间短，容量小

不论是“60 秒课程”，还是“一分钟演讲”，都强调了微课的首要特征是时间短。而我们的课堂教学时间一般在 40 分钟左右，对于小学生而言，他们很难做到整节课的时间都将注意力集中于听老师的讲课，难免会开小差，这样便会影响学生的听课效果。但微课时间较短，一般少于 10 分钟，更适合小学生视觉驻留规律及认知特点。而且微课的资源容量也较小，一般都是几十兆，其视频格式可支持网络点播等功能，如 mp4、avi、flv 等。教师在开发微课时，技术难度较小，且灵活多变；学生使用时也方便，他们可通过笔记本电脑、手机、平板电脑、MP4播放器等移动设备，利用坐车、等人等任何碎片化的时间进行学习。

2. 内容少，主题强

“时间短”的特点决定了微课的内容较精简，否则 10 分钟内无法达到既定目标。微课是针对某个知识点，如难点、重点或易错点，所以微课的教学目标相对单一，教学主题更加突出。学生使用时也会更加方便，当他们对某一知识点产生疑问时，可以找到相应的微课进行学习，方便、简洁又高效。

3. 易共享，可重复

微课还有一个特点就是它的共享性和可重复使用性。制作者可以通过网络平台实现教学资源的共享，而学生可以在此进行学习交流，并反馈学习效果。学生对于自己难以理解或容易遗忘的知识点，可通过在线学习或下载学习资源进行多次学习，达到学习目的。同时，微课的可共享及重复使用性使教师无须重复回答学生课后提出的共同性的问题，既能够达到一劳永逸的效果，也可让教师获得一些空余时间更好地备课。

二、微视频的设计原则

（一）微原则

一个“微”字就可以区别微课程与其他课程，在微课程设计的过程中，要淋漓尽致地体现“微”原则。微原则主要体现在以下两个方面。

1. 教学内容的“微”选取

我们制作微课的第一步也是关键一步，就是选择微课教学的内容。微课一般仅有 5 ~ 8 分钟的时间，所以在选择教学内容的时候就需要凸显微原则。并不是所有的数学知识都适合制作成微课，一般我们将学生自学也学不会的或者具有很大教学价值的内容选择为微课的教学内容。“微”具体表现在课程内容的选取方面，我们在确定微课内容的时候，应当先将课程内容进行划分，划分成很多细小的学习对象，并且使每一个学习对象都只包含一个小的知识点。这些学习对象不是割裂的个体，而是一个完整的知识板块。知识点与知识点之间也要相互连接在一起，这样让学生不至于在学习微课程的过程中出现知识断层的情况，并且为学生提供全方位的学习服务，就像一个知识系列一样，包含很多模块，让学生在学习这些模块之后对整个知识的掌握达到完善的地步。

2. 教学内容的“微”处理

在选取了合适的教学内容之后，就需要“微”处理教学的内容。根据微课的特点，在内容上我们需要将其进行分割成不同的教学过程。分别是：

第一步，设置问题。问题的设置一定要能够引起学生的兴趣，并且导入新知。

第二步，切入主题。逐步推进教学进程，并且引发学生的思考。

第三步，总结与反思。在视频的最后要将重点的知识进行总结，并且留下问题让学生进行思考，这一步是对知识学习的延续。

（二）互动性原则

互动是指发生在两个或者两个以上个体之间的相互作用和影响，互动的目的是为了使双方在活动过程中能够相互沟通、相互成长。基于以上，可以把互动性原则概括为：微课具有使学生与教师、学生与学生在教学过程中相互沟通，实现教与学的有机结合的一类微课。

互动性原则包括两个方面的设计：一个是互动性问题设计，一个是互动性技术设计。互动性问题是指微课以一个问题为主线，围绕这个问题开展教学讨论的微课。这样的微课对于问题的设置要求具备以下四点。

1. 互动性问题设计

（1）从学生视角设计。根据小学生的学习特点，我们可以发现，小学生上课注意力集中的时间一般在 10 分钟左右，那么，我们在设计微课的时候就应当考虑学生学习的特点，如果微课的时间较长，就会导致学生的学习困顿和疲惫，同时学习的效果也会大打折扣，所以微课的时间较短，一般为 5 ~ 8 分钟。那么我们在设计互动性问题的时候最好只设计一个，这样的话，学生能够专注于一个问题进行讨论和互动，并且深刻地学习到微课的知识点。

（2）从生活视角设计。首先，互动性问题应该从实际生活中出发，结合生活中的场景展开问题的设计，这样的问题才具有教学意义。因为学习的主要目的是为了解决生活中出现的困难，那么，在设计问题的时候就应该考虑到问题的现实意义，这样才具有互动的价值，也更加有助于调动学生学习的积极性和参与性。其次，问题的设置一般分为两类：一类是浅层次问题，一类是深层次问题。浅层次问题是指学生在以前的学习中已经掌握的知识，教师通过这类问题引起学生的回忆，然后与新的知识点产生联系；而深层次问题是指问题具有一定的难度，学生需要经过思考和掌握其他知识点才能够回答的问题。一个 5 ~ 8 分钟的视频，需要穿插很多的问题，问题由浅入深一步步引导学生掌握知识。

（3）从“最近发展区”设计。根据学生的“最近发展区”，我们应当对于微课互动性问题的难度进行界定。首先，问题太简单，就没有讨论研究的意义，这样的问题不会激发学生学习主动性和思维活动，只会增加学生的厌学情绪。其次，问题太难的话，学生学习起来就会觉得压力过大，大大降低了学生学习的自信心，同样也会产生厌学的情绪。所以在设计互动性问题的时候一定要难度适宜，通过教师的引导激发学生进行思考，并且通过学生自己的努力结合已有的知识经验解决问题，这样学生才会主动去学、有兴趣去学。设计互动性问题的目的是为了引起学生的学习兴趣，启发学生进行思考，开拓思维活动。那么问题就应当具有一定的启发性，这样在创设问题情境的时候才能够对学生的认知产生冲突，让学生产生心理上的差别，使其能够积极主动地去探究问题。

（4）问题的设计要注重层次性以及递进性。教师在引导学生思考的时候，需要由浅入深地引导学生对知识的认识。教师提问就好比盖楼房，需要先打地基，然后才能一层层地盖楼。问题的设立需要以教材内容为基础，才能使所设立的问题既高于课本又源于课本，培养学生的自主学习能力。

在传统的课堂上，教师会根据学生的学习状态进行教学调整。例如，教师发现上课走神的学生往往会用互动的方式提醒学生集中注意力，认真听课，跟着教师的思路走。但是在微课设计过程中教师是无法观察学生的学习情况的，所以如何将学生的思路引导到正确的道路上，就需要教师在微课中设计互动性的问题。

2. 互动性技术设计

互动性技术设计是指在设计微课的过程中添加一些互动性的措施，使得微课不单单是静态的讲解，也是人性化、合理化的学习。这里的互动性措施包括以下四个方面。

（1）教师头像。通过网上调查数据显示，微课带有教师头像的视频比不带的更能让学生注意力集中，因为教师在讲解知识的时候会带有一定的教态。例如，当教师讲到重难点的时候会不由自主地用肢体语言去加强学生的注意力或者用眼神去和学生进行交流等等。所以带有视频头像的微课会更加具有吸引力。学生在观看视频的时候不会觉得自己是一个人孤单地在学习，看到教师的头像会在心里产生互动学习的感觉。这样的学习才能更加具有效率。

（2）音效的设置。我们都知道，在观看电影的时候，如果没有背景音乐，那么情感就无法更好地抒发，观众的心也不会随着电影情节的变化而跌宕起伏。同样，我们在微课的制作过程中，如果添加背景音乐的话，就能够抓住学生的思路，让学生随着教学环节的深入而加深认知，学习效果也会更加突出。例如，在重点概念展示的时候，我们就可以设置数学音效，让学生知道重点是什么，当一位老师制作了大量的视频之后，就会慢慢地形成自己的微课视频风格，学生也会知道当什么音乐出现时就是重点知识记忆的时候，那么当此音乐出现的时候就能很好地提示学生，重点知识到来了。音乐是具有非语义性的语言，为视频选择合适的音乐，可以缓解学生紧张的学习情绪，同时也可以在一定程度上提醒学生学习的重要性。

（3）节奏的把握。这里的节奏包括两个方面：一个是语言的节奏，一个是字幕的节奏。语言的节奏就是指教师的语言，教师在讲解知识点的时候需要调整语速、语调等等。教师在讲解重点记忆的知识点的时候首先就需要降慢语速加强音调，这样可以在声音上刺激学生强化记忆。其次，字幕的节奏也很重要，一般的知识点字幕可以使用黑色字体一般大小就可以，但是当介绍重点知识或者概念的时候，就可以变换颜色及字体的大小，也是提示学生重点的知识来了。节奏的把握可以与学生产生心理上的互动，让学生能够区分出 5 ~ 8 分钟微课的重难点。

（4）网络交流平台的设计。网络交流平台的设计是必不可少的，因为学生在观看视频之后会存在各种各样的问题，如果给学生提供一个交流平台的话，就可以让学生进行相互学习和讨论，让他们在平台中各抒己见，共同进步。

① 网络平台技术可以内嵌在前测、后测、测试反馈中。教师将前测任务单、后测任务单以及测试试卷发布在平台上，学生在平台上观看视频之前，需要进行前测任务单测试，然后在线进行提交，观看完视频之后再填写后测任务单进行提交，进行晚上测试反馈。学生在提交任务单之后，教师会进行批改，批改后的任务单发放给学生，学生可以在平台上晒出自己的成绩榜单，可以相互交流错题，这也是为学生提供了一个促进和互助的学习机会。

② 学生在网络平台上进行微课学习。学生可以在课前多次观看视频或者在课后进行复习等等；教师可以在后台看到学生观看视频的次数和频率。教师如果在平台上发现哪个学生还没有进行视频学习，就可以网上联系该生或者家长，提醒学生进行视频学习，学生也可以互相监督与交流。同时，这个平台也可以让教师及时地了解学生的学习进度和学生学习的普遍困难之处，那么在第二天教学的时候，就可以根据平台上学生的问题进行有针对性的讲解。这种互动平台的设置不仅能够为学生提供交流的平台，也可以为教师提供学生学习的情况。教师可以将平台上的内容进行总结，制作成表格，在期末复习的时候，这些表格就是针对性复习的素材。

（三）价值性原则

要想选好微课的课题，就必须弄清楚课本中有价值的内容。如果没有价值的内容或者没有明确的研究目的，就好像盲人摸象一样，没有任何意义。选题的价值主要取决于以下几个关键点：实用价值、探讨价值、开拓思维价值。

（1）实用价值是指课程内容的选择要能够帮助学生解决生活中存在的现

实问题，并且对以后学生更好地适应社会起到一定的作用，让他们不会成为死读书的人，而是能运用学到的知识去解决生活中随时会出现的问题。

在小学数学的课本中存在很多这样的问题，如出租车问题，小红想要从 A 地打车去 B 地，小红所在城市实行的起步价是 10 元/ 3 千米，每超出 1 千米单价是 1.6 元，而 A 地到 B 地的距离是 26 千米，那么小红需要给司机师傅多少钱？又如沏茶问题，告诉学生的是学会如何合理地安排时间。这些都是在生活中会碰见的常识性问题，所以微课的课题选择要考虑实用原则。

（2）探讨价值是指教师在讲课的时候向学生提供一种解决问题的方法或者思考角度，让学生学会解决相同类型的问题或者思考问题的时候会有多种解题思路，这样有助于学生举一反三。例如，学生知道了一个圆的半径，当这个半径扩大 8%的时候，它的周长也会扩大 8%后，教师引导学生去研究圆的面积扩大百分之几？如果半径缩小 8%，圆的周长又会发生如何变化？面积如何变化？

（3）开拓思维价值是指在游戏中了解数学的魅力所在，例如彩票的中奖概率？算 24 点？

（四）能力性原则

选题的价值首先在于不同的衡量标准，因而价值的大与小就是相对的，也就是说这个课题对于别人来说是合适的、成功的，但是你生搬硬套地挪用过来就会对教学产生不好的影响。其次，全国 16 万多所小学，教学理念和教学方法都有着地方性的差异，那么对于不同地区的教学内容选择就会产生很大的差别，对别人有价值的课题对自己就不一定会有价值，因为微课的价值实现取决于自己的研究能力这一客观现实条件。因此，研究的课题要从生活中常常碰到的问题入手，从生活现象入手，从学科的特点入手以及从学生的特点入手，努力使选择的课题与自己的研究能力相匹配，也就是说微课题的选择要贴近学生生活的方方面面，贴近教学现实，贴近学生的学习现状，从小问题着手，以小见大地开展微课研究。

（五）兴趣性原则

兴趣是最好的老师，同样，微课的选题也要考虑到这个原则。一方面，教师要感兴趣，因为微课的制作需要教师的全权负责，如果教师对选择的课题不感兴趣，就不会制作出精彩的微视频。教师选择微课的主题与自身的生活经验和学习背景等方面息息相关，自身感兴趣的课题是提高教学效果、激发研究动力和信心的有利条件。另一方面是学生感兴趣，教师选择的课题如果只是自己喜欢，学生毫无感觉的话，那么学生就不会好好地听课，教学效果当然就会很差。所以要想选择一个合适的微课课题，教师和学生的兴趣所在才是关键点。

（六）精细化原则

主题的选择是微课设计的第一个步骤，在小学数学的课本中不是所有的内容都适合制作成微课，所以主题需要根据微课的特点进行选择。教师围绕知识点进行详细的阐述或者将学生难以理解和掌握的知识难点制作成微课，在此将小学课本中适合制作成微课的内容规整为以下三点。

1. 讲述性比较强的知识点

例如，概念、定理（如二年级上册的认识时间、认识角；六年级上册的认识圆等）。在小学数学的课本知识中，概念、定理是最基础也是最重要的知识。教师在讲授这些知识的时候会发现，概念、定理等都是理论性的知识，一般用词要求准确、学术用语较多，那么在讲授的时候就会发现，按照课本来讲解定义时学生会觉得枯燥乏味没有兴趣，甚至听不懂，所以采取微课的方式并结合图形或者动画的形式进行讲解，使知识变得生动形象，学生学习起来也会感觉到很轻松。

2. 重要的学习方法

例如，圆规的使用方法、量角器的使用方法等。在新课标中，不仅仅要求学生对学习知识的掌握，也要求对学习工具的熟练使用。学会使用学习工具，不仅能够锻炼学生的动手能力，同时也能够让学生利用所学习的相关知识来解决一些现实问题，这其实是知识的二次学习，更有助于学生对知识点的学习和掌握。

3. 知识的易错点

教师可以将学生作业中的易错点制作成微课，帮助学生重点理解知识。例如，六年级上册用乘法解决问题，学生常常在画线段图中出错，那么教师可以将其制作成微课，详细讲解从实物图如何转变成线段图的详细过程以帮助学生学习。

三、微视频的设计策略

“翻转”课堂教学实践中，设计制作适宜的教学微视频成为教师新的职业必备素养，其中包含信息化教学、视觉传达艺术、教育心理学等多方面的素质与修养。实用有效的教学微视频往往是逻辑、技巧、趣味、科学、美学与心理学的和谐统一。

合理规划"翻转"课堂教学微视频的设计流程：始于教学目标、学生学情与教学内容量等方面的自主学习阶段教学内容分析，根据知识内容选取适用于以教学微视频形式呈现的选题类型，由认知心理学、多媒体画面语言学与网络科普微视频等方面启发进而提出视觉媒体类型选择与视频表征设计策略，对开发制作的教学微视频进行质量评估，逐步完善后运用于"翻转"课堂教学实践。

（一）"翻转"课堂中教学微视频的整体流程规划策略

"翻转"课堂中教学微视频运用于课前自主学习阶段。对于教学微视频的设计而言，并非单纯的教材内容搬运或传统课堂教学的实录与再现，吸引学生兴趣、维持学习关注、保障自主学习效果，这些都需设计者充分考虑并认真研制。不同领域，不同学科的知识类型、课型所对应的教学微视频都需考虑采用不同的教学设计策略，无法仅仅运用一套固有标准来设计全部的教学微视频。根据不同的教学任务需求，对知识类型进行分类，在不同分类基础之上进一步分析"翻转"课堂中教学微视频的教学内容设计、媒体选择、视频表征设计等。

结合多年的教学实践经验，总结出"翻转"课堂中教学微视频的整体流程规划策略图，如图3–1所示。

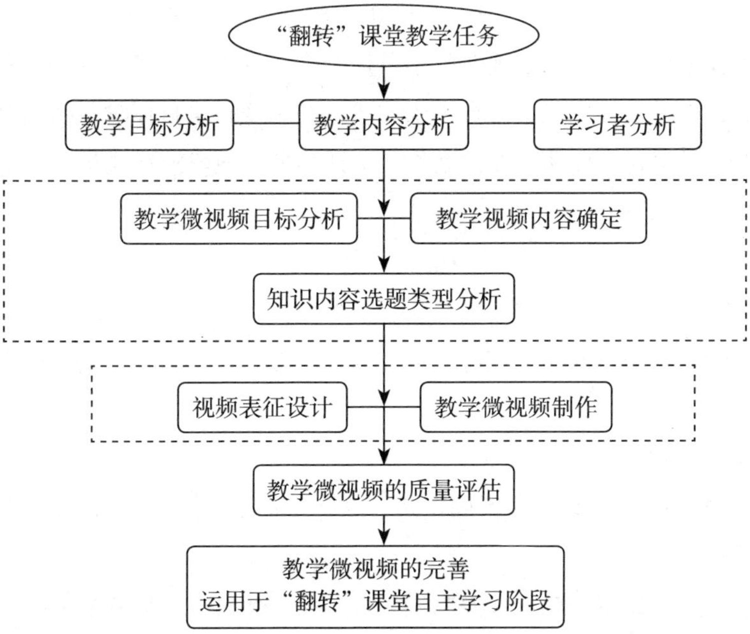

图3–1 "翻转"课堂中教学微视频的整体流程规划策略图

（二）自主学习阶段教学内容设计策略

教学微视频的设计与制作，需考虑适用于“翻转”课堂自主学习情景，为学生的自主学习提供学习支架，帮助学生完成自主学习任务。“翻转”课堂与传统课堂教学存在一定差异，并非所有的课程或教学内容都适用于“翻转”课堂的教学形式，并非所有的知识点都适宜在自主学习阶段的教学微视频中呈现学习。用于“翻转”课堂的教学微视频，第一步需思考教学内容在课前自主学习阶段与后续课堂学习阶段的分配与联结，即在教学微视频中安排呈现哪些教学内容，因此，设计制作教学微视频前，第一步进行“翻转”课堂教学微视频的教学内容设计。

在教学内容设计阶段，设计者即可开始策划其设计脚本。结合具体教学情境，提出“翻转”课堂中教学微视频的教学内容设计应着重考虑以下三个方面。

1. 教学目标

设定学生通过教学微视频所应具备的知识与技能，指引教学微视频的整体设计，是学生达成自主学习目标的评价标准。在教学目标制订时，妥善考虑教学微视频所达成的教学目标与翻转课堂整体教学实践活动的总目标是否一致，即能够很好地体现教学目标、教学重点难点的要求等。该目标不应常直接出现于教学微视频中，否则将影响教学微视频的亲和水平。

此时制订教学目标虽无须直接呈现于教学微视频中，在脚本的设计过程中也力求规范合理，主要表现在教学目标明确、具体、可测三方面。根据行为主义观点，教学目标应用学生行为来描述。在呈现教学目标时，明确教学目标的行为主体是学生，描述具体的动作、描述预期的教学活动成果。

2. 学生学情分析

从学生当前知识储备与学习能力两方面进行学情分析，基于“最近发展区”的原则，在合理判断学生现有知识技能储备与其学习能力的基础上，采用适宜难度的教学知识内容，使得学生可以通过自主学习教学微视频获得一定程度上的提高。

3. 教学内容

依据教学微视频运用的不同情境，要求我们在教学内容的分析中采用不同的策略。

（1）基于单元的翻转课堂学习内容分析。对翻转课堂教学进行教学内容分析，要基于单元的角度看待学习内容的内在结构，这样更容易指向学科本质。在日常教学中，教师一般按照单元进行教学。通常，单元是一门课程知识内容的基本单位，各个单元中的知识内容一般具有自主范围且相对完整。仅仅依据某一节课的视角看待翻转课堂的知识内容，具有一定程度的局限性。

（2）善于找到教学内容的重难点。教学微视频短小精悍，应确保每段教学微视频中讲解的知识内容，能够聚焦于重难点，而非传统课堂中尽量传授全部知识或延伸学习内容。

（3）适宜的知识内容量。翻转课堂教学情境中，教学微视频运用于前期的自主学习环节，此阶段要求学生尽量掌握教学微视频中所传授的知识内容，并为自主学习后课堂学习活动做准备。然而观看、分析当前运用于翻转课堂中的教学微视频，多存在教学内容安排不合理的现象：往往一段教学微视频的教学时长呈现得较为简短，教师在设计中或许希望学生收获更多的知识，试图将传统课堂教学内容均在一段短时间内的教学微视频中呈现，其结果通常是高语速的讲解、完整课堂内容压缩呈现或形成类似课堂实录的精简版。这些是对翻转课堂前期自主学习阶段教学微视频所应承载的教学意义与教学内容量理解不充分、理解有误而造成的。因而，教学微视频中知识内容量是教学设计中应充分思考的重要因素之一，呈现什么知识、呈现多少内容，给学生自主学习思考留有空间，也为教师开展翻转课堂后续的课堂教学活动留有余地。

（三）教学微视频的选题类型设计策略

并非所有的教学内容都适合用教学微视频这种教学形式来呈现，首先，根据知识内容对翻转课堂中教学微视频的选题类型进行分析，在选题时要考虑设计制作的教学微视频是否具有价值性。

因而翻转课堂中的教学微视频的教学设计，首先考虑知识类型分类，根据不同类型知识的特点，合理设计教学微视频。

通常，教学微视频主要分为理论讲授型、推理演算型、技能训练型、答疑解惑型、实验操作型、复习总结型与情感感悟型七类。也曾有学者提出理论讲授型、答疑解惑型、复习总结型、演示实验型与情感感悟型为适用于以教学微视频形式呈现知识内容的选题类型。

根据知识分类的相关理论基础，知识可分为陈述性知识、程序性知识与动作技能。其中，陈述性知识属于外显型知识范畴；程序性知识归类于内隐性知识，因而通常不易于表征与共享；动作技能的前期学习中语言讲解与指导对于后续学习过程而言作用重大，易于以教学微视频的形式进行表征与共享。因此，陈述性知识适合以教学微视频的形式呈现，动作技能相关的教学微视频也能为学生提供良好的步骤讲解基础。而对于程序性知识而言，知识的学习与获得更多依赖于后期的练习，因而，不适用于教学微视频的形式呈现。

根据知识分类的基本理论，并结合翻转课堂情境中教学微视频旨在促进学生自主学习的宗旨，本研究将适用于翻转课堂中教学微视频的类型总结归纳为理论讲授型、推理演算型、技能训练型、答疑解惑型、实验操作型与情感感悟型六类，具体见表3–1。

表3–1　适用于翻转课堂的教学微视频选题类型

选题类型	描述
理论讲授型	注重知识内容选择，关注重难点与易错点
推理演算型	关注问题讲解，注重典型问题分析，多用于理科类问题的思路与步骤解析
技能训练型	动作技能的讲授与分步骤解析，为学生动作技能的训练与习得提供良好的前期指引
答疑解惑型	采用问答式教学微视频，不断穿插导入问题，不断引导学生找出可能性答案，从而使学生逐步形成概念，以强化学习效果或纠正其错误理解
实验操作型	实验操作型教学微视频主要有以下两类形式： （1）对于某些受技术、时间、安全性等因素限制的实验，如课堂上难以真实呈现的物理、化学实验，以视频实录的形式将实验过程完整呈现给学生。 （2）对于其中过于抽象的概念，可采取更为形象生动的动画形式帮助学生理解
情感感悟型	对于历史、政治、品德、文学等学科中涉及的较为晦涩难懂或学生感觉枯燥的内容，可在视频中呈现真实案例等让学生观看、体验，进而有所收获

（四）教学微视频的视频表征设计与制作策略

教学微视频的设计与开发过程，是文本表征同其他视觉元素表征相整合的过程。在确定教学微视频教学内容的基础之上，要注重视频形式设计，将内涵与形式有机结合。教学微视频的设计以教育技术为支撑，以多媒体画面语言学与认知心理学等相关教育理念为基础，通过多种视觉表征形式呈现内容。文本表征与其他视觉媒体元素表征的整合，可有效促进学生对信息的感知和理解。同时，教学微视频中多媒体视觉符号的运用对知识内容的表征同样非常关键。

知识内容的表征设计主要是指利用多媒体元素符号（如文字、图片、图像、音频、动画、视频等）即元素符号之间的组合呈现和传递教学信息。翻转课堂中，可将教学微视频运用于课前自主学习阶段，而学生的自控力是其中不可控的因素。兴趣是激发学生自主学习的动机之一，作为视觉教学资源的微视频是否生动有趣，在激发学生学习动机、维持学生注意力、进一步调动学生学习积极性方面，将产生不同影响。

没有学生乐于观看枯燥而冗长的视频资源，只有激发并保持学生浏览视频的兴趣，才能实现良好的知识内容传授效果。教师应从多媒体画面语言学与认知心理学相关的设计理念出发，结合不同媒体类型的特点、功能与教学应用效果，基于学生兴趣的激发与注意力的维持，归纳受众量大、具有教学意义、生动诙谐的网络科普微视频设计要点，并进一步探讨教学视频设计策略的借鉴意义。

（五）基于视觉媒体类型选择的设计策略

教师应对教学微视频所涉及的视觉媒体类型进行选择。在教学微视频的设计过程中，为更好地展现教学内容、实现教学目标，教师应合理考虑不同媒体的特点、功能及教学应用效果，合理选择、搭配。不同媒体类型的特点、功能及教学应用效果见表3–2所示。

表3–2　媒体类型对比情况

媒体形式		媒体特点	媒体功能	教学应用
文字元素	文本	以文字和符号等表达信息	阐述事实、概念、原理，描述问题	讲课提纲、说明性文字等的呈现
视觉媒体元素	图形	以线条、几何形状等表达信息	形象表征事物形态、展示事物之间的关系	轮廓图、结构图、流程图、示意图等的展示
	图像	图像来自数码相机、扫描仪或网络	再现事物静态特征、表现细节内容	实物图、人物图、景观图等的展示
	音频	记录声音信息	渲染环境气氛、提供解说等	背景音乐播放、课文朗读或解说
	动画	采用动画编辑软件制作动态画面	模拟事物的运行变化	演示动态的变化过程、阐述原理等
	视频	通过摄像机拍摄可得到的真实动态画面	呈现真实的事物动态过程	展现真实的场景

四、微视频设计流程

通过总结多年的实践与分析经验，笔者构建了适合学生自主学习的微课设计与制作流程（见图3–2）。

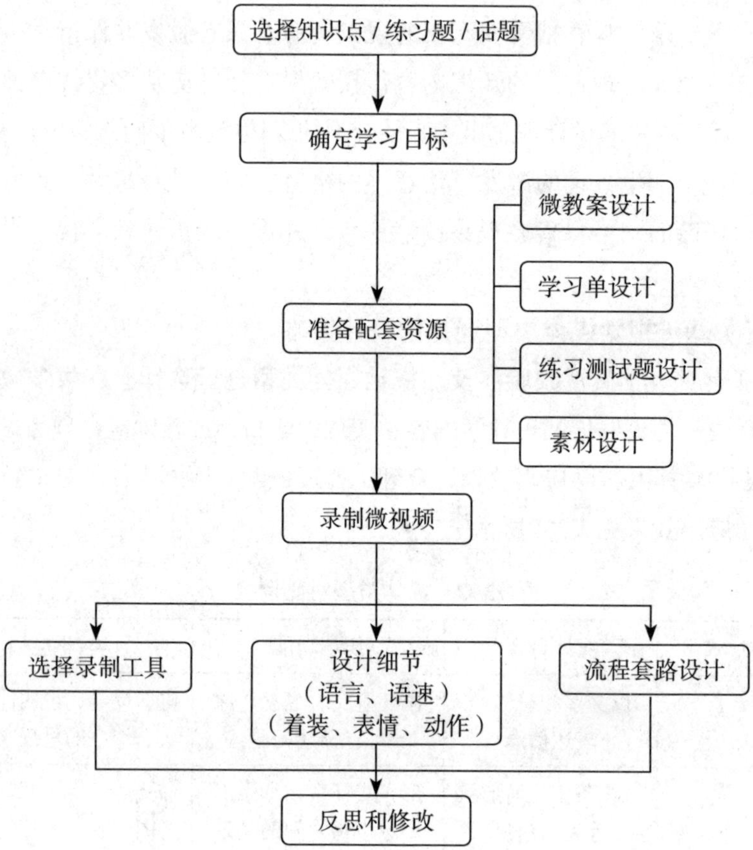

图3–2　微课的设计制作流程

（一）选择知识点

选择知识点是微课设计的第一步，应根据不同类型的微课选择相应的内容。

讲授型的微课可以选择某个知识点，如重难点、易错点、考点等。教师可围绕这个知识点进行详细阐述，教师还可根据内容的难易程度设计不同层次的微课。成绩好的学生在学习基础微课时可以选择快进或不看，直接学习较难的微课；成绩稍差的学生可以先学习基础性微课，一次不明白还可以暂停或回放，多次观看，直到学会，真正实现意义上的个性化学习。

解题型的微课可选择重难点题型、易错点题型及常考点题型。教师可设置多个同类型题让学生分析比较，以加深学生对这类题型的理解和记忆；还可开发“每日一题”课程，让学生利用碎片化时间每天学习一点内容，从而锻炼学生学习毅力，鼓励他们坚持做事。

而对于“知识拓展类”的微课，教师可以选择不同类型的话题展开，如让学生分享学习数学的经验，包括整体学习数学及模块学习数学的经验、某一阶段学习数学规划及注意事项、对某一场重要考试或竞赛的总结。学生既可以从学生自身的角度，也可以从阅卷人的角度出发进行分析。教师要告诉学生应注意哪些问题。教师在开发一个系列的微课时，第一节可先介绍这个系列将要讲授的内容，把知识框架图展现给学生，使学生有所了解，同时说明在学习的时候需要注意什么。教师还可录制不同学生讲述的学习数学的体会，如成绩好的学生分享的学习方法，喜欢数学的学生分享的学习数学的乐趣，等等。不喜欢数学的学生也可以说说自己的困惑和困难。通过这样的方式，可以帮助教师进一步了解学生，也可以锻炼学生的表达能力，同时还能促进学生之间互相交流、学习。此外，教师还可针对小学数学课程开发一些拓展性微课，如介绍与生活相关、跳出课本内容的数学知识，或用轻松、容易接受的方式让学生了解数学某一阶段的发展史，以开阔学生的眼界，让学生更多地了解数学。不同类型的“知识拓展型”微课既可以帮学生养成学习数学的良好习惯，又能够让学生了解一些数学课之外的有关数学的内容，领略数学的魅力。当然，教师在选择微课知识点的时候切入点一定要小。

（二）确定学习目标

在选择了学习内容（根据不同微课类型选择的知识点/练习题/话题）后，教师必须要确定目标。目标可根据微课内容的不同而变化——每节微课、每一个单元、每一个模块或系列的微课都需要有一个明确的目标。有了目标，教师才能明确备课的方向，学生也才能够了解学习完该微课后需要达到什么程度。

（三）准备配套资源

微课的核心组成内容是微视频，同时还包含相关微教案设计、素材设计、练习测试题设计、学习单设计等辅助教学资源。笔者在此对其进行详细介绍。

1. 微教案设计

笔者设计了下面这个微教案模板，可用于上述三种类型的微课（见表3–3）。

表3–3 “微教案”模板

微课名称	
适用对象	
微课类型	□讲授型　□解题型　□知识拓展型
内容分析	
教学目标	
教学重难点	
教学内容和过程展示	
素材展示	
教学反思	

“微课名称”要简单明了，便于教师和学生查找；“适用对象”填写几年级学生即可；教学目标明确，一节微课基本上解决一个问题就好；“教学内容和过程展示”将导入内容、讲授内容及总结的大致框架写上即可；“素材展示”可根据实际操作进行填写；“教学反思”也可用几句话简单概括。

2. 学习单设计

由于这里讲的微课主要用于学生的自主学习，所以在没有教师指导的前提下，学生需要学习单的引导。学习单是学生进行自主学习的“导学地图”，通过它可以了解学习目标、重难点，加强与微课资源包之间的互动，更好地利用教师提供的微课资源进行个性化学习。

针对讲授型、解题型微课，笔者设计了以下的学习单模板（见表3–4）。

表3–4 “学习单”模板

《××》学习单	
学习目标：（学生了解需要掌握哪些知识点）	
学习任务：（要完成哪些作业）	
基础题	
强化题	
挑战题	
自我评价：（学生对自主学习进行反思，并简单评价）	

3. 练习测试题设计

相应的练习测试题是数学课程不可缺少的一部分，教师可准备三种形式的题目。一是微视频中的测试题。如案例中需要学生选择后才能继续学习的形式，但是如果制作困难，还可由教师口头提问，让学生暂停学习，进行思考后再继续。设置这样的题目，是为了让学生自己进行形成性评价，如果学会了可继续听课，如果不会则可重新听课，真正实现个性化学习。二是纸质练习册。三是网上在线题目，同时配有相应的微视频链接，学生遇到困难时可通过观看微视频进行复习。教师还可以开发一些与数学相关的小游戏，供学生休闲时间使用。

4. 素材设计

素材包括图片、动画、背景音乐、改编的歌曲、手指操、顺口溜、卡片等，教师可根据实际教学需要进行相应的准备。对低年级的学生而言（尤其是一二年级的学生），形式越多，越能吸引他们的注意力，从而更好地进行数学学习。教师可准备若干张白纸，分开展现不同的内容。教师可再准备一些小的彩色图片，结合语境，贴在白纸上，年轻女教师可贴上小女孩的头像，代表教师本人。还有一些图片可代表学生内心的情绪，教师可从网上查找，将它们打印出来后利用。教师还可利用各种颜色和不同形式的粘贴纸，在讲到重点内容时用不同颜色的笔将其写在粘贴纸上，贴在白纸的中心。粘贴纸还有一个好处，就是在换白纸讲授知识点时，可以拿下来再贴在另外一张白纸上；而不同颜色的笔则可以标注不同的内容和重点，让学生看得更加明白。对于高年级（如五六年级）的学生，可以选择相对简单的素材，将重点放在题目和概念本身的讲解上。

（四）录制微视频

这个环节实质上是在呈现教学过程，与平时上课并不相同，一般不出现学生，有时连教师也不出现。所以笔者根据这个特殊情况设计了以下三个环节：

1. 选择录制工具

录制工具有如下几种常见软件：屏幕录像软件（屏幕录像软件+PPT）、可汗学院模式（屏幕录像软件+手写板+绘画软件）、讲课实录（手机、数字摄像机DV、录播室+视频编辑软件）。可将以上几种综合应用。

要针对学习内容选择录制工具。笔者通过对小学数学教材内容的梳理发现，“数与代数”部分可选择“手机+白纸”方式或“可汗学院模式（屏幕录像软件+手写板+绘画软件）”，教师只要将过程写或画出来即可，素材也可相对简单些，如笔者提到过的不同颜色的笔、粘贴纸、形象的图片等，可反复使用，相对来说较简单、方便。“统计与概率”部分可选择“屏幕录像软件+PPT/Word”模式，将图表放在 PPT/Word 上进行展示解说即可。而“图形与几何”部分，简单的内容可用“屏幕录像软件+PPT/Word”模式，想要更好的效果还可使用相关软件制作，但是难度较高，需要技术人员的帮助。“综合与实践”部分的内容与生活联系紧密，教师可根据具体内容选择相应的录制工具。

2. 设计细节

由于微课和平时上课有所不同，更注重细节设计，如教师的语言表达、语速、着装、表情、动作等，所以在设计微课的时候也要将这些细节考虑进去，以提高微课质量。

教师的语言和语速至关重要。对于年龄小一点的学生，如一二年级的学生，教师可采取更生动活泼的表达方式来吸引他们。语速要慢一些，以免他们听不清或听不懂。而对于三年级以上，尤其是五六年级的学生，教师的表达方式可相对严肃一些，语速也可加快。教师还可根据他们的喜好聊一些如世界杯之类的话题，以此带入主题。

在出现教师画面的微视频中，教师还要注意自己的着装、表情和动作。对于低年级学生而言，教师可选择色彩鲜艳、卡通类或运动类服装，像一个邻家大哥哥、大姐姐一般，让他们一看就开心。针对这个年龄段的学生，教师的表情和动作可以夸张一些，特别是在讲故事或唱歌的时候，可以吸引学生的注意力，让学生更喜欢上数学课。而对于高年级的学生而言，教师的穿着要更加得体大方一些，不能太前卫、流行，表情和动作也不可过于夸张，否则不但不能吸引学生，反而还会影响学生的学习。

3. 设计流程套路

这部分包括开头简介、内容讲授和总结三个环节。可以采用如下形式进入微课内容学习——“大家好！我是××老师，今天我们将要学习……”简单、快速、明了。内容讲授部分可根据实际需要准备；片尾包括小结、布置作业两个部分。一个系列的微视频可以采用同一个模式进行录制。

五、优秀的微视频标准

1. 应用场景适合

设计微课之前要先设计应用场景，即到底怎么用微课？根据使用需求，再逆推微课的设计和实现。没有应用需求的微课，是没有灵魂的。任何教育的变革，其最终目的都是为了提高学生的学习效果。根据调研，微课的最佳应用场景应该是学生课下自主学习（翻转课堂模式）时。

2. 内容准确无误

微课内容准确无误是保证微课质量最重要的因素。微课要实现知识的传递，所以必须要保证内容的准确性，在微课设计时要提高对内容的审核力度。

3. 讲授生动有趣

好的微课是将教学内容通过科学巧妙的教学设计，以生动有趣的形式展现出来的，实现内容—语音—动画的完美结合（根据实际调研，学生更愿意接受自己老师录制的语音，这样会让他们感觉更加亲切），学生学习后能够增强学习兴趣，并能够与内容产生交互，启发思考，主动参与到学习过程中来。

4. 长度短小精悍

“短小精悍”是微课最主要的一个特征，是指将单个知识含量比较小的知识块形成单位，集中解决某个问题。微课是一种高质量的学习资源，如果仅把教师的普通讲课切短，那并不是真正的微课，因为它仅仅是在时间段上把学习方式变短了，没有经过精心的设计和加工。

5. 外观符合美学

微课除了内容和形式外，课件上也要下功夫，不仅要使课件变得更生动有趣，同时课件制作要符合学生的审美要求，能吸引学生的注意力。

6. 符合认知规律

微课要符合学生的认知规律。很多课件严重违背认知心理学的规律，给学生呈现太多的信息，出现信息过载的现象，使观看之后产生压抑的感觉。这种现象在微课程开发中非常普遍。

7. 能跨平台运行

微课既可以在PC平台上运行，也可以在安卓、iOS 等移动平台上运行，还能够便捷地被分享到第三方社交平台（微信、QQ、微博等）上，具有跨平台的特性。这一点以前没有得到重视，不过现在随着移动学习的普及，越来越多的教师开始重视这个问题了。

六、微视频制作注意事项

（1）微视频的时间长度要控制在 3~10 分钟之间。时间太短，学生刚进入学习状态微视频就播放完了，不利于学生学习。时间太长，则会使学生注意力不集中，容易疲倦，不利于学习效果的提高。

（2）声音要清晰洪亮，没有杂音和噪声。在微视频录制时，要选择在一个安静的环境中进行，不要有其他杂音和噪声干扰。同时教师在录制微视频时吐字要清楚，发音要标准，声音要洪亮，全程要使用普通话讲解，杜绝地方方言的出现。语言要准确、简洁、规范。

（3）PPT 课件设计要美观合理。PPT 课件在色彩的选择上要美观合理、不夸张，符合小学生的审美特征，同时色彩也不宜丰富，以减少学生的视觉疲劳。课件的内容篇幅不宜过长，要简洁，但该有的题名、作者等不可缺少。课件上文字的字体、字号及颜色要设计合理，文字不宜过多，要注意图文并茂，要选择容易被学生接受的图片。

（4）微视频资源的视频质量要清晰和稳定。在微视频的录制过程中，要保证视频画面的稳定清楚及图像的稳定，要保证声音和画面的同步出现及字幕和声音的同步出现，同时在生成时微视频的分辨率要合适。

（5）在画面内容上要做到重点突出。微视频的画面要合理规划，在画面内容的布局上要协调，注意主次分明，突出教学重点。可以用红色的字体或高亮突出重点，增强视觉的感知力。

（6）微视频的主题一定要突出且单一，争取在 10 分钟以内讲解清楚透彻，使学生在学习过程中对学习的知识点清楚明确，从而具有学习的针对性。

（7）在微视频中要设计问题，促进师生互动。在微视频中设计问题，可引发学生思考。在视频中如果有问题需要解决也能使学生在微视频的学习中更加认真积极。教师在检查学生回答问题的情况时，也可获得学生对微视频学习的反馈。

七、微视频开发案例

“植树问题”微教案与微视频

一、微教案（见表3-5）

表3-5 “微教案”教学表

微课名称	“植树问题”
知识点来源	□学科：数学 □年级：五年级（上） □教材版本：人教版 □所属章节：人教版五年级上册第 106～108 页
录制工具	Camtasia Studio、Powerpoint
微课设计简介	视频长约 8 分钟，主要讲解了植树问题中间隔数与棵数的关系。视频主要分为五个环节： 第一环节：手指游戏和生活中的间隔现象。 第二环节：开放性的例题，如同学们在全长 20 米小路的一边植树，每隔 5 米栽一棵。一共要栽多少棵树？学生短暂思考，引出栽树三种方法，分别是两端都栽、两端不栽和一端栽。 第三环节：以“两端都栽”为例，让学生通过画图观察的方法，弄清间隔数与棵数的关系——间隔数+1=棵数，并用“以小见大”的方法分析书中例1。 第四环节：让学生通过比较、观察，用知识迁移的方法，说明两端不栽、一端栽这两种情况，间隔数与棵数的关系。 第五环节：小试牛刀，呈现两道基础练习和有关在首尾封闭的曲线上植树的问题，让学生在课后思考
微课教学设计内容	
教学目标	1. 利用学生熟悉的生活情境及动手操作的实践活动，使学生明确间隔数与植树棵数之间的关系。 2. 让学生通过小组合作、交流，在理解间隔数与棵数之间规律的基础上解决简单的植树问题。 3. 使学生经历感知、理解知识的过程，培养学生从实际问题中发现规律，应用规律解决问题的能力。 4. 渗透数形结合的思想，培养学生借助图形解决问题的意识
重难点突破策略	教师可用谈话法、引导探究法和观察发现法，激发学生的学习兴趣，引导学生主动探索，以增强教学的直观性，落实教学重点、突破教学难点

续表

教学过程	1. 看完微视频后，你有什么收获呢？ 2. 答疑解惑 （1）汇总学生的疑问。 （2）呈现质疑，引导学生进行问题归类，并依次解决。 3. 讨论问题 （1）以昨天作业为例。在两头都种树的情况下，棵数为什么会比间隔数多1呢？这个1多在哪？你能到图中指一指吗？ （2）如果在圆形池塘周围种树，间隔数与棵数又有什么关系呢？ 4. 综合应用 （1）在一条全长 2 千米的街道两旁安装路灯（两端也要安装），每隔 50 米安一盏。一共要安装多少盏路灯？ （2）马拉松比赛全程约 42 千米。平均每 3 千米设置一处饮水服务点（起点不设，终点设），全程一共有多少处这样的服务点？ （3）一条项链长 60 厘米，每隔 5 厘米有一颗水晶。这条项链上共有多少颗水晶？

二、微视频

视频的制作使用的是 Camtasia Studio 屏幕录像软件。录制 PPT 的同时可录入讲解音频，经过 Camtasia Studio 软件编辑，最后形成 MP4 格式的教学视频（见表3-6）。

表3-6 微视频制作表

页面	微视频画面	解说词
第1页		同学们好！我们今天微课的学习内容是“植树问题”
第2页	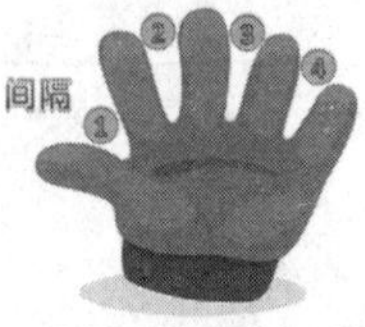	同学们，现在我们玩一个手指游戏吧！伸出五个手指，数一数有几个间隔，1、2、3、4，有四个间隔。两个手指之间的缝隙叫间隔

续 表

页面	微视频画面	解说词
第3页	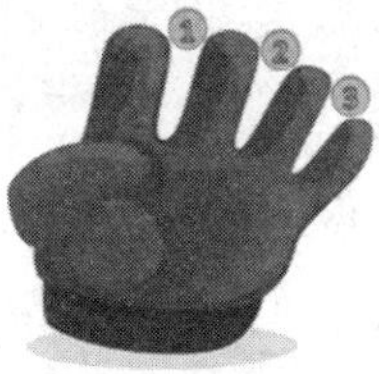	四根手指呢？数一数，1、2、3，三个间隔
第4页	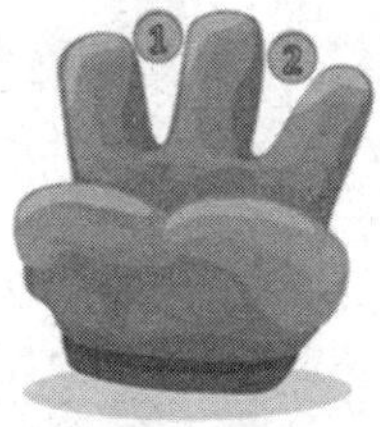	三根手指呢？两个间隔。从上面的游戏，你发现了什么？手指数比间隔数多1
第5页		像这样的间隙现象，在我们生活中有很多，比如路灯的间隔、桥墩的间隔、树的间隔等。 你知道吗？看似简单的手指游戏蕴含着这么多的数学问题，这些问题在我们生活中也会经常碰到
第6页	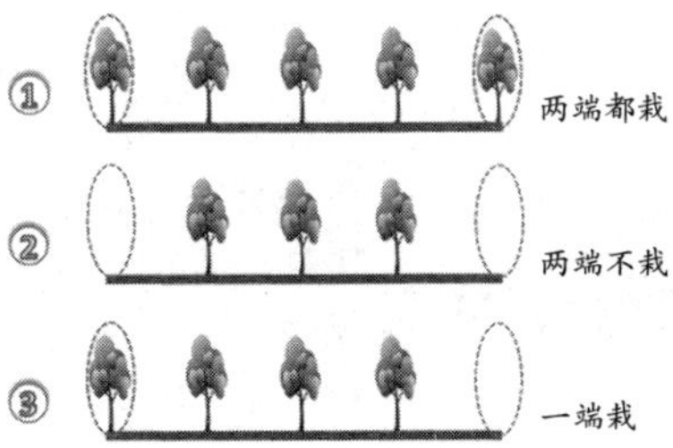	例如，同学们在全长 20 米的小路一边植树，每隔 5 米栽一棵。一共要栽多少棵树？ 请你按下暂停键，想一想，有多少种栽树的方法？对了！有三种栽树的方法，分别是两端都种、两端不种、一端种
第7页	 同学们在全长20米的小路一边植树，每隔5米栽一棵（两端都栽）。一共要栽多少棵树？	首先，我们一起来看看，两端栽树的方法，究竟一共要栽多少棵树？同学们是不是马上想到了 $20\div5=4$ 这个算式？这个算式表示什么意思呢？我们通过画图来看一下吧！请你记住，画图是解决问题的一个很好的方法

续 表

<table>
<tr><th>页面</th><th>微视频画面</th><th>解说词</th></tr>
<tr><td>第7页</td><td>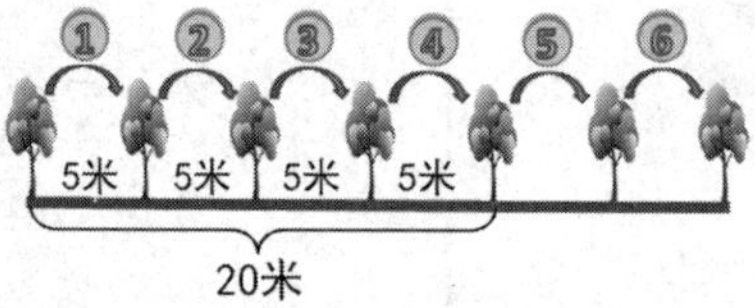

20÷5=4　间隔数
4+1=5　棵数
间隔数+1=棵数
<table><tr><th>间隔数</th><th>棵数</th></tr><tr><td>4</td><td>5</td></tr><tr><td>5</td><td>6</td></tr><tr><td>6</td><td>7</td></tr></table></td><td>20 米的小路，每隔 5 米栽一棵，两端都栽，一共栽 5 棵树，那么 20÷5=4 求的是什么呢？
20 里面有 4 个 5，4 表示 4 个间隔，要求一共要栽多少棵树，还要用 4+1=5。间隔数与棵数之间好像有什么关系？我们继续探索。当有 4 个间隔的时候，棵数有 5 棵；当间隔是 5 个的时候，棵数有 6 棵；当间隔是6个的时候呢？对了，棵数有 7 棵。发现间隔数和棵数之间的关系了吗？间隔数+1=棵数</td></tr>
<tr><td>第8页</td><td>以小见大

同学们在全长 100 米的小路一边种树，每隔 5 米种一棵（两端都种）。一共要种多少棵树？
100÷5=20
20+1=21（棵）</td><td>按下暂停键，试着做一下这道题！做完了吗？
看一看正确答案吧！说一说，100÷5=20，求的是什么？为什么还要加1呢？</td></tr>
<tr><td>第9页</td><td>

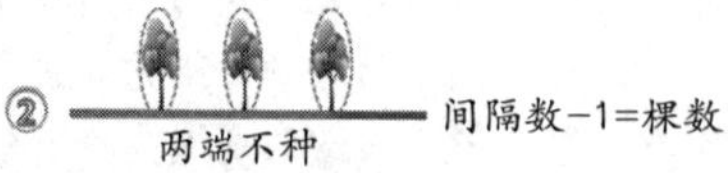

</td><td>通过刚才的探索，我们发现了两边都种树的规律。由于一棵树与一个间隔对应，这样下去，棵数比间隔数多了1，所以，间隔数＋1＝棵数。
两端都不种树的时候，间隔数与棵数又有什么关系呢？请认真观察一下。（图示）相信大家有结论了。对了！棵数比间隔数少1，所以，间隔数−1＝棵数。
一端种，另一端不种，间隔数与棵数有什么关系呢？对了。由于树与间隔一一对应，所以，间隔数＝棵数。
这节课我们学习了植树问题，三种情况下，间隔数与棵数不同。你弄清楚了吗？</td></tr>
</table>

续 表

页面	微视频画面	解说词
第10页		请大家小试牛刀，做以下两道题。记得下次上课把你们的做题体会和思考结果在课堂上与同学们分享一下！
第11页	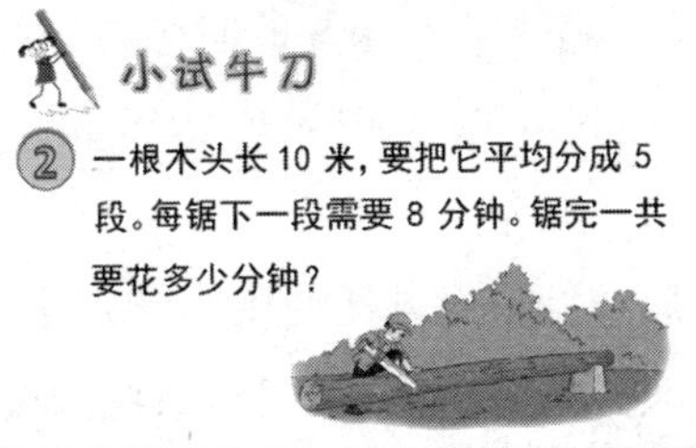	

八、微视频制作方法

制作微课的方式有外拍制作法、录屏制作法、软件制作法及混合制作法，下面主要介绍常用的两种方法：视频拍摄法和屏幕录制法。在开发和制作微课的过程中，教师应根据实际需要选择相应的呈现方式。

（一）视频拍摄法

“视频拍摄法”是利用手机、数码摄像机等具有摄像功能的外部设备将教学过程录制下来，经过后期加工编辑而成微课的方法。视频编辑软件推荐使用 Camtasia Studio、Edius。视频拍摄比较常见的方式有两类，见表3–7。

表3–7　视频两种拍摄方式比较

	简单摄制	专业摄制
设备	1. 有摄像功能的外部设备+白纸+笔。 2. 有摄像功能的外部设备+黑板+粉笔	专业录播教室 （电脑+高清摄像机+音响+麦克风等）
流程	选定内容→进行教学设计→选择录制场所→准备好拍摄设备进行录制→开展微课教学→后期加工编辑→形成微课	选定内容→进行教学设计→专业录播教室→准备好设备进行录制→开展微课教学→后期加工编辑→形成微课
注意	1. 镜头不可过近或过远，能容纳整个教学活动的空间即可。 2. 环境安静、光线充足、背景干净整洁，避免呈现与课程无关的内容	1. 主讲教师要与摄制人员沟通好，了解整个教学过程，找好镜头的焦点，把握好画面的选取。 2. 选取多机位拍摄模式，同时拍摄主讲教师和投影屏幕

以上方法拍摄的微课适用于教师的反思与评课。在制作用于学生自主学习的微课时，教师要始终贯彻以学生为本的指导思想，把镜头主要给教学内容，只是偶尔给教师一个镜头。而此时教师的目光应该对准摄像镜头，这样能让学生自主学习时感觉到老师在对着自己讲。在拍摄教学内容时，要把镜头当作学生的眼睛，顺序拍摄。

（二）屏幕录制法

常见的录制屏幕的软件有 Camtasia Studio、CyberLink YouCam、Screencast-O-Matic、Snagit、屏幕录像专家等。制作“微课”的时候可以采取“PPT+录屏软件”的方式，这里将详细介绍一下如何录制 Camtasia Studio。之所以选择 Camtasia Studio，有如下几个原因：

（1）简单、方便、易用。教师容易学也方便使用，特别是对年龄较大的教师而言，他们对计算机不熟悉，使用复杂的软件录制微课，精力耗费太大，难以坚持。Camtasia Studio 既可以录制屏幕，也可以直接对 PPT 进行录制，非常方便。

（2）后期加工编辑较简单。Camtasia Studio 的剪辑功能有视频和音频两个轨道，视频轨道针对每一秒视频进行分割、删除、插入等，便于教师编辑、美化微课画面；而音频轨道，既可以同步录制讲解音频也可在后期单独录制。

（3）视频格式类型多样。通过该软件制作生成的微课视频可以根据实际需要选择不同的格式对其进行设置。

（4）软件自带自动定位鼠标指针位置的功能，能够及时吸引学生的注意力。

（5）能够进行变焦处理，重点突出需要强调的地方，方便学生找到重点。

（三）具体操作流程

1. 录制微视频

先打开软件 Camtasia Studio，在屏幕左上角可以看到“Record the screen（录制屏幕）”，如图3-3所示。点击它可以直接开始录制。如果想使用 PPT 录制方式。按下“Record the screen”右边的倒三角，会出现“Record the Power Point（录制 PPT）”，按下它即可录制。

图3-3 录制屏幕

如果选择“Record the screen”，那么此时在电脑屏幕右下方会出现一个小对话框，左边蓝色区域是“Select area”，有两个选项。一个是“Full screen”，表示全屏录制；另一个是“Custom”，代表使用者可以根据实际需要自由设置录屏区域的大小。设置完成后，点击右方按钮“rec”或快捷键“F9”开始录制（如图3-4）。

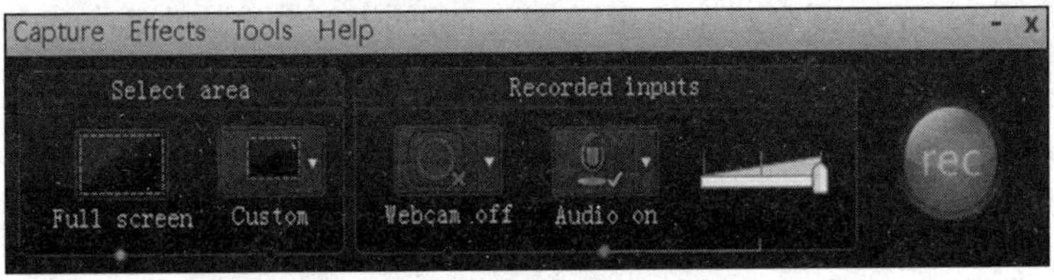

图3-4 设置录屏区域

按下“rec”键开始录制视频后，会出现一个小对话框，右边有三个键：一个是“Delete”，表示删除，可随时删除视频重新录制；中间“Pause”键表示暂停；还有一个“Stop”键，表示停止录制。

按下“Stop”键后会自动生成“微课”视频，此时会出现图3-5这样一个界面，按下“Save and Edit”按钮可在保存后进行编辑。

图3-5 微视频及保存

2. 编辑微视频

点击“Save and Edit”按钮后进行保存，进入编辑界面（如图3–6）。这里重点介绍其中几个常用的功能键。

功能键1：按下按钮“Editing Dimensions”可以选择微视频的尺寸（如图3–6）。

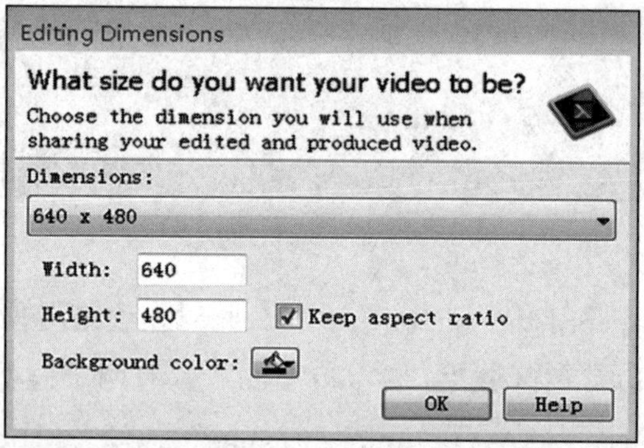

图3–6　选择微视频的尺寸

功能键2：按下按钮“Caption”，可以添加字幕。

功能键3：左下方有两个轨道，即之前所说的“音频轨道”（Track1）和“视频轨道”（Track2）。选择“Caption”进行字幕添加后还会出现“Track3”（字幕轨道）。此时，拉动这个红色按钮可进行编辑。

功能键4：在进行“轨道”编辑的时候，可使用“Undo（撤销）”“Redo（恢复）”“Cut（剪切）”“Split（分离）”“Copy（复制）”或“Paste（粘贴）”等命令（如图3–7）。

图3–7　微视频编辑

3. 生成微视频

编辑完毕后，按下左上角的保存键，视频就自动完成了。此时可以选择自己保留视频不分享；也可以选择“Share to screencast.com”（分享到screencast.com网上家园）——这是 Camtasia Studio 自带的共享网站；也可以选择“Share to Googledrive”（分享到Google推出的云储存空间）或“Share to You Tube”（分享到 You Tube 网站）。

九、视点链接

翻转课堂，从关注每一个学生开始

——微视频的设计与应用

今天，你“微”了吗？

今天，你“翻”了吗？

这是今年中山市教育系统的热点问题。如何制作微视频和实施翻转课堂成为中山市教学研究的重点攻关项目。这些“新热点”是一夜间冒出来的吗？并不是。

从 2009 年始，全球悄然进入“微”时代，微博、微信等成为人们日常生活的一部分，微小说、微电影、微杂志等改变了人们的学习方式。在移动、开放、共享、参与、大数据时代背景下，微课应运而生，它的出现丰富了师生的教学资源，改变了传统的教育教学模式，无论是对学生的学习，还是对教师的课堂教学、教师的专业发展，都有着深远的影响。

随着，我市对微课的不断推进，相信翻转课堂模式将成为一种课堂教学常态方式。同学闲谈时也许会问：今天，你上微课了吗？你们班“翻”得开心吗？

没错，要让学生真的喜欢用翻转课堂模式上课，教师首先要制作好微视频。

一、选题：小而精

选取的知识点应是内容的重点、难点、疑点和考点。一节微课只讲解一个特定的知识点或典型问题，时间要尽量控制在 10 分钟内。

二、设计：新而活

设计时要力求做到整体设计，也就是微视频设计与课堂教学相统一、课前活动与课堂教学活动相统一。在设计微视频时，也要考虑如何运用微视频实施翻转课堂教学。录制前设计还包括问题设计和视频脚本设计，特别是视频脚本编写对于初次制作微视频的教师来说特别重要，设计好它，会让制作的微视频语言更精准、更简洁，使初次上机录制的教师，在情绪紧张的状态下，也不至于说得不清楚。综合上述分析，微课的教学设计须遵循三个原则。

1. 要有用——值得学

这是所有微课程要具备的第一个条件，如果这个条件达不到，那就不合格。内容对于学生来说应该是“有用”的，值得学生付出时间。至于是否“实用”或“值得学”，关键要看甄选的材料以及教师讲解的角度是否到位。

2. 要有趣——想去学

要能吸引学生点击并反复观看。要满足这一条，我们经常采用幽默吸引、情境吸引、问题吸引等方式。幽默，会让学习更轻松，会让说教更舒服；情境，会唤起学生的共鸣；问题，能抓住人的注意力。更多情况是这三种方式结合使用。

3. 要易懂——容易学

教师要懂得教学设计，让学生容易学、容易懂。理念先进且有创意的微课教学设计在很大程度上是为了解决这个问题的。

三、制作：草根化

微视频制作倡导一种“草根化”的技术，追求“适合就是最好”的理念。其面对的制作群体并不是信息技术教师，大部分是信息技术以外的学科教师。相对来说，他们的技术运用能力并不强。如果要这些教师花大量时间制作微视频，这不现实。

中山微课群虽然早已满载了，但每一天都有新的成员要求加入，说明教师们对微课研究很感兴趣。但群里每天讨论最多的是用什么制作软件，是 7.0 还是 8.0，等等，这偏离了微课研究大众化、草根化的初衷。不过，从目前来看，微视频制作一般有以下四种方法。

1. 拍摄式微课

这是通过外部摄像设备（如手机、数码相机、DV摄像机、视频摄像头等），将教师讲解内容、操作演示、教学过程等真实情境摄制下来形成的教学视频。

2. 录屏式微课

录屏式微课需要在计算机中安装录屏软件（如 Camtasia Studio 或 Snagit

或CyberLink YouCam）进行录制，通过PPT、Word、画图工具等呈现教学过程。美国非常流行的“可汗学院”，其视频（头像不出现）用的就是这种方式录制的。这是当前我们重点推荐的微课类型。

3. 动画型微课

动画型微课是运用图像、动画或视频制作软件（如Flash、PPT、绘声绘影、MovieMaker、GIFAnimator等），通过微课脚本设计、技术合成后输出的教学视频短片。微软推出的 Office2010 版本中的 Powerpoint，可以将设置好的 PPT 课件直接另存为通用的视频格式，大大降低了教师开发视频的技术难度。

4. 混合式微课

混合式微课是应用上述多种方式制作、编辑、合成的教学视频。这种方式形成的微课视频要求较高的技术支持和视频编辑水平，花费的时间较多，但微视频的质量更高。

四、应用：翻转课堂

1. 课下知识传授

（1）学生自主观看视频。学生可随时、随地、随节奏观看微视频，也就是学生观看教学视频的时间、地点和节奏完全由其自己来掌握。学生可随意选择某一时刻观看教学视频，以提高学习效率。学生可对教学视频进行快进或者倒退操作；可按下“暂停”键记下自己的疑惑并进行思考，或将自己的收获记录下来，以便和同学分享交流。

（2）完成基础练习。观看微视频后，学生要完成教师布置的基础性练习，以便巩固学习内容，但练习的难度要适宜，数量要适当。学生在练习中，如果遇到解决不了的问题，要把疑惑立刻记录下来，以便进行下一步的互动交流。

（3）在网络平台上进行交流。学生观看视频和完成练习后，在家可以通过各种社交平台（如 QQ、BBS、微信）与同学分享学习的收获，共同探讨学习中遇到的疑惑，互相帮助。对于一些同学解决不了的问题，可以与老师进行远程交流。教师也可以对学生进行个别指导并帮助学生解决困难问题。这种在线互动学习方式让学生不再孤单地学习。当然，家长的监督作用十分重要。当学生有疑惑时，家长应给予适当的帮助。对于一些自制力不强，喜欢上网打游戏的学生，家长应加强干预。

2. 课上知识内化

（1）谈收获。学生在自主观看视频、完成基础练习以及在网上进行生生、师生互动交流后，回到课堂上，将个人的学习收获与同学分享交流。分享收获的形式可以是讲述型，也可以是演示型方式。

例如，在“长方形、正方形的面积计算”教学中，学生谈收获时很踊跃，十分愿意与大家一起分享自己的收获。

生1：长方形的面积 = 长 × 宽；

生2：长方形的面积是通过用 1 平方厘米的小正方形在长方形上摆知道的；

生3：如果要计算长方形的面积，必须知道长和宽；

生4：正方形的面积，不是边长 ×4，而是边长 × 边长；

……

也许一部分学生所谈的收获不到位、不严谨，但这不重要，只要学生在课堂上能大胆释放自己，表现自己，也是一种收获。

（2）解疑惑。质疑、析疑是翻转课堂的重要环节。学生在该环节思维最活跃，随时能碰撞出新的思维火花，开启求异思维。所以，教师在实施翻转课堂的过程中，要鼓励学生质疑，敢于提出问题，积极争议。同时，为了避免一些平时胆小、害羞、怕错的学生不敢表现自己，组织该环节时，既要有小组讨论，又要有集体评议，让人人都有发言的机会，培养学生的自信心和勇气。

学生从不敢提问题到会提问题是实施翻转课堂的最大收获。记得第一次用翻转课堂模式上课，当我让学生提出不懂的问题时学生都提不出问题来。当时我想，是学生全都懂了吗？并不是，是学生提问题的意识不强，缺少提问题的能力。经过一段时间的实施后，学生敢提问、敢质疑了。如在“长方形、正方形的面积计算”教学中，学生谈完收获后，有一位平时不爱说话的男同学向我提出的质疑令我印象深刻。他的问题是这样的：

老师，你在视频里只用一个长为 5 厘米，宽为 3 厘米的长方形推导出来的长方形面积公式能代表全部吗？

面对这样的质疑，我觉得这个学生提得太有深度了。我马上要求学生剪下一个长和宽为整厘米数的长方形，并让他用准备好的 1 平方厘米的小正方形在剪下来的长方形上摆一摆。他通过动手摆，明确长方形面积与长和宽的关系，了解了长方形面积的计算方法是具有普遍性的。学生通过质疑、讨论和验证加深对长方形面积计算方法的理解，拓展了思路，开阔了视野，使思维向多向发展，创新的“萌芽”也在悄悄地生长。此次教学中，师生共同构建了一种开放、和谐、愉快的学习氛围，同时也凸显学生主体地位。

（3）进阶练习。翻转课堂教学中学生不仅要完成基础性练习，还要完成进阶性练习，因此，在进阶练习设计时，教师要有更多的考虑和安排。例如在设计选择题时，每个备选项都应是学生学习中容易犯的错误，并要能反映一定的认知偏差。还要设置基本知识的变式题，以考查学生对基础知识的理解和灵活运用情况。教学中有错误资源的产生，师生上课时才有讨论的话题。

翻转课堂，让教师从课堂主宰者变为幕后“导演”，让学生从学习的“听者”变为“主人”。翻转课堂，增加了师生间个性化的互动和沟通，它的出发点就是从关注每一个学生的学习出发，让学生参与学习、快乐学习。在实施过程中会遇到很多困难，但作为一线教师我还是乐意尝试。道理很简单，就是它能提升课堂效能。相信大家也读了不少关于翻转课堂的文本介绍，也听了不少专家的讲座。心动不如行动，让你的课堂也“翻”起来吧！

（《翻转课堂，从关注每一个学生开始——微视频的设计与应用》一文
2015年发表于《中山教育研究》）

第四章

平台：课堂教学的支撑点

自 2008 年 11 月 IBM 创造性地提出“智慧地球”战略以来，智慧教育作为其重要的分支领域，逐渐被大众了解和接受，越来越多的学者开始对智慧教育进行探索和研究，各国政府、教育机构、IT 公司也在以不同的方式逐步推动智慧教育的实践建设。时至今日，伴随着信息技术的飞速发展和教育信息化理念的深入人心，智慧教育也不断显现迅猛蓬勃的发展势头。在智慧教育的发展过程中，从教学形式的多媒体化（电子教材、多媒体课件、虚拟实践、直播教学、录播课堂、微课堂等）到教学方式的网络互动化（在线学习、互动问答、在线测试、网络教研、联合备课等），从教学管理的集中化（信息整合、资源集中、统一管理等），到教育科研的实证化（量化过程、数据分析）以及教学终端的便捷化（智能手机、智能平板等），等等，都需要在原有的教育信息化环境基础上建立专属于教育领域的，更加简洁、系统、全面、智能、灵活、丰富的智慧教育基础环境。在此需求的基础上，智慧教育平台应运而生。

一、智慧教育平台的优势

智慧教育平台是将智慧教育的理念和实践研究相结合，通过依靠互联网，以信息技术的建设为教育环境基础，集教学、学习、管理、娱乐和交流于一体的一站式智慧教育服务平台。智慧教育平台的建立让教育部门、学校、教师、学生及其他有学习需求的人和其他教育领域的工作者能够在同一环境下，根据不同的需求和权限完成不同的教育工作和学习任务，实现智慧教育实用、全面、科学地发展。作为智慧教育领域改革和发展的中心环节，智慧教育平台对教育的推动作用主要体现在以下五个方面。

1. 智慧教育平台推动教育决策的科学化

智慧教育平台汇聚无数以前看不到、采集不到、不重视的数据。无论是宏观的制度与体制改革，还是微观的教学方法和管理方式改革，都可以通过对智慧教育平台进行深度挖掘以及与其他领域（如公安、交通、社保、医疗等）的大数据进行关联分析，找到问题的症结所在，识别不同地区教育发展的独有规律，然后对症下药，实施改革。因此，教育决策将不再过度依靠经验、拍脑袋和简单的统计结果，而转向基于数据进行科学决策。

2. 智慧教育平台推动教学质量的提升

在智慧教育平台的学习环境中，可以综合运用数学统计、机器学习和数据挖掘的技术和方法，对数据进行处理和分析，发现学生学习的发生机制，以优化学习，开展适应性学习和自我导向学习；也可以深入分析教师的教学，以便在分析数据基础上为学生提供更有针对性的教学干预；还可以评估管理人员管理效能，以改善现有的考核方式和管理办法。

3. 智慧教育平台推动个性化学习的真正实现

智慧教育平台能够持续采集学习者的学习行为数据并进行智能分析，依据学习者模型推送适合的学习资源，进行个性化的学习评价，提供准确的诊断结果，为其提供真正个性化的学习资源、学习活动、学习路径、学习工具与服务等。

4. 智慧教育平台推动质量监控体系完善

在智慧教育平台环境中，可以使用各种数据采集技术收集学校概况、师资队伍、办学经费、图书资料、仪器设备、专业课程、教学管理、教学过程、教学效果、学生基本情况等方面的信息，以达到全面监控教育质量的目的，形成全面、动态的教学质量监控体系。

5. 智慧教育平台推动教育科学研究范式转型

现有的研究范式导致教育理论研究一直备受逻辑性和科学性不足的诟病。随着智慧教育平台发展的逐渐深化和细化，教育过程变得可以被量化，教育科学的研究范式从抽样模式走向全样本模式，成为一门实实在在的实证科学。

相较传统的教育信息化平台，智慧教育平台在教育教学、教育管理、教育评价、网络建设、应用设施和保障体系方面都展现出更新颖、更适用、更具自主性、更具当前智慧教育发展理念的特点和优势，见表4–1。

表4–1　传统教育信息化平台与智慧教育平台对比

	传统教育平台	智慧教育平台
教育教学	教育数字化资源发展初具规模；信息技术作为辅助手段融入课堂教学；教育资源数量少、质量不高；教育资源未共建共享	有丰富的智能化教育资源；资源制作、存储和共享多样化；学习方式多样化、自主化；教学形式和环境开放
教育管理	以校为单位的信息管理系统；管理人员对不同业务制定相关的管理系统，管理系统各自为政；信息孤岛问题明显	有面向服务的基本理念；各类管理业务全面覆盖；平台管理业务高度整合；各平台间的信息可互换共享
教育评价	依靠信息化管理系统对学生的考试分数等数据进行甄别、监督、鉴定和选拔；依旧以学生成绩为主要评价标准，形成性评价缺失	多元化的学习过程、学习能力、学习素养数据搜集；智能化的深度数据挖掘和分析；定期、持续地自动化采集教育评价数据
网络建设	教育网络建设初步成型；建立区域教育网、各学校的校园网；网络互联互通未实现	新型的网络技术；扩展平台教学的时空维度
应用设施	信息化平台基础设施建设初具成效；信息化平台软件设施使用得到初步普及，基础设施质量参差不齐；设备应用水平不高；软硬件结合度低	基础设施具有高集成性；软件系统具有开放、扩展性；平台环境具有灵活性
保障体系	以教育部门发布的平台发展计划为指导，根据学校的技术能力和阶段需求进行相关的平台设计；平台组织体系不明确，平台标准不统一	以学生的学习需求和智能化生活方式作为平台设计方向，有明确的平台建设和组织分类；平台发展产业化

从智慧教育平台所发挥的作用和展现的优势可以发现，大力建设和发展智慧教育平台是智慧教育发展的唯一途径，是展现智慧教育开放化、智能化、简洁化、高效化的重要实现方式。智慧教育平台的建立对社会、学校、教师、学生都有极其重要的意义。对社会，智慧教育平台作为智慧教育的实现方式，是实现教育现代化的中心内容，促进教育现代化的发展；同时，智慧教育平台在建设和发展过程中对信息技术和信息设备的广泛应用，必定会促进教育信息化产业的发展。对学校，通过智慧教育平台拓展出的多种多样的办学组织形式，将对传统学习体制产生冲击。学校引入智慧教育平台，既满足了社会对高

质量教育的需求，又为学校带来新的发展的机遇。对教师，智慧教育平台能够充分发挥教师教学主动性和灵活性。教师可以创造性地使用多媒体教学，更智慧地应用各种教学资源，从而转变教师职能，引起教学方法的变革，创新教学方式，提高教学效率及质量。对学生，智慧教育平台提供了全新的教学环境、条件和保障，实现学生的自主学习、协同学习，培养创新人才。不仅如此，智慧教育平台的教育形式让学习者的学习时间、空间都脱离了限制，保障了教育的公平性，促进教育终身化的发展。

二、智慧教育平台需求分析

创建一个完善的智慧教育平台需要涵盖以下几个方面内容。

1. 智慧学习、教学

智慧学习、教学需要为学生提供多样化的在线学习方式并具有即时交互功能，以信息技术进行知识建构，从而有针对性地实现个性化学习。需要汇聚教育领域优秀的师资力量，建立庞大的网络教学团队，实现及时的教师在线指导和资源共享，让教师成为学生进行平台学习和平台活动的设计者、组织者和指导者。

2. 智慧管理

平台的管理需要更有效、更快捷、更方便的技术环境支持，以实现平台运作的可视化和自动化，实现实时监控平台的教育教学状况并全面进行远程指导；实现平台各系统的实时沟通协作、无缝的信息交换和业务协同。通过对用户学习、教学情境的感知，向用户推送相应的教学信息、学习资源和平台服务。

3. 智慧科研、评价

平台的科研和评价依靠大数据技术，从以经验为主转变为以数据为主，将平台教学过程中的各类数据进行更加多样化、智能化的分析和评价。同时，应用云存储技术将归类整理后的数据永久存储在云端，从而对用户的发展进行定期评估，提出更具针对性的发展建议。

4. 智慧服务

平台需要为学生建立完善的个人学习空间，以学生的需求为准则，提供一体化、智能化、个性化的学习服务支持，满足学生全天候、多形式的在线学习需要。同时，建立满足教师在线教学、教研和交流的教师空间，为教师提供在线教学教研、课程管理、学生查询等多方位的教学服务。

三、智慧教育平台设计

从对智慧教育平台的研究可知，互联网、云计算、大数据、移动通信、物联网及人工智能等信息技术是构建智慧教育平台的基础，所以智慧教育平台框架的建设注定是一项设立在信息技术和教育资源顶端，整体规模大、技术难度高、框架结构复杂、涉及方面广泛的系统性教育工程（如图4–1）。因此，必须对平台的建设进行统一的全局性规划，以使智慧教育平台的建设和发展真正做到满足智慧教育的理念需求，适应教育的发展需要；必须整合各方面的教育资源，有针对地解决智慧教育平台现状问题，设计科学化、合理化的智慧教育平台。

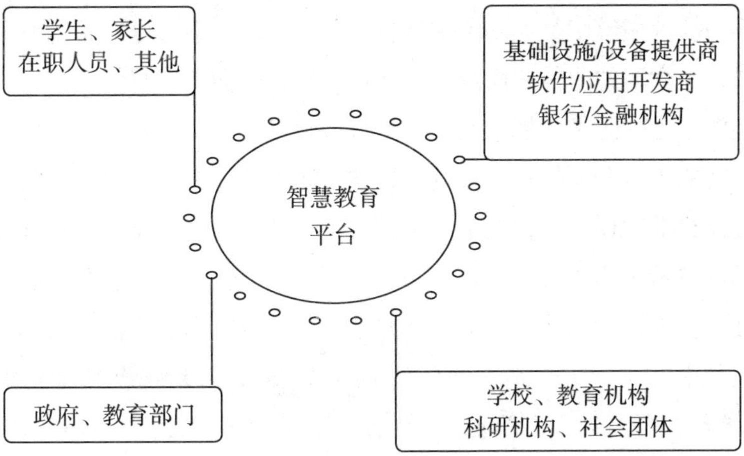

图4–1　智慧教育平台整体设计架构

在智慧教育平台建设过程中，基础设施/设备的提供商、软件/应用的开发商以及银行/金融机构要充分利用云计算、物联网、大数据等多项资源，依靠云存储、并行计算、数据挖掘及虚拟化技术（vmware），设计出智慧教育平台所适用的云服务器和各种虚拟化软件，以此开发智慧教育平台所必需的移动学习系统、智能教学系统、智能管理系统、数据资源中心系统等多项系统以及满足各项开发需要的应用软件。同时，平台的所有日常维护和安全防护（存储数据安全、网络系统安全、终端平台安全、数据备份）也需要各个提供商、金融机构给予技术和资金等方面的支持。地方政府和教育部门对智慧教育平台的建设和发展起着主导和监管的作用。国家的教育方针和政策通过地方政府和教育部门传达到平台建设和维护的各个部门；同时，针对智慧教育平台在运作中所出现的各类情况，地方政府和教育部门也担负着监管责任，以便让平台的建设遵循国家教育的发展方向。学校、教育机构、科研机构和社会团体是智慧教育平台的主体机构，这些主体机构通过智慧教育平台中的管理系统和应用软件全面支持各种教育管理业务的高效开展，实现信息技术与教育管理、教育应用等的全面融合。具体来说，在教育管理方面可实现自动办公、智能教务、学生学籍档案管理、教师人事变更管理等；在教育教学方面可实现智慧教学、电子作业、智能考试等。

智慧教育平台建设的成功与否，是否具有使用价值，最终都要通过平台的使用者——学生、家长、在职学习人员和其他学习人员的使用来检验。对于学生，智慧教育平台要做到给予其更丰富的交流展示机会，实现学生开放式的自主学习，并能够满足不同层次学生的学习需求。家长可以通过平台中对学生学习效果、学习能力等方面数据的展示，真正全面地了解学生当前的学习情况，并能将自己的意见和想法通过平台与教师进行交流，实现家庭和学校的相互支持。在职人员和其他自由人员对教学资源的选择有很大的自主需求性。以当前十分流行的 MOOC、在线学堂等教育学习平台为例，能学习到对自己工作生活有用的技术是非学校学习者的主流选择方向。所以，智慧教育平台要充分利用云计算技术，对当前主流学习资源进行分类和共享，让在职人员和其他自由人员能够利用平台方便地学到自身所需。同时，针对现有其他教育平台中所出现的学习者缺课率高等问题，智慧教育平台建设者应对其采取相应的应对措施。

总地来说，任何教育组织或企业创建智慧教育平台，都必须做到平台基础建设规划的统一，平台数据资源的互通开放，平台各项管理的简洁，平台使用展现的实用便捷这四个方面，才能够满足智慧教育平台发展的需要。

四、智慧教育平台整体层次结构

在智慧教育平台当中，平台的设计和搭建根据不同的组织阶段可分为用户层、终端层、应用层、平台层和网络层五个层次，自上而下将智慧教育平台内各组成部分连接起来，如图4–2所示。

图4–2　智慧教育平台层次结构

1. 用户层

智慧教育平台的用户层包含平台的使用者和管理者两个方面，具体来说主要有学生、教师、家长、社会公众、管理员、学校和教育机构等。在智慧教育平台中，不同的用户可以按照不同的权限登录相应的平台服务板块，使用或管理权限范围内的各类智慧教育服务项目。

2. 终端层

智慧教育平台的终端层是指各类用户使用平台系统时所必备的智能终端设备，具体来说，包括智能手机、平板电脑、电脑、摄像头、红外感应器及心率感应手环等智能教育穿戴设备。利用各类智能终端设备，不仅能优化用户在智慧教育平台学习服务方面的体验，更能够让平台通过用户的使用搜集各类相关数据，为教育大数据的挖掘和分析提供数据支撑。

3. 应用层

应用层是指智慧教育平台当中针对不同层次、不同方向的学习需求和服务需求而具体设立的各类应用系统。这其中主要包括智慧校园、智慧课堂、数字图书馆和远程教学。智慧校园和智慧课堂面向各类在校学生和教师，通过智慧教育平台的搭建，将现实当中学校内的数据中心、多媒体教室、语音教室、电脑机房、教职工办公室、学生宿舍、图书馆等联系起来，同时也让各学校联系起来，从而实现各种教育资源的有效整合与共享，优化教育资源的分配。数字图书馆是利用数字技术处理和存储现有图书馆馆藏资源，通过互联网，对智慧教育平台内所有用户开放的教育学习共享资源。远程教学针对的是除学生外的其他各类社会公众，让其在工作之余能够随时随地学习到自己所需的知识，并依靠平台的通信系统能与各地学习者同时同步或异时异步进行互动交流。

4. 平台层

智慧教育平台的平台层包括智慧教育云平台、教育资源共享平台、教育管理服务平台和大数据平台。智慧教育平台的教育教学、教育管理、教育科研、教育评价和教育服务的实现依赖各平台系统的相互合作。教育云平台和资源共享平台为用户提供全面的教学服务，并向大数据平台传输大量的杂乱无章的数据；大数据平台对大量的数据资源进行挖掘、整理和分类，并通过云计算技术对教育资源进行高效的数据分析；而教育管理服务平台则依照数据分析的结果不断改善智慧教育平台现状，促进智慧教育平台的发展。

5. 网络层

网络层是智慧教育平台网络组建的基础层面，包括互联网、物联网、移动通信、校园网、教育网及网络安全等方面。互联网、教育网和校园网将区域内各类教育院校、教育机构和教育部门相互连接起来，并通过智慧教育平台进行相互间的数据共享和交流；物联网和移动通信网络则使网络覆盖的范围和网络使用的效率极大提升；而网络安全是维护智慧教育平台数据和平台运行畅通的必要支持。

五、教育教学信息子系统平台功能设计分析

教育教学信息子系统包括智慧教学和智慧学习两方面，是智慧教育平台中面向用户的系统，是整个平台系统中极为重要的核心方面。用户通过教育教学信息子系统的展示，能够实现在线学习、远程教学、数字图书馆、交互式学习和虚拟实验室等。具体来说，教育教学信息子系统可分为以下几方面，如图4–3所示。

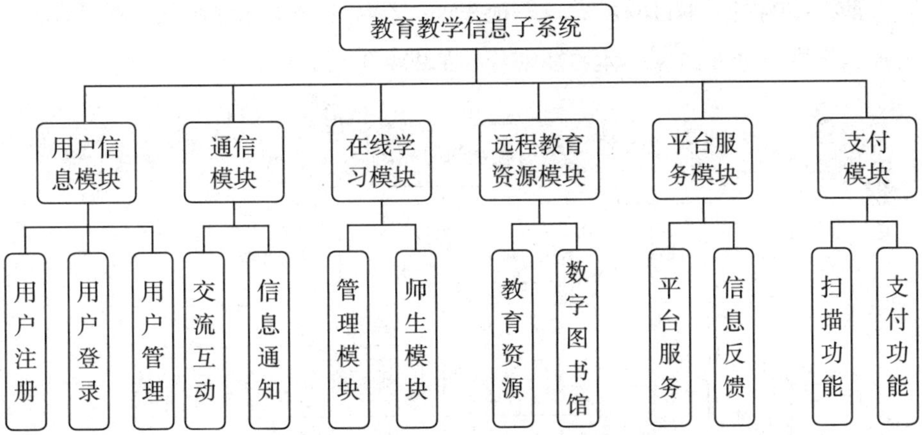

图4-3 教育教学信息子系统功能图

（一）用户信息模块

用户信息模块具有用户注册、用户登录、用户管理等方面的功能。依靠这些功能，用户可以按照平台注册要求设置自己的账号和密码，填写姓名、年龄、性别、学历、联系方式、地址、电子邮箱、学习方向等方面的信息。当用户在登录界面输入账号和密码登录后，还可以在用户管理界面对自己的注册信息进行适当的修改。如果用户忘记自己的账号或密码，也可以利用用户信息管理功能找回自己的账号或密码。

（二）通信模块

通信模块具有交流互动和信息通知等方面的功能。用户在平台学习的过程中，可以通过平台互动软件与平台内所有学习同一课程的学生进行交流，分享学习经验和学习心得。交流过程中不仅可以输入文字，还能够加载图表、音频或视频等。不仅如此，平台针对每类课程都以课程教师或助教为中心，设置微信群或QQ群，让学生和教师以及学生之间进行更加便捷和及时的学习交流。信息通知功能包括单播和广播两种类型功能。针对用户的学习方向和学习过程，平台系统可以对某个或某一类学生发布相应的课程学习信息、学习时间安排和学习资料以及向学习推送项目提醒。同时，也可以在整体平台范围内发布新的学习课程，推广广告，以达到方便和辅助用户优化学习的目的。

（三）在线学习模块

在线学习模块是智慧教育平台教育教学信息子系统的中心板块。在线学习模块的教学功能是否全面、审核功能是否细致、用户的平台体验是否合适等，都将影响整个平台的发展。总地来说，在线学习功能模块包含在管理员、教师和学生三个方面。具体功能划分，如图4–4所示。

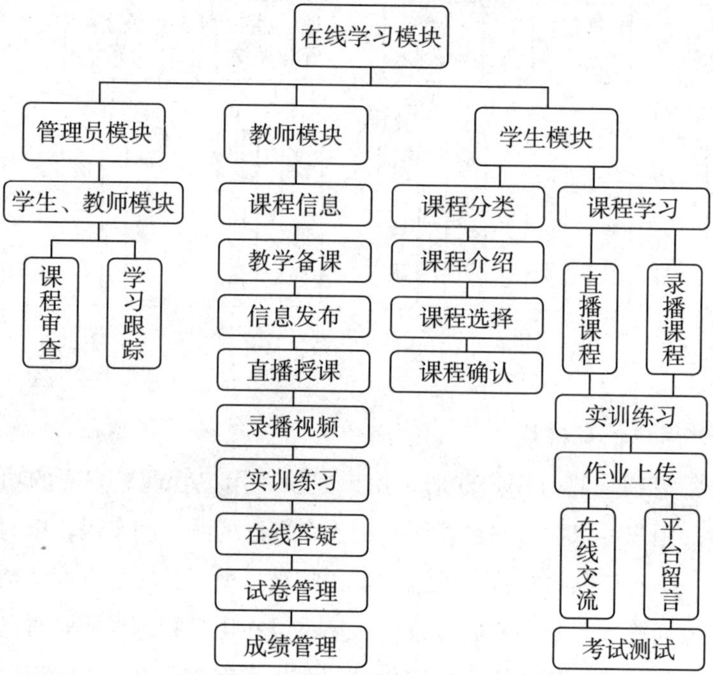

图4–4　在线学习模块功能图

1. 在线学习模块的管理员权限

课程审查：这是针对教师教学备课资料、课程学习资源等方面的审核。通过课程审查能够在一定程度上保证教学课程的质量。

学习跟踪：对学生的学习进度和学习过程做出相应的行为跟踪和数据记录，为课程的数据分析和研究提供数据支持。

2. 在线学习模块的教师权限

（1）课程信息：教师向平台提供课程介绍、教学大纲、课程进度计划、教师信息等内容。

（2）教学备课：教师向平台提供所制订和制作的教学视频、电子课件、学习文档等教学资料。

（3）信息发布：教师通过平台向学生发布某课程的开课信息。

（4）直播授课：教师通过平台的课程直播软件在平台为在线学生讲解课程。

（5）录播视频：教师在直播课程结束后由平台记录、整理和发布课程视频资源。

（6）实训练习：教师在每次课程结束后向学生发布在线课程习题和课程任务以及学生课程自我总结等辅助教学练习。

（7）在线答疑：教师在平台授课过程中通过平台语音或文字交流软件，实时解答学生的学习问题；阶段课程结束后，通过 QQ、微信等聊天软件的群组功能，将课程学习者组织在一起分享学习经验、交流学习心得；对在平台讨论区学生发帖提出的疑问，也需要做相应的解答。

（8）试卷管理：教师要在总体课程结束后制订电子考试试卷，通过学生在线考试和电子阅卷，得到相应的学生成绩。针对在线考试的诚信等问题，可以开通视频监控等功能对学生进行在线监控。

（9）成绩管理：教师针对学生个人公布的各自的考试成绩、学生的学习情况做出总结和评价。

3. 在线学习模块的学生权限

平台通过教师课程信息的发布确认课程的类型，将平台内同一类课程归纳在一起。

平台通过课程介绍让学生了解该课程的课程简介（文字或简短视频）、教学大纲、本期课程的教学进度（时间安排和课程量）和任课教师的基本情况。学生权限包括以下方面：

（1）课程选择：学生根据课程介绍选择一个适合自己的在线课程。

（2）课程确认：学生通过平台提示，学习该课程。如若需要付费，则须根据提示转到平台支付模块，付款后学习该课程。

（3）课程学习：包含直播课程和录播课程两种学习形式，有时间的学生可以在课程直播时间内参加课程直播学习；直播课程结束后，没参加直播学习的学生可以通过直播记录视频，学习到同样的内容。

（4）实训练习：这是学生在每次课程结束后必做的在线课程习题、课程自我总结等辅助教学练习，若不做实训练习就不能进行下一阶段的课程学习。

（5）作业上传：学生将实训练习的结果上传到平台，让教师或助教进行评阅。

（6）平台交流：包含在线交流和平台留言两种形式。学生与教师以及学生之间可以进行相互交流。

（7）考试测试：课程结束后由教师激活，学生随机抽题生成试卷进行考试。试卷提交后产生试卷分数，系统提供试卷分析，同时统计学生使用该平台学习的时间、作业完成和上交情况、出勤率及平时成绩。学生总成绩由这几方面结合而生成。

（四）远程教育资源模块

远程教育资源模块是指平台存储和链接的各类课程的教育资源，包括文字、图片、音频和视频等内容。远程教育资源模块还能够链接数字图书馆，方便学习者在学习过程中调用和查找互联网上丰富的文档和图书资料。

（五）平台服务模块

智慧教育平台的用户在学习和交流过程中，对平台的使用情况会产生各种各样的问题。平台服务模块，可以将从用户中搜集到的各类问题加以总结、分析，制订出相应的解决方案，更新和优化平台系统的各项功能，并将相关信息反馈给平台使用者。

（六）支付模块

互联网时代发展到现在，利用智能终端设备进行金融支付的功能已经非常完善且支付的方式也日趋多样。在智慧教育平台中，支付方式也同样要和智能终端设备的支付方式相适应。常用的支付方式有手机银行的短信加密保的支付方式，另一种是通过支付宝（阿里巴巴）、财付通（腾讯）、百付宝（百度）、网易宝（网易）等支付软件扫二维码和条形码的方式进行支付，最后，还有基于手机生产商的，限定手机品牌，如Apple Pay（苹果）和 Samsung Pay（三星）的移动支付方式。

六、教育管理信息子系统功能设计分析

教育管理信息平台通过指定管理员，可以对指定的用户（学习者）信息、课程和教学信息、各类学习项目、各类网络学习资源进行整理、管理、追踪和报告，改善平台系统的教学管理机制，丰富学习资源和学习环境，提高教学和管理工作效率，促进智慧教育平台教学质量的提升。具体来说，教育管理信息子系统可分为以下几个模块，如图4-5所示。

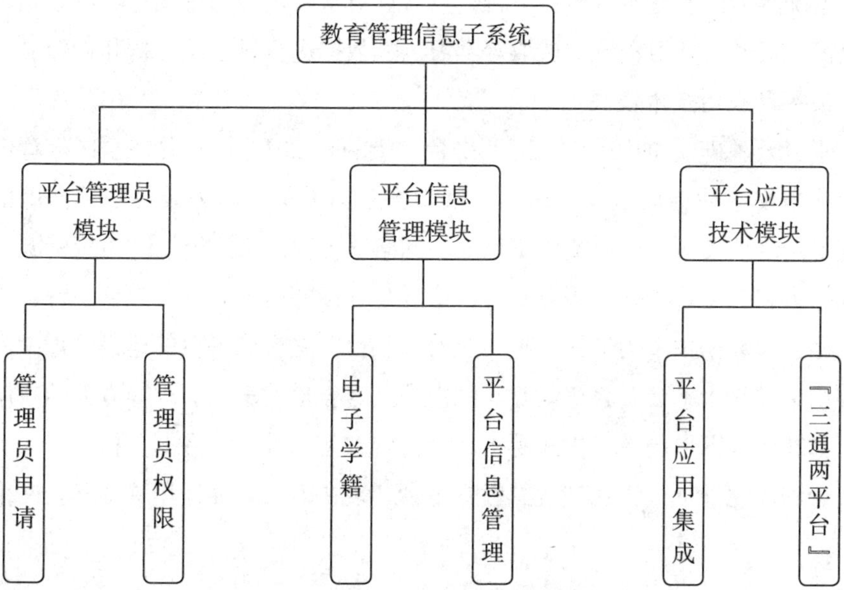

图4-5 教育管理信息子系统功能图

1. 平台管理员模块

智慧教育平台的适用范围十分广泛，不仅适用于小学、初中、高中乃至大学校园的教育学习，还适用于社会在职人员及有学习需求的各类人员学习。所以，平台对于管理员身份的申请、确认和平台权限的开放都需要有相应的分类和规范。平台系统通过注册用户信息将学生进行分类。若是在校学习用户平台将根据地区、学校、年级、班级、相关专业和科目对用户进行分类。若是教育部门、学校校长、年级主任、班级班主任、专业课教师等，平台将通过实名认证的方式，认定其为相应范围内的教学管理员，并默认他们可为自己权限范围内的学生进行各方面的教学管理。

另外，对于智慧教育平台的维护、建设和扩展的相关工作，也要有相关信息技术专业人员作为平台的基础设施管理员。对于各类学习用户及教学管理人员在平台学习和平台教学管理过程中出现或反映的平台基础设施和软件系统的问题和缺陷，平台的基础设施管理员要不断进行综合、分析和更新，解决平台发展中出现的问题。

2. 平台信息管理模块

智慧教育平台信息的管理模块主要由电子学籍和平台信息管理两个模块组成。电子学籍是指所有用户的个人资料，包括个人的基本信息、在校情况、在职情况等方面的基本资料；平台信息管理对学习内容与进度、学习效果、学习交流积极性、学习资源的选取等学习进程数据进行科学的分析和管理。

3. 平台应用技术模块

平台云基础模块中的“三通两平台”指的是 2012 年 9 月在全国教育信息化工作电视电话会议上，由时任中共中央政治委员、国务委员刘延东提出的“宽带网络校校通，优质资源班班通，网络学习空间人人通”“教育资源公共服务平台和教育管理公共服务平台”这五个方面的内容。智慧教育平台也要以云基础、大数据技术为依托，将“三通两平台”融合到平台的建设管理中。平台应用集成是指平台要将移动互联网中的教育教学、教育管理等方面的应用软件（如文档、图形图像、视频等）和分析管理型软件（如数据分析软件等）进行整合和优化处理，为区域智慧教育平台实现快速、全面适用移动互联网络提供应用技术支持。

七、在线作业系统的设计策略

作业练习和测试是检验课堂效果，巩固学生所学知识，帮助教师改进教学的一种重要手段，其对教学起到不容忽视的辅助作用。电子书包的在线作业系统可以利用网络优势更好地发挥辅助效能，因此，电子书包在线作业系统设计的核心思想应该设计成为一个起辅助作用的系统，主要以学生进行作业练习为主，并要能为学生作业练习提供更好、更方便的操作环境。

在线作业系统是一个基于网络的系统，具有时空无限性、协同性、个别化的特点。网络教学没有采用以“教”为主的传统教学理论，而是强调以“学”为中心的建构主义教学理论。从这种理论出发，电子书包在线作业系统设计应该遵循以人为本的设计思想，构建个体化的学习过程和知识体系，以提高学习者的兴趣和学习效果。在线作业系统还要能为教师和学生提供比较方便的操作功能，让教师和学生以及学生和学生能畅通无阻地交流互动；能给学生提供个性化辅导，能激发学生学习的积极性和主动性。

在线作业系统可以细分为七个阶段。每个阶段还可以进一步细分（如图 4–6）。

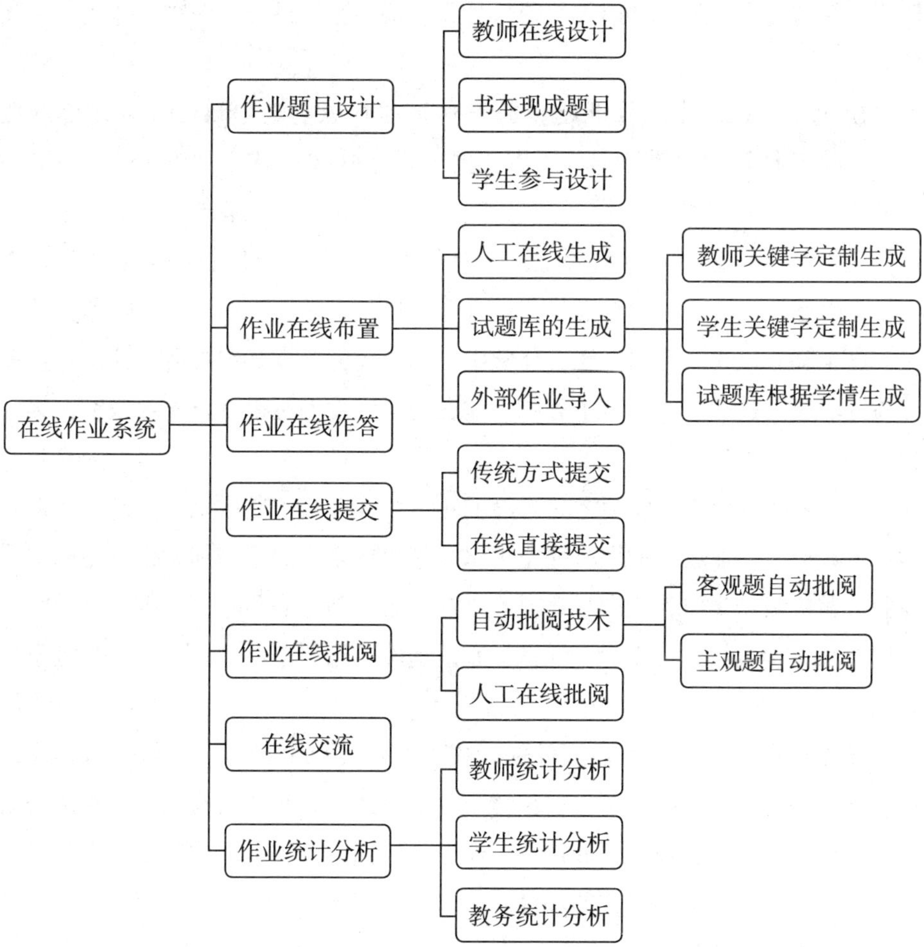

图4-6　在线作业系统功能模型图

1. 作业题目设计

在线作业系统题目资源库中的每道作业题目都应包括题干（已知条件）、答案、解析（如题目分析思路、解答过程、求证方法）、理论知识（这道题所涉及的知识点、需要用到的理论知识）等部分。此外，设计每道题时还应该预测学生作答时可能出现的错误，并对这些错误提出纠正方法。

在线设计作业题时必须注意作业题目的有效性、作业题目的难易程度、作业题目的层次区分度。作业题目有效性是指作业题目能有效测试学生的实际情况，即知识技能、情况态度等；作业题目难易程度是指作业题目对于相应阶段学生的上手程度（如题目难度可以分为五个级别，即容易、中等、中等偏难、较难、困难，分别用数值表示，数值越大，表示作业题目的难度越高）；

作业题目的层次区分度是指作业题目是属于基础题，还是拓展题，抑或是探究型题目。

在线作业系统中的作业题目有三种来源：一是教师自己在线设计的题目。二是教材教辅或课外书等书本上的题目。这些题目可以在线保存，构建试题库，形成试题资源，以备日后练习选题所用。试题库建设可以参考教育资源建设技术规范中的题库规范。三是教师把一部分出题权利交给学生，由“学生出题”或者叫“参与性作业设计”。这是一种特别的教学策略和教学行为。学生都有自我表现的本能，让学生出题，充分发挥其主观能动性。学生在编写练习题的过程中，拓展了思维，这在一定程度上可以激发学习兴趣，提高学习动机（比如学习动机中的附属内驱力和学习诱因），促进学习行为，进而提高学习效率。毕竟，学生才是学习的主人，作业练习题应该立足学生，针对学生来设计。作业题目的取材完全可以从学生中来。为了增加学生学习的快乐体验，避免被动学习，激发学生学习兴趣，给予学生满足感，教师在出题时，可以把来自学生的题目作为在线作业系统题库的重要来源之一，继而促进学生自主学习。

数据可以保存在服务器文件中，文件路径可以链接形式存储在数据库的一个字段中。作业系统包可以保留传统提交方式，即系统具有文件上传下载动能。对于一些活动作业、开放作业，学生可以向系统服务器中教师所在目录上传文档、图片、视频等形式的文件。

2. 作业在线布置

关于作业布置需要注意以下方面：作业布置方式、作业呈现形式（如文字、图像图片、音频、视频等）、作业难度（如简单、容易、合理、困难、特难等）、作业量（如少、适量、多等）。

作业布置方式有三种：人工生成、试题库生成和外部导入。

人工生成主要是指教师事先设计好作业模版（包括要考查知识点、题型选择、题目数量确定等），然后按照作业模版在线进行作业练习题目设计，在线录入，命题完成之后提交系统完成作业发布。试题生成有三种途径：一种是计算机根据标准测试检验出的学情（某位学生的初识水平、认知能力、学习状态等），按照作业模版随机从资源库中抽选题目组成作业供学生作答。一种是任课教师输入关键字（如学科科目、章节、知识点、题目类型、题目数量、难度系数、认知层次等信息），检索试题库，生成作业并发布。另一种是学生针对自己不足，自定关键字检索题库，生成作业供自己练习。试题库生成其实就是组题技术，它是一种设计型的专家系统，即计算机根据给定的组卷参数，如题目类型系数、难度系数、区分度、知识点范围等，从试题库中抽取满足这些条件的题目组成作业练习题，供学生在线练习。在线练习的质量则取决于系统自动组题技术的性能。

外部导入则是将外部其他格式的作业文档直接导入在线作业系统。这些外部作业或是来自其他系统的作业，或是已编写好的作业文档。此外，为了减轻学生的作业负担，要注意作业布置的量和作业难度。学生所有的学科都要学，每个学科都要布置作业，所以作业量一定要适度，不宜采用“题海战术”、重复练习的方式加重学生的负担，也不宜专门挑难题、偏题、怪题来“考验”学生。每一科目都应将作业的量控制在适当范围内。比如作业量在时间上一般不要超过一个小时。若作业量过大，不仅学生费时易疲劳，而且很难保证作业质量。所有学科的教师可以尝试协调，顾及学生实际情况，力争一天总的作业练习题目合理、适度、有效。

学生出错的作业题目，应该写进学生的“病历本”，也即错题本。学生可从错题本中组题复习巩固，在线作业系统要有一种机制，确定一道错题学生究竟要做几次可保证不再做错，以提高学生学习效率。

3. 作业在线作答

课程结束后，学生在线完成相应作业，或学生自选题目在线练习。在线作业系统应该具有这些功能：学生在线浏览作业，明确作业发布日期和作业提交的截止日期，保存修改未完成的作业，作业提交后查询作业答案。作业系统还应该能标注作业完成情况（如未交、已交、未批阅、已批阅等），此外还应有未交保存、缓存、在线交流等功能。在网络环境下，由于网速慢、断电、机器故障、人工误操作等原因，学生难免会因没来得及提交丢失作业数据，造成不必要的损失。所以在线作业系统应该具有缓存机制，随时保存作业进度。

4. 作业在线提交

作业提交方式有两种：一种是传统作业文件上传下载方式；一种是作业数据在线直接提交。

在线作业呈现在一个动态的网页中，在线保存提交即可将文字信息存储进服务器数据库。而多媒体信息（比如微视频、动画、声音片段等），就得以文件形式上传至服务器。这些多媒体信息可以二进制数据形式直接存储进数据库。在线作业系统要实现“学生出题”功能（本例中，题干以文本为例）的构想如下：

教师和管理员不断更新作业的支持资源（如知识点、评价量规）。学生参照教师或管理员提供的作业信息资源在线进行作业设计，完成作业发布。而后教师定期从学生设计的作业中选取优秀案例，展示给所有学生。学生可以上网参与作业设计的评论。作业的评论不需要身份验证，任何对作业感兴趣的学生都可以根据作业设计的评价量规发表评论。学生也可以通过验证进入自己的作业设计空间，对作业评论进行学习反思，进而对已发布的作业内容进行编辑，或对错误作业进行删除并重新设计。此外，系统管理员具有过滤和删除无用、有害垃圾信息的权限。教师可以收集优秀的学生评论；每一位学生可以对别人发布的作业给出评论，提出好的建议，相互交流、分享、学习。

题目呈现形式。在现有的技术条件下，作业练习题也可以借助图像图片、动画、音频视频（包括微视频）等形式呈现。如一道作业题目的题干可以用一段文字、一幅图片、一个动画、一首音乐、一部微视频等形式来呈现，选项、答案也可以用多媒体形式呈现。

5. 作业在线批阅

作业批改方式分为手工批改和自动批改。传统作业批改，客观题和主观题都是手工方式完成的，费时费力。一般的作业管理系统（尤其是采取上传下载功能批改作业的系统）也没有避免这种弊端。而在线作业系统，两种方式并存。自动批改又分为两种类型：客观题自动批阅和主观题自动批阅。

客观题自动批阅下，在线作业系统的自动批阅智能化不会仅局限于客观题对错分析，而是采用错误评价及与错误答案相关联的关联评价对学生作业中的错误和问题进行定义、描述、自动跟踪和动态诊断。主观题自动批阅下，对于有明确正解的非开放式主观题，智能化的在线作业系统可以将学生答案和标准答案进行自动分词，然后提取文本特征以计算两个文本的相似度，再通过相似度的值判断学生回答的准确程度。在计算相似度时，对于专业词汇还可以进行加权处理。自动批阅技术可以使教师从工作量庞大的作业批阅工作中解脱出来，将更多时间和精力用于分析作业数据以及教学工作，教师也将有更多时间来研究教学以提高教学水平。而对于完全开放式的主观题，因没有明确的正解，限制答案只会限制学生的思维活动，阻碍学生创造性思维的发展。针对这种类型的主观题，还需要教师在线手工批阅。

此外，对于作业批改评阅的方式，在由教师批阅基础上，可适当采取学生互评的方式。教师批阅要能给学生反馈，并能对学生的学习有所启发和帮助。评阅方式有两种：一种是借助分数；另一种是借助文字形式。教师在线对作业进行主观判断和解释必须立足于客观描述，否则就是主观臆断。教师在人工评阅后，将成绩和评语等写入服务器的数据库表中，这些成绩分数及答题分析点评将会自动反馈给学生。

6. 作业统计分析

教育家第斯多惠指出：教学的艺术不仅在于传授本领，而且在于激励、唤醒、鼓舞。智能化的在线作业系统也应该具备唤醒、鼓励学生的功能。

在线作业系统要具备智能化功能，以便完成主、客观题的统计分析，并以图形图像、音视频等多媒体方式形象直观地展现出来。比如用图表呈现一套作业题中错误的分布情况，用图表的形式展示同一道题目哪些学生出错，等等。

在线作业系统中，学生、教师以及教务管理人员都有统计分析权限。在线作业系统可以充分发挥计算机的优势，即大量收集作业信息，自动进行统计计算，生成分析报告。此类分析报告以各种图表方式呈现，供用户浏览，并且可以很方便地自动生成报表供用户打印，方便师生以及教务管理员对作业结果进行科学的统计分析。教师可根据分析报告中的作业信息评估授课过程中的得与失，达到改进教学目的；还可以根据分析报告中每位学生的学习态度和存在的问题，因材施教，以更好地实现个别化教学。这些分析报告还能对每一位学生的实际作业情况进行分析（如存在的不足、与他人的差距等），并给出详细的学习建议，促使学生审视自我、了解自我、塑造自我、完善自我、实现自我。

同时，对于教务管理人员来说，在线作业系统的统计分析功能也给教务管理带来方便。教务管理人员通过分析报告能了解每门课程的实际教学效果和教师的教育方法和策略等，并将这些分析报告作为参照对教师进行准确无误的评估。

7. 在线交流

根据马斯洛的需要层次理论，人们进行学习的目的是为了追求自我实现，使自己存在的价值和意义以及个人潜力和个性得到充分的发挥和实现。学生的低级需要没有得到满足，良好的学习习惯就无法养成。所以教师不仅要关注学生的学习，也要关注学生的生活和家庭，排除一切干扰学生学习的障碍。因此，在线作业系统应有交流功能，这是一个人性化的功能，可以增加很好的用户体验。

通过在线作业系统，同学之间可以互动交流分享生活和学习的困惑和喜悦，增强群体认同归属感、人际交往能力等。师生也能通过在线交流，构建真诚、和谐的师生关系，这非常有助于教学工作的顺利开展，毕竟师生关系是影响教育的一个关键因素。学生在生活和学习中会无法避免地遇到挫折和困惑，如果教师在学生的学习和生活上给予关注与沟通，拉近师生之间的距离，积极地为学生排忧解难，构建真诚、信任、融洽的师生关系，就能促进学生的学习。

八、视点链接

微课建设项目推进策略的实践与研究

随着人们生活节奏的逐步加快，微信、微博、微电影作为快餐文化应运而生。微课也随之产生，并已成为我国教育信息化发展的新热点。由中国知网统计可知，关于微课的论文从 2012 年的 54 篇发展到 2016 年的 25 744 篇，增长近 500 倍，可见国内专家学者及一线教师对微课研究的热情程度。他们的研究方向主要集中于微课的发展历史、理论研究及制作运用方面，对于学校如何整体推进微课建设，则没有过多阐述。

从微课研究进程来看，过去五年，微课研究似乎热浪逼人，但笔者感觉总是雷声大、雨点小，目前甚至还有遇冷的迹象。微课教学很难常态化，其原因是从上至下缺乏顶层设计和整体规划，学校硬件环境配备不到位，教师的革新意识薄弱。硬件问题用资金投入可以解决，但教师意识要通过持续培育才能改变。当前教师对微课这个新生事物总是保持以下四种态度：

一是看不见：教师都觉得平时的教学工作很忙，而且学校非教学活动及上级部门的检查一个接一个，没有空闲的时间去研究新事物。既然看不见，任务也不会落在自己身上。

二是看不起：一线大部分教师都是凭经验教学，拿着陈旧的方法，教新的教材，这就是我们常说的旧瓶装新酒的现象。教师都觉得，过去几十年都是凭着一块黑板、一张嘴、一支粉笔完成教学任务，什么新技术、新模式、新方法，都是多余的——这是因为新方式打破了旧的模式，让他们非常不适应。

三是看不懂："技术发展这么快，这么难，我们又不是专业的信息技术教师，哪里会懂得制作微视频，何必花时间折腾。"

四是来不及：当研究发展到一定程度，别人取得一些成绩的时候，部分教师有些心动了，想参加研究，可他们发现自己跟不上步伐，然后就以"来不及了"作为理由知难而退。

以上问题是普遍现状，要彻底解决教师的意识问题，学校必须有一个整体推进策略。2013 年 9 月，我校作为全国C20联盟成员单位，启动了微课建设项目，进行了整体规划、全面统筹、科研引领、分层推进，立足课堂实践，利用网络实现数字化教学资源的共研、共建、共享，实现了一次又一次的飞跃，在促进教师专业发展、变革课堂教学方式、提升学生学习质量等方面都取得了积极的成效。

一、科研课题引领，激励机制跟进

学校在不同阶段，根据研究重点、难点，先后开发了两个省级课题"慕课·翻转课堂在小学课堂教学的应用与实践"和"基于可视化学习的共享微课资源的应用研究"并对其进行针对性研究。课题组包括学校主要负责人和多学科教学骨干，确保课题研究与行政管理形成良好的联动机制。学校通过教代会修订了教师工作绩效评价制度、教育教学成果奖励制度和岗位等级评聘制度，及时把教师在微课建设、资源开发方面取得的新成果纳入各种正面评价范围内，调动了教师参与实践与研究的积极性。

二、观念培训引领，技术培训跟进

近年来，教育技术革新的思潮裹挟着微课、慕课、翻转课堂等新概念扑面而来，教师迫切需要观念的更新。项目研究之初，教师对微课一无所知，可以说脑中是空白的。学校通过请专家开办讲座、外派教师进行专项学习、同行成果分享、典型经验推广等多种培训方式，帮助教师把握新时期教育技术发展的总体趋势，了解各类新型研究的背景理论。通过大力开展技术层面的全员培训，提高了掌握微课设计和基本制作技术的教师比例。同时，学校针对不同学科知识点的呈现特征和学生的学习规律，强调信息技术与学科课程的深度融合、技术要为课程服务的理念；开展应用层面的个性化培训，利用翻转课堂工作坊的形式鼓励部分教师率先掌握微课应用技术，以便形成典型经验。

经过培训，教师虽然对技术有所了解，但从哪些知识点入手，用什么技术来开发，这些问题仍然困扰着教师。经过团队充分论证，我们选取了学科上一些典型的内容，如数学学科中的空间与图形、分数等。因为教师对这些典型内容的知识点界定、认知、学习方式等，认同比较一致。我们选取典型的切入点，目的就是积累微课设计与开发的经验，使微课开发技术从生疏走向成熟，有利于项目的后续研究。

三、外部力量引领，本校团队跟进

学校加入C20联盟的一个重要理由就是期望获得优质的外部资源。2015年，学校又成为人民教育出版社数字化教学资源建设项目的实验基地，并且在中央电化教育馆的支持下，与学创公司建立了合作关系。有了专家团队的指导，有了优质学校间的切磋，有了专业公司的技术支持，教师在实践研究中遇到的种种困惑和困难都能及时有效地解决，坚定了他们的信心和决心。在与多方合作过程中，学校信息技术科组抓住各种机会学习，努力开拓视野、提升能力，成长成校内的技术核心团队，能够为教师提供多方面的技术指导和资源支持。

四、资源开发引领，微课应用跟进

当前很多微课研究出现了“重开发，轻应用”的现象，我们一直坚持“开发与应用”同步，在应用中检验微课开发的科学性与合理性，提高微课开发的质量。

1. 德育微视频，直观教育

学校找到几个热点小问题，以这些问题为切入点进行研究，制作成微视频。例如，学校进行了“光盘行动”，倡导厉行节约，反对铺张浪费，带动大家珍惜粮食，吃光盘子中的食物。学生通过观看“光盘行动从我做起”的微视频，感受到国家粮食的短缺，体会到粮食来之不易。

2. 数学科研修，先试先行

在我校最先接触“微视频”的是数学教师，所以对数学科组教师从资源的选取到PPT技术的运用，再到画面、音乐的搭配，以及文字的处理，教师在集中培训后，通过实践获得制作经验。然后数学教师尝试制作一个微视频。在校本教研时，数学教师各抒己见，提出修改意见，制作教师再进行二次修改。以此类推，不断尝试。

一次活动中，在大家展示修改作品后，其中一位数学教师感慨地说了一段话：“感谢大家教会我制作微视频，虽然这只是个小小视频，但经过几轮打磨，我发现，小视频隐藏大道理。这段时间我一直在为这个视频修修补补，这些小技巧真的很有用，既提高了我的信息技术处理能力，又提高了我对数学教材的理解能力。”

项目研究开始时，我们制作的微课基本都是面向前置性学习的，现在我们从前置性微课升级到翻转课堂下多个环节所适用的微课，让前置性微课走向多元化微课。例如，我们利用翻转课堂模式进行“长方体和正方体表面积计算”教学时，除了有前置性微课外，课中的进阶性练习我们也都用微课进行，特别是在解决数学难题时，学生可以通过反复观看，弄清解题思路。现在，我们正在加大力度开发这一类型的微课，解学生学习之难。

3. 班主任工作，不甘人后

数学微视频的出现让其他教师眼前一亮，德育处马上提出以“微视频”的形式促进班级管理的设想。可以说，这一举动把我们的“微视频”从“学科教学”延伸到“班级管理”的层面。于是，以数学老师和班主任为指导老师，全校奏响了“微课程”班级管理的新乐章。

通过班级管理这个广阔的舞台，班主任将自己的教学小故事、教学反思改编成“微视频”，将家庭教育故事也改编成“微视频”。把微视频播放给家长观看后，家长都非常喜欢这种图文并茂的形式。对于班主任来说，最常开的就是班队会，班主任可根据相应的主题，制作或选择相应的“微视频”播放给学生看，让学生接受教育。

五、优势学科引领，其他学科跟进

项目启动之初，学校充分发挥语文、数学等规模较大科组在聚集人才、基础扎实、氛围浓厚等方面的优势，突出这些学科课程的示范功能，以特级教师、名教师为核心，在语文和数学这两个学科科组内建立学习共同体，带领一批教师先行先试，破冰攻关。之后，学校发动更多学科教师学习、研究和参与具体的开发与应用工作。如今，美术、信息技术、科学、书法、品德等学科都取得了明显的进展，一批优质微课资源建设成果在全国评比中获奖，邱诚毓老师在第二届人民教育出版社课程教材研究所实验基地交流研讨会上上公开课，执教自己设计的美术课，得到与会嘉宾的充分肯定。

六、单一化引领，系列化跟进

研究中，我们团队发现，单一微课开发不利于翻转课堂研究的常态化。所以，学校研究团队以国家课程知识图谱为指引，进行了微课的系列化开发，真正实现了从微课走向慕课的愿景。

目前，学校在数学学科开发了六个模块的系列化微课：它们分别是“分数”“时间单位”“图形与位置”等系列，数量达 100 多个。其中“分数”系列微课荣获全国首届微课比赛二等奖（全国 20 个），语文学科制作了“修辞手法”系列微课 12 个，该作品荣获全国第二届微课比赛一等奖（全国 10 个），信息技术学科制作了“Flash动画”系列化微课 18 个。

在实现和完善“在线开放课程平台”资源共享的基础上，全国慕课中心逐步将平台课程资源向国内非联盟学校开放，扩大享受优质教学资源的群体范围，促进教育均衡发展。

七、典型经验引领，辐射推广跟进

学校以经验输出、示范引领为己任，为推进全市数字化教学资源建设项目作出了应有的贡献。学校多次举办市级以上相关教研活动，不断公开阶段性的实践与研究成果；与本市多所镇区学校建立互帮互助协作关系，或以联盟学校方式开展共同研究，共享优质培训资源。项目组教师被聘为“国培计划”授课教师，在华南师范大学承办的培训活动中推广介绍学校的课题研究经验，并多次应慕课中心总课题组邀请，在全国多地教研活动中上示范课或开展专题讲座。

展望未来，我们根据研究重点，围绕“课程融合”“教学应用”“学习方式变革”三个关键词，使微课资源建设真正落实课程改革的理念，为高效教学服务，促进学生学习方式发生深刻变革。

（《微课建设项目推进策略的实践与研究》一文2018年发表于《基础教育参考》）

第五章

重构：课堂教学的新思维

当今世界，科学技术日新月异，互联网、云计算、大数据等现代信息技术与各行各业深度融合，带动了产业整体转型与升级，催生许多新的经济形态，这就是所谓的“互联网+”模式。“互联网+教育”模式也是互联网时代的产物，学校应深刻理解“互联网+”的内涵，在教育理念、教育资源、教育组织关系和教育管理等方面进行结构重组，充分运用互联网思维和新一代信息技术，推动学校教育深度融合。

一、重构教育资源

教师、教材、教室、网络基础设施和学校等是教育资源的要素。随着互联网、物联网技术的使用和发展，智能手机、无线网络、移动终端等网络基础设施的信息交互技术融入学习和生活的物理空间、资源空间和虚拟空间，支持不同的教学模式，支持启发式、互动式教学和小组探究式学习，形成一个良好的教育信息生态圈。利用互联网强大的存储功能和交互性技术优势，教育资源可以跨越校园、地区、国家进行共享，学习者可以不受时间和空间限制进行自主学习。学习内容来源和学习方式也发生了根本性改变，教材、教师不再是知识的唯一来源，教室、学校不再是学习知识的唯一场所，学校成为开放的、流动的、社会性的智慧学习空间。“互联网+”时代，学校不再是唯一的教育载体，学校应不断优化教学资源配置，丰富教育教学内涵，实现教育组织形态多元化。

二、重构师生角色

教师作为教育改革中的关键人物，对教育改革的进程和效果起着至关重要的作用。在“互联网”时代，教师是各种网络技术和社交工具的使用者和推广者。因此，教师要有下列意识：

（1）要转变自己的教育理念，秉持更加开放、包容、多元的原则接纳新技术、适应新环境，主动推动教育变革和创新。在面临教学模式的转变时，教师势必会遇到较大阻力，这需要教师始终怀着勇于尝试的创新精神，始终保有坚持不懈的耐心。

（2）在与学生的关系上，教师要主动调整与学生的关系和相处模式。如叶澜教授所言：教师不是为学生燃尽生命的“蜡烛”，而是点亮学生心灯的“启蒙者”；教师不是放任学生自发生长的“牧羊人”，而是用人类文明使学生成人的“养正者”；教师不是学生成长路线与模式的“规定者”，而是学生才情、智慧、人格发展不可替代的“助成者”。如果说以往封闭刻板、师尊生卑的传统观念阻碍了教师与学生建立平等、友好、民主的人际关系，那么，在终身学习显得尤为重要的“互联网+”时代，教师则要以启蒙者、养正者和助成者的姿态出现，重新塑造自身角色。古语说，弟子不必不如师，师不必贤于弟子。在知识、信息和技术等资源极度丰富的网络时代，学生可以当老师，老师也可以做学生；教师只有不断学习，才能跟得上学生的发展。

三、重构教学观念

传统封闭式教育中，师生之间的关系是教师“单向输出”和学生“被动接受”的关系。“互联网+”时代，学生获取知识的途径变得多元化，教师不再是学生获取知识的唯一源泉。信息化时代，知识资源呈现几何式增长和快速迭代的特征，具体表现为知识碎片化、零散化和系统性欠佳。面对繁杂的网络信息，学生缺乏辨别、筛选、整理和加工的能力，学生对有价值信息的收集、甄别与掌握，需依靠教师的指引。这就需要教师担负起学生自主学习引导者的责任，做到授之以渔。

机械化时代的教育是一种传承式教育，其目的是帮助学生掌握前人积累的知识经验。由于教师的思想观念比较滞后，教师只是按部就班地照本宣科，缺少引申和拓展。学生所学的理论知识陈旧老化，缺乏应用和实践，继而导致学生缺乏解决实际问题的能力和创新精神。在“互联网+”时代，教师角色需要转变为学生创新能力的培养者。教育最重要的任务就是激发学生的创新意识，培养学生的创新性思维品质，让创新的种子在每个学生的心田生根发芽，成为每个学生的基本生活态度，进而成为整个民族的基本品质和整个国家繁荣富强的根本推动力量。

四、重构知识结构

当今时代，社会的发展对高、精、尖人才的需求不断增加，对教师的期望也越来越高。教师要成功开展教学活动，必须具备信息检索和处理、多媒体应用、教学设计、教学实施等多方面的能力，要熟练使用现代化教学设备和工具，并能创造性地发挥其功能，不断丰富教学手段。教师唯有不断改进教学模式和方法，提升教学技能，才能构建高效能的生态课堂。

以翻转课堂为例，学生通过网络下载教师事先制作好的视频或课件等教学内容，提前预习，然后回到课堂与同学一起合作探究。这种“先学后教”的模式也有其弊端。如教师制作的视频和课件内容是否符合学生的实际水平，学生是否对其感兴趣，能否保证学生自觉、完整地学习教学内容，等等。所以，要做到高效教学，教师在制作教学视频和课件前，要厘清教学目标，确定教学内容，充分考虑学生的学习兴趣，评估不同层次学生的学习能力。教师在制作教学课件和视频时，切忌一刀切，应尊重学生个性化差异，有针对性地制作。

五、重构学生地位

在传统课堂中，教师是课堂的主宰，是知识的传授者，是学生的绝对权威。在“互联网+”时代和深化课改的大背景下，教师的角色也要与时俱进。教师不仅是知识的传授者，还是文化的传播者；不仅是学生能力的培养者，还是人格发展的引路人；不仅是课堂的实施者，还是课堂的研究者；不仅是课程的实施者，还是课程的开发者；不仅是学生的良师，还是学生的益友；不仅要促进学生的成长，还要促成自我的发展；不仅是班级的管理者，还要是班级的合作者；不仅是教学设备的掌控者，还要是学习应用的调控者。教师一定要从以讲台为核心的神坛上走下来，走到学生群体中来，融入学生心灵，真正成为生态课堂的“主导”，并全方位地体现“导”的特点。

场景一：全班学生分 6 个小组，每组 6 位学生。每个学习小组配有一台学习电脑和备课仪，通过局域网与教师联机。互动一体机、互联网，采用基于互联网的学习方式……

场景二：全班学生分成若干小组，每组若干学生。互动一体机、实物展台、互联网……教室前后有两块大黑板，每个小组对应其中一小块区域。教师采用“智慧课堂”教学……

场景一和场景二，共同的特点是：教室里的教学设施现代化了，教师讲的时间少了，学生学的时间多了；在整个过程中教师能不讲就不讲，只在学生实在需要帮助时适当点拨。

教师在课堂上“隐”起来，将学生推向舞台。教师把更多的精力和时间花在课中、课后对学生的指导上。但是有一种现象值得反思，场景二中的课堂，小组中的学生从黑板上抄写学习成果，而现代化的设备则被教师无意识闲置。

“互联网+”时代背景下，新课程改革趋向：关注人、关注人的生命、实现人的全面发展；重视课堂文化建设，营造科学人文氛围；构建生态课堂，实现人与人、人与物的和谐。在“互联网+”小学生态课堂上，教师把课堂还给学生，实现学生的主体地位，学生在熟练掌握现代教学技术的同时，将自己的想法、问题抛出与大家一起讨论分析、合作探究。学生在这样的生态课堂中放飞思想、实现发展。

如数学课“确定位置（一）”，其中的一个环节让笔者印象深刻。课堂上学生 6 人小组围坐一起。每小组配一台电脑和备课仪，直接连接讲台主机。在这节课的展示环节，小组成员将小组的解题思路和步骤通过备课仪直接切换到讲台的互动一体机上。与此同时，主机控制所有电脑与互动一体机同步切换。小组代表站在白板上将自己的题目演练一遍，其使用白板的技术非常熟练。与此同时，其他小组展开讨论，场面很激烈。课堂成为学生互相切磋的舞台。

这个案例，向我们展示“互联网+”时代小学课堂生态的一个真实状态。学生已不再是传统意义上知识的被动接收者、教师的从属者、课堂的观众，而是生态课堂的主人、知识的主动建构者、教育技术运用的重要参与者。

教育是一种生命的表达、一种主体的呼唤，“互联网+”时代的来临，无疑为这种主体的换位提供了有利条件。传统的填鸭式、灌输式教学模式在教育技术不断发展的过程中逐渐势微。学生有了表达自己思想的舞台，借助教学技术平台实现师生间、生生间民主平等的互动对话。在这样的生态课堂中，学生能毫无障碍地大胆发言、积极思考、主动探究、合作交流，充分行使自己的主人翁权利，真正成为课堂的主体。

正如案例中所看到的，学生是教育技术的重要使用者，他们使用新媒体实现与教师、同学之间的互动，碰撞思想，激发创造力，利用新媒体实现合作，在交流合作中实现发展。今天的孩子是幸福的，无论是学校还是家庭，都提供给他们丰富的媒介资源。但是，作为未成年人，他们也容易产生媒介依赖，出现脱离现实、不认同主流文化等现象。因此，学校在培养学生认知媒介运行机理、教育技术应用能力的同时，也要培养学生有意识获取、识别、利用有益信息的能力。

六、重构学习空间

移动技术是“互联网+教育”的核心技术，这一技术发展的教育融合之路，就是对学校围墙的突破。教育与学习不再是围墙内的专利，而是走向互动的空间对话。无论是传统还是当下，学校教育都更多地呈现一种封闭的内循环，很多学校甚至将是否走进大门视为学生学习与否的标志。不少学校一直禁止学生使用手机，相当多的学校认为延长和控制学生的在校时间是保证教育效果的前提条件。凡此种种，无不彰显一种封闭的教育思想。互联网对世界的改变首先是开放特质的形成，在“地球村”生活的每一个人，在网络上的每一次键盘敲击，都会成为这个时代的一个组成部分。我们在使用数据的同时，也在创造数据。基于此，“互联网+教育”必然是开放的教育，它不仅不能回避学生的参与和移动，相反，还要积极鼓励和创设条件，引导和帮助学生走进教育发生与发展的场域，并以自身的学习思考与收获，成为教育的一个部分，成为优化教育发展的重要力量。因此，有形的学校围墙，不再是制约教育发生的边界。“互联网+教育”是线上与线下相融合的教育，是现实校园与虚拟空间相渗透的教育。教育的场所意识将会逐渐弱化，教与学互动的空间便是教育发生的现场，而这个现场与校园的围墙无关。

相对传统的课堂教学而言，“互联网+教育”下的课堂重构之路就是打造多维互动的“大课堂”，它是一种不囿于场所，基于个性学习和数据支撑的教与学的互动空间。因此，课堂教学的重构不可能是单个人或单一课堂的行为，必须将其置于课程建设与实施的范畴内，依赖学校层面的整体谋划。换言之，学校需要在课程层面，为课堂教学的重构探寻有效的实现路径。

具体来说，其一，立足校本，加强国家课程、地方课程的校本化，同时全面建设特色校本课程体系，以课程来整合和支撑课堂；其二，优化课程内容，坚持活动课程与学科课程的互动，提高课堂的内容美感，使课堂教学从单一学科教学课堂走向学生个性学习的课堂，从而更加生活化、体验化；其三，创新课程形式，坚持线上课程与线下课程的互动，提升课堂的形式美感，如尝试翻转课堂、教育游戏，引入慕课、基于云计算的自预习系统、自诊断系统、基于虚拟社区的合作学习系统，等等。

在教学实施中，教师可以利用 Apple Store 上提供的各种应用程序，让教学过程变得更加互动、有乐趣、引人入胜，更有针对性。每个学期开学初，各学科教师都会提前浏览并试用大量教学应用程序，对比试用各种同类型的教学软件，分析和研究不同年级学生的心理和需求，然后精选一批实用、好用的应用程序。如有关数学的应用程序提供了多种互动方法，可帮助学生学习口算、掌握乘法口诀、解决代数方程、攻克统计原理等，适合各年龄段的学生使用。接下来，由学校信息技术部负责汇总安装这些应用程序并同步到师生的平板电脑中。

在具体教学中，教师可依据教学内容和学生实际情况，交替使用“先学后教”与“先教后学”两种教学方式。当学习内容比较浅显，相关内容的 App 资源很优质时，教师通常会采取“先学后教”的方式，把自主学习的权利交给学生。如果教学内容难于理解，特别是那些需要教师付诸情感诠释、需要用有温度的语言讲解的教学内容，则采用“先教后学”的方式。

比如在数学教学中，中学部的袁朝川主任给学生的平板电脑上安装了一款“洋葱数学”应用程序，学生借助形象的视频、风趣的讲解，可以轻松学会一些数学知识。当这个程序中的讲解达不到教学要求或是学生自学遇到阻力时，他就采用面对面的授课方式。他还借助“四叶草”云课堂互动平台，解决学生学习中遇到的重点和难点问题。如利用软件记录学生学习的卡壳处，微课学习中的停顿处、反复处，或通过题目检测发现学生学习中的共性问题，等等。当然大量的时间还是用于学生之间、师生之间的沟通和交流。

七、重构评价方式

大数据与云计算是“互联网+”时代的重要技术支撑，它们改变着我们这个时代的思维和存在方式，这一技术对于“互联网+教育”而言，意义同样巨大。传统的学校教育对于“教得如何”的判断往往是事后的一锤子买卖。无论是中考还是高考，之所以深受诟病，就在于它们的滞后性与单一性。尽管新课程改革强调过程性评价与终极性评价相结合，但是在实际操作过程中，过程性评价往往因为缺乏科学、客观的数据支撑而流于一般的定性描述。学生的差异性难以体现，诸如“热爱集体、成绩优秀、勤学好问、团结同学、乐于助人”等词语成为很多学生共同的特点。“互联网+教育”借助大数据和云计算极大突破了这一传统桎梏，通过在线评价的引入，可以对学生的学习情况进行实时评价，并能在任何一个阶段对学生的学习过程和成效进行基于数据的分析和评价。如此一来，过程性评价就能真正得以实现。而任何一次评价以及学生的反馈又会进入数据库，通过云计算成为下一次评价的基本数据，如此往复，教与学便进入一种可测量、可监控、可调整的良性循环。

八、重构教学结构

为了培养学生的高级思维或能力，学校以学生为中心、以信息技术和数字化资源为支持，重构了课内课外、课前课后学习活动与任务的教学模式。传统课堂中教师在课上传授知识，学生在课下进行知识内化。翻转课堂的教学结构与传统课堂相反。课前，教师基于学情分析制订合适的教学目标，选择合适的内容快速制作微课，多渠道发布下节课学习任务，让学生做好准备。课中，教师尽可能联系生活，激发学生兴趣。快速检测旧知，理解学生认知准备度；重启发引导、激发学生思维活性；采取多元互动，让学生集体参与；让学生进行精准练习，并给予其反馈纠正。课后，适度拓展，培养学生自主学习的习惯和能力。布置情境化任务，促进知识迁移运用；多渠道家校沟通，开展个性化辅导（如图5-1）。

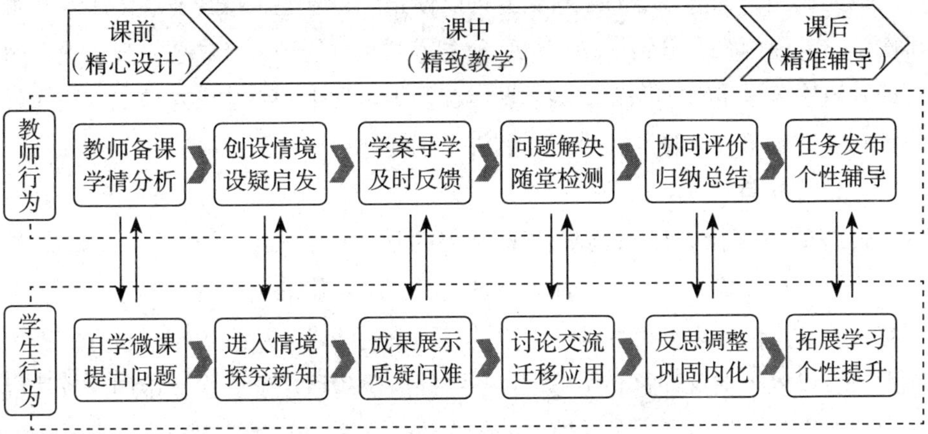

图5-1 高效互动教学模式

教学时序的重构，优化了教学结构，提高了学生的学习效率。其具体优势如下。

1. 少讲多学，合作共赢

通过实践可知，学生的学比教师的教更重要、更关键。40 分钟的传统课堂被浓缩为 15 分钟，教师少讲、精讲，节约群体授课平均教学的时间，学生有了大量的自主学习时间。“合作”包括师生合作、生生合作、师师合作，“共赢”包括教师的职业发展和学生的全面成长。学生课前已经完成了对知识的学习，在课堂上先独立做作业，对于难题则通过小组协作的方式来解决，组内不能解决的通过全班来解决，全班学生都不能解决的由教师来解决。在学生独立或互助学习时，教师巡视课堂，给予学生必要的个别指导。“翻转课堂”让所有学生都有事可做，让所有学生都动起来、忙起来，增加了师生之间和生生之间的互动和个性化的接触时间。

2. 个性化辅导

由于教师的角色已经从内容的呈现者转变为学习的教练，这让教师有时间与学生交谈，回答学生的问题，参与学习小组，对每个学生的学习进行个别指导。当学生完成作业时，教师若注意到部分学生为相同的问题所困扰，可组织学生成立辅导小组，为这类有相同疑问的学生举行小型讲座。当教师成为指导者而非内容的传递者时，也有机会组织学生进行互动，使学生互相学习和借鉴，真正实现个性化贴心辅导。

3. 即时掌握学情

教师在备课时已经将一部分练习上传至服务器，学生在课前自学后，马上在线完成相关练习，学习平台会立即反馈正误。学生根据作业反馈决定是否再次学习本课内容，其错误的记忆和理解得到及时纠正。教师登录教学平台后立即知道这名学生对本课知识的掌握情况及全班学生的整体学习情况，进而可有针对性地调整教学进度、难度，制订个别辅导计划。

4. 培优补差

传统的班级授课制只能抓中间层级的学生，很难照顾到优等生和后进生。所以，在传统的课堂上往往会出现这种情况：优等生“吃”不饱、后进生“吃”不了。优等生觉得教师把简单的知识重复地讲，后进生觉得教师讲得实在太快，以致来不及理解和做笔记。科技能解决班级教学弊端，帮助学校达成一对一的教学，从而实现教学效益的最大化。学生观看教学视频时，看不懂的可以反复看，可以随时暂停教师的“讲课”，并且有更充足的时间做笔记和理解，减少教师的重复讲解。学生如因特殊原因请假缺课，也不必担心落下课业。由于教学内容被永久存档，期末复习时，学生如要补漏，只需轻点鼠标，教学内容即可重现。

“翻转课堂”实验的理论设计思路是教师提前一学期录制好教学视频，但在第一阶段我们只能做到提前一周。学生的学习有很大的学科差异，传统的课堂教学很难让学生得到个性化教育服务。在学生的优势学科中，学生可以加快学习进度，做该科的先遣部队，而不必像传统课堂一样跟随大部队，从而更好地发展这一优势学科。

5. 丰富课程内容，拓宽学生视野

学生充分利用网络学习相关知识，丰富了课程资源，大大拓宽了学生的知识面，避免了目前普遍存在的唯教材、教教材情况的发生。

6. 为教师减负

如果大面积推广，可以取得“规模效益”——同一教研组内的教师不再重复备课，选择、判断和填空题直接由平台完成批改和统计反馈。这会为教师们节约大量的工作时间，从而有充裕的时间去学习和健身休闲，有利于教师的专业成长和身心健康。

九、教学重构案例

“用数对确定位置”教学设计

【应用创新点】

1. 课前在线学习交流

应用教育云平台进行课前导学、学习交流。论坛式的讨论交流，能够让学生更有效地进行课前、课后学习及展示自学成果，而且学生提供的学习方法，也为教师提供了课堂素材与思路。应用教学云平台也为学生提供了一个学习的实践平台。教师将提供给学生的学习资源包上传到教育云平台，学生可以随时登录教育平台，打开学习资源包，进行在线学习。

2. 利用一体机互动功能

互动一体机的展示功能轻松帮助教师实现教学目标，电子书包中教学图的展示、学生想法的交流、学生操作过程的演示、教师的板书，都能利用互动一体机有效实现。同时，在课堂上，教师利用互动一体机中计时器功能，可以让学生完成计时练习，有效提高学生的学习效率，进一步培养学生通过信息手段解决问题的兴趣与能力。

3. 个性化学习跟踪

电子书包可对学生的操作节奏进行合理调节与控制，追踪和帮助学生；具有多人监控功能，可将不同的操作方式同时直观地展示在学生面前，增强课堂的可控性与展示过程中的信息量。

【教材分析】

“用数对确定位置”一课是人教版义务教育课程标准试验教科书五年级上册第二单元中的内容（如图5-2、图5-3）。学生在学会利用上下、左右、前后、东南西北这样的方向词来表示位置的意义，初步了解用方向词来表示位置的方法，掌握了用组、行、列等多种方式表示位置的基础之上，进一步学习用数对确定物体的位置，为后面学习“根据方向和距离两个参数确定物体的位置”打下基础。

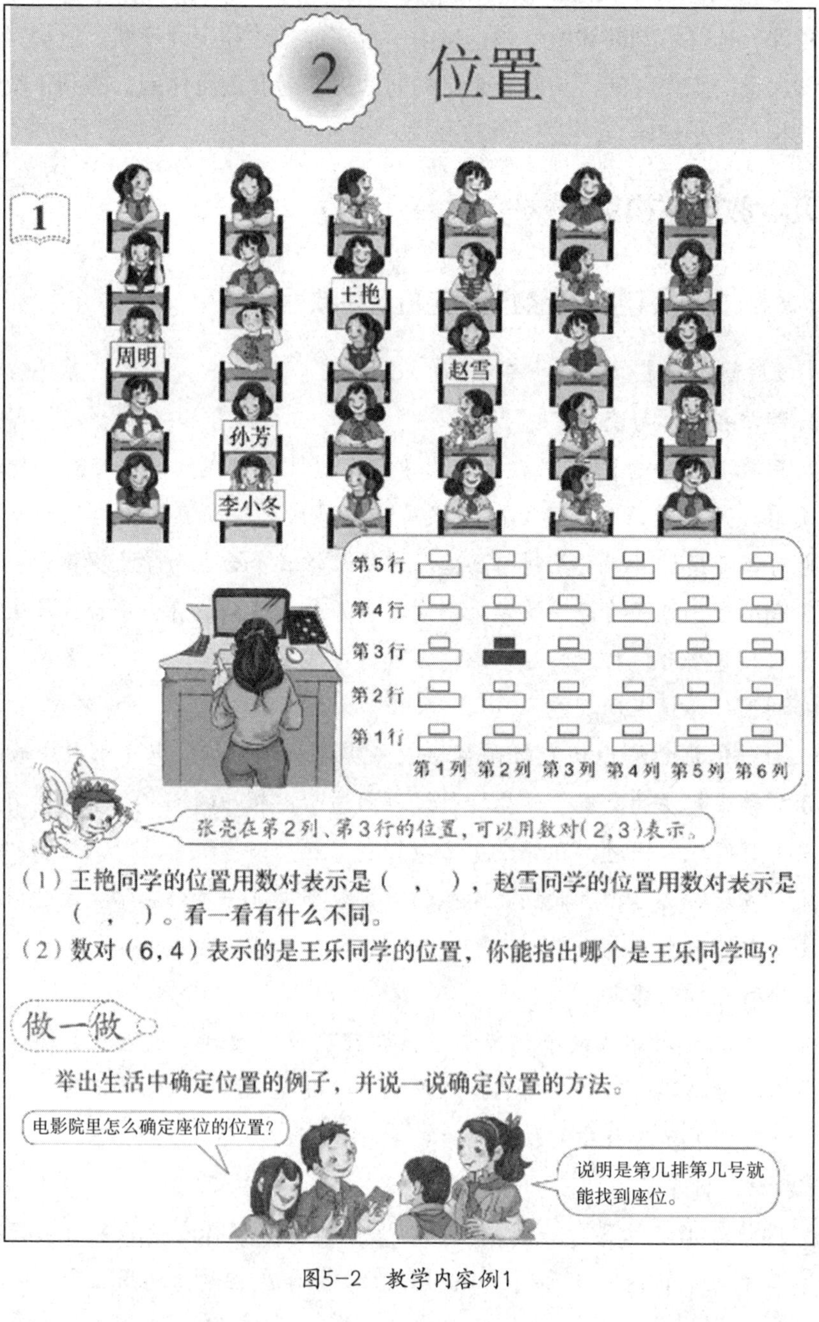

图5-2 教学内容例1

2

动物园示意图

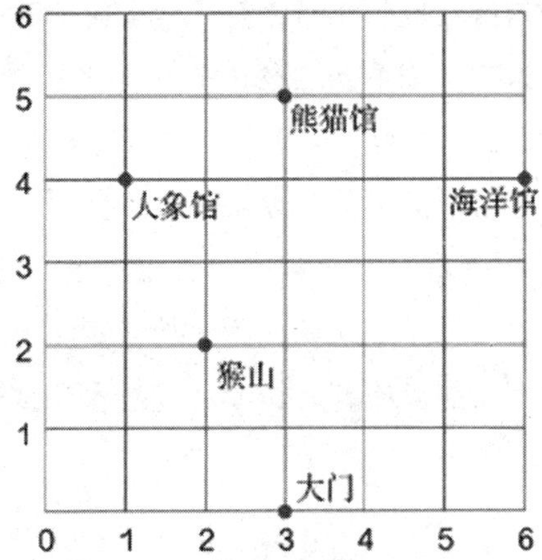

（1）你能表示其他场馆所在的位置吗？

（2）在图上标出下面场馆的位置。

飞禽馆（1，1）　猩猩馆（0，3）　狮虎山（4，3）

做一做

1. 照样子写出下图中字母的位置。

A（5，8）　B（ ， ）

C（ ， ）　D（ ， ）

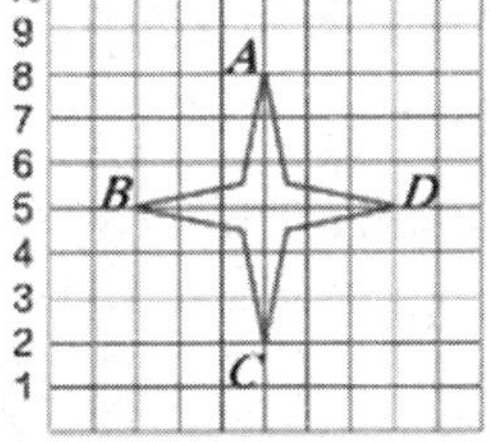

2. 描出下列各点并依次连成封闭图形，看看是什么图形。

A（5，9）　B（2，1）　C（9，6）

D（1，6）　E（8，1）

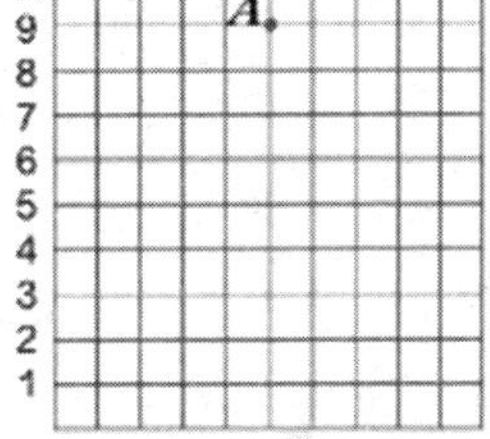

图5-3　教学内容例2

【学情分析】

学生在一年级学习了用上、下、前、后、左、右确定位置，三年级学习了用东、南、西、北等词语描述物体的方向，学生通过前面的学习获得了确定物体位置方面的许多知识，生活中也已经具有用数对确定物体位置的经验。因此，学生对这一知识不会感到陌生。然而，学生对于位置的描述是基于生活经验的描述，需要通过学习上升为用数学方法确定位置。

五年级学生对新奇事物有较强的好奇心，对信息化学习有着很强的探究欲望，同时具备一定的信息化学习基础，熟悉教育资源云平台的基本操作。他们愿意尝试自主学习和寻找解决问题的新方法，愿意和自己的伙伴、团队一起参与活动、展示自己。

【教学目标】

1. 知识与技能目标

初步理解数对的含义，结合具体情境，能用数对（正整数）表示平面中物体的位置。

2. 过程与方法目标

经历用列、行表示数对的过程，提高抽象思维能力，发展空间观念。通过网络化学习与教育云平台操作，学生的信息化学习综合素养得到提升，提高课堂学习效率，体验信息化学习的乐趣。

3. 情感态度与价值观目标

体验数学与生活的密切联系，进一步增强用数学的眼光观察生活与解决问题的意识，感悟数学简洁、高效、准确之美。

【教学过程】

1. 导学案学习反馈

教师展示班级论坛，师生共同观看教育云中导学案的交流与反馈情况。

师：通过课前的学习，你们对用数对表示位置有哪些认识？在课前学习的过程中，你们有哪些学习的好方法？请跟同学们分享一下。

（设计意图：论坛式的讨论交流，能够让学生更有效地展示课前学习及自学的成果，进而为教师提供课堂素材与思路。）

2. 导学案案例分析

讨论解救小龙的最佳方案。

师：导学案三中，小龙和小玉被困在无尽大海的一座小岛上，小龙发出一条信息，最终得救。关于这个问题，同学们也给出了自己的答案。现在请大家交流一下。

学生小组交流解救小龙的最佳方案，并进行全班交流。

师：刚刚有同学提到了经度和纬度。经度和纬度真的可以确定小龙在地球表面的位置吗？我们一起试试吧。

学生通过教育云提供的网站进行百度搜索，通过经纬度查找对应地点。

（设计意图：学生通过对教育云中导学案案例的分析，确定通过经纬度可以查找到小龙的位置。同时利用教育云学习资源包提供的网站进行百度搜索，进行经纬度定位，得以验证。）

3.确定位置的方法

师：小玉今天也来到了我们的课堂跟大家一起学习（出示座位表，如图5-4所示）。老师给小玉安排了一个座位，这个座位用数对表示是（4，2），你们能标出小玉的位置吗？

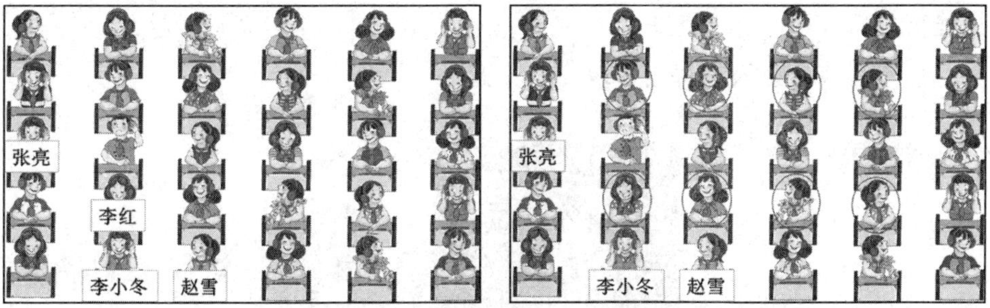

图5-4 学生座位图

学生交流讨论这个位置在哪，发现小玉的位置有8个，并进行小组汇报。

师：老师只在教室给小玉安排了一个座位，而同学们却给小玉找到了8个座位，这是怎么回事？

学生讨论，分析原因：每个同学数的顺序不同，方向不同，所以小玉的位置也不同。

师（引导）：看来要用“数对”来表示小玉的准确位置，两个数字还不够，还要确定一个规则。你们能找到这个规则吗？小玉在班上有一位好朋友，他的名字叫李小冬，李小冬的座位在教室用数对表示是（2，1），你们能找到规则吗？

学生根据信息，发现数对表示物体位置的规则是先数列，再数行，并且行是从下往上数，列是从左往右数。

（设计意图：利用互动一体机展示电子书包中的教学情境图、互动一体机中的标记功能及学生在教育云上的学习操作，实现学生对确定位置方法的学习和掌握，提高课堂效率。）

4. 根据数对找朋友

教师利用教学助手随机点人的功能，随机点学生起来说出自己位置表示的数对。

（设计意图：利用互动一体机的板书功能，学生在找数对对应位置的过程中，能够很容易理解数对的前项表示列，后项表示行。）

5. 寻宝之旅

（1）寻找教师鼓励话语

师：请同学们进入教育云，打开学习资源包，利用所学习的数对知识，在识字表（如图5-5）中找到数对所对应的字，连成老师的鼓励话语——相信你能行！

学生按步骤进入并仔细寻找。

5	山	星	菊	电	冬
4	好	信	雪	梅	兰
3	能	月	夏	你	雷
2	年	花	相	秋	日
1	风	天	春	雨	行
	1	2	3	4	5

山（1，5）
（3，2）
（2，4）
（4，3）
（1，3）
（5，1）

图5-5　识字表

（2）游览动物园

利用动物园平面图（如图5-6）进行小组合作学习、自主学习。教师要求学生找到动物园平面图中每个场馆的地点，并用数对表示。

图5-6　动物园平面图

（3）根据藏宝图寻找宝藏

学生根据电子书包中藏宝图游戏（如图5-7）中藏宝图提供的信息，找到宝藏，拯救城市。

（设计意图：学生运用教育云提供的学习资源包，可以有效展开合作学习、自主学习。）

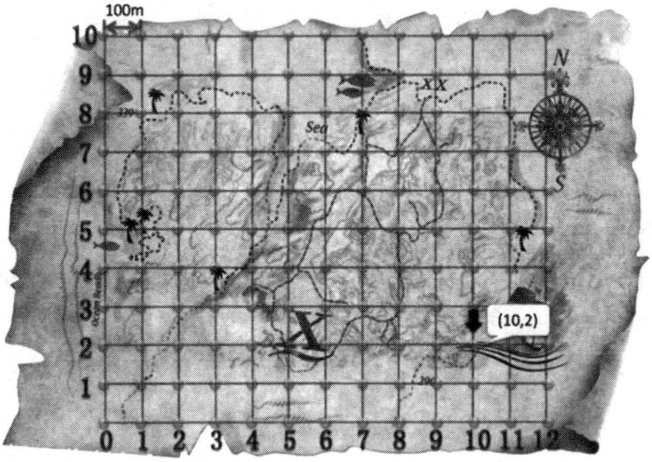

图5-7　藏宝图游戏页面

（4）交流拓展

教师与学生共同观看微课“数对在生活中的应用”，学生用弹幕方式进行评论，表达观看微课的感受。

（设计意图：微课能够开阔学生视野，弹幕这种新颖的学习方式能够提高学生学习数学的兴趣。）

（5）知识检测，课后延伸

教师通过“教学助手”的在线检测功能，给学生发放测试题。学生当堂完成电子测试题，由“教学助手”统计正确率、分析错题。教师将测试答案解析上传教育云空间，并上传“作业超市”，学生可以根据自己的学情和兴趣选择相应作业完成。

（设计意图：“教学助手”的在线检测功能能够及时反馈信息，进而提升课堂实践作业的及时性与快捷性。“作业超市”能够帮助学生实现对知识的完善。）

【教学反思】

本节课充分运用信息技术手段，让学生感悟和学会确定位置的方法。首先，学生通过论坛进行了预习交流，为有效课堂埋下极佳伏笔。而互动一体机的展示功能更是清晰地帮助教师实现教学目标，为学生提供良好的巩固知识、创新思考的场所。

但是，教育云平台给教师的只是一个存储、调用的空间与播放的手段，而教师真正需要的资源却相对缺乏。教师在熟练掌握媒体技术的同时，也希望得到更多素材与资源的支持，以便在设计与活动中，有更丰富的选择。

笛卡尔用数对表示平面上点的位置，这一构想在数学上影响深远，其想法之巧妙，令人拍案叫绝。这节课展示了一个“翻转课堂”下学习“用数对确定位置”这一教学内容的案例。其特点如下。

1. 基于学生已有经验，开门见山，引入数对

课前，教师精心设计导学案，围绕用数对确定现实生活情境的必要性为学生提供学习素材。教师通过学生课前学习的情况了解到学生的学情：一部分学生对“经度”“纬度”有一些了解，但对位置具体量化表达方法还不够熟悉。因此，在课堂教学中教师直接出示数对，让学生感受数对的规则。

2. 借助信息技术让学生在观察操作中感悟数学本质

有了课前学习作基础，课上的讨论主要围绕用数对表示位置的必要性和体会具体的规则展开。这一过程中互动一体机和教育云平台的使用使学生能够直观感受制定规则用数对表示位置的准确性、统一性和精确性。在云平台上学生充分的展示让教师及时了解学生“走到哪里”，便于调整教学进度，使教学过程时效性更强，达到了“教—学—评”一致的要求。

3. 使用大数据功能，及时评价课堂教学效果

在经历了用数对确定位置的学习过程，理解了方法背后的数学思想和知识形成过程后，教师利用教育云平台上一系列生动有趣的活动与任务帮助学生形成学习技能，获得成功体验。练习过程中互动交流，打破了时间与空间的限制，实现了师生互评、生生互评，提高了反馈、纠错的及时性和深入性。

第六章

模式：重构教学的新范式

随着社会的进步，科技的发展，信息技术在教育领域的应用也变得日益广泛，发展智慧教育是我国现代社会信息技术发展、教育信息化和教育改革的新形态和新要求。大数据时代的到来更是带动各行各业的发展，教育领域也深受影响。将先进的大数据技术渗透教育领域是教育信息化未来发展的趋势，必然会对教育领域的深刻变革产生巨大的影响。

进入 21 世纪以来，随着网络技术不断发展，国内各个学校早已从传统教学时代转入信息技术与课程整合时代，进入采用先进多媒体设备辅助教学的时代。《教育信息化十年发展规划（2011—2020）》中也明确提出，要“建设智能化教学环境，提供优质数字教育资源和软件工具”。

传统教学已然成为过去式，技术与课堂的融合为教育带来重大变革。随着大数据时代的来临，作为提取宝贵知识和提供决策支持的手段，数据挖掘已被广泛应用于各行各业。这项技术也逐渐融入教育领域，为智慧课堂的发展开辟了一片新天地。科技进步与多媒体应用为传统课堂教学的转型带来了机遇，教育信息化高速发展为深入研究智慧教育和智慧课堂提供了契机，智慧教育已成为教育信息化发展的一个热点话题。

素质教育要求培养学生良好的信息素养，注重学生能力与智慧的生成。在智慧教室环境下开展教学活动极大地调节了课堂氛围，为培养学生个性化能力添加了润滑剂。另外，智慧课堂的出现也更加突出教学中的重难点，使得原本枯燥乏味的内容通过技术与智慧的整合变得直观且容易理解与掌握，加强了课堂互动，提高了学生对课堂学习的兴趣。智慧课堂融入大数据技术，使得教师借助技术手段得以对学生学习数据进行采集、统计、处理和分析，从而能够改进并提高课堂的个人学习行为。

创新课堂教学模式是关系我国教育事业发展、培养创新型人才的重要战略，也是提升教学效果、改善教学质量、完善教学体制的必然趋势。

一、智慧课堂教学模式构建

美国乔伊斯和威尔是最早提出“教学模式”一词的教育家，根据他们的教学模式理论，智慧课堂教学模式的构成要素包括理论基础、实现条件、智慧教学目标、智慧教学活动和智慧教学评价。下面，将围绕这些核心要素进行模式构建，如图6-1所示。

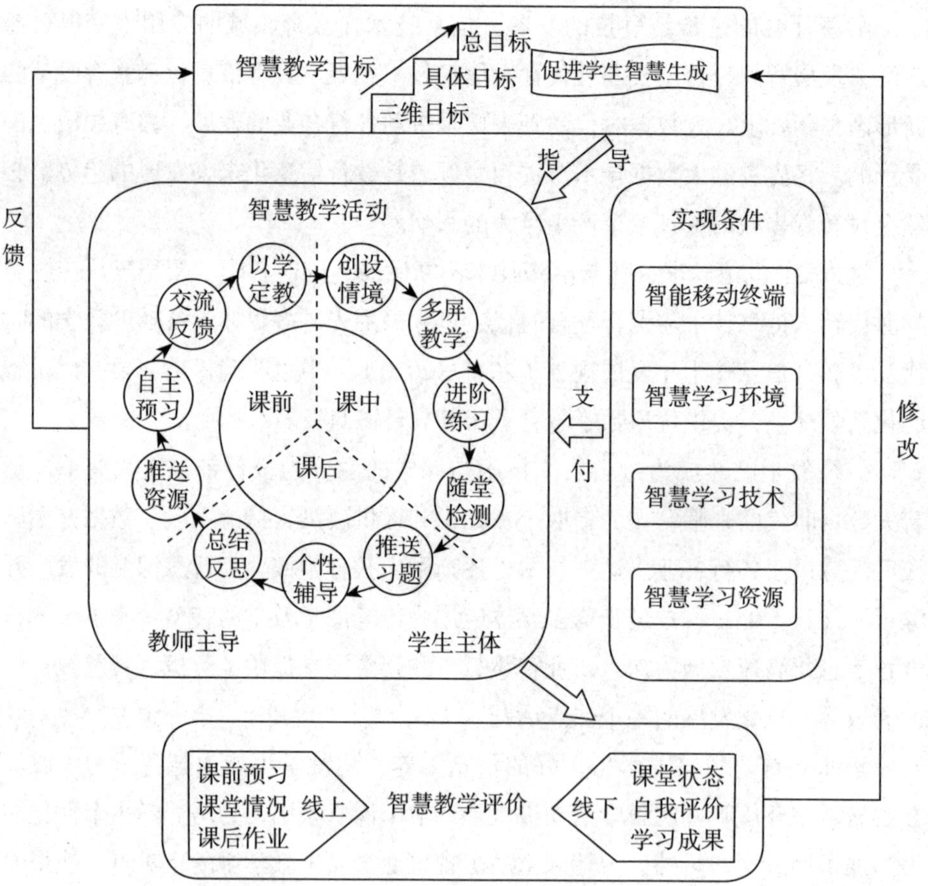

图6-1　智慧课堂教学框架图

从图6-1中可以看出，智慧课堂教学模式的最终目标（总目标）是促进学生的智慧生成。最终目标（总目标）的实现依靠每一个具体目标，而具体目

标 根据教学内容的不同又分为不同的三维目标。《荀子・劝学》中说：不积跬步，无以至千里。学生智慧的成长需要教育者的悉心栽培和正确引导。图6–1中的实现条件是外部支持条件，包括教学工具（智能移动终端）、智慧技术（智慧学习技术）、教学环境（智慧学习环境）和教学资源（智慧学习资源）。

此外，还包括教与学的主体，即教师与学生。作为教师要及时转变教育观念，提高信息素养，凸显学生的主体地位。师生的互动和师生关系主要体现在智慧教学活动中，在图中并未指出。智慧课堂教学活动分为三段，即课前、课中和课后。每一个阶段都有其基本的步骤。这些教学步骤并不是一成不变的，教学者可以根据实际情况做相应调整，以符合教学需要。最后是智慧教学评价，包括线上评价和线下评价。线上评价贯穿课前、课中和课后三个环节，评价的数据也是传统课堂所采集不到的学习数据。线下评价主要是课中学生的学习，包括课堂状态、学习成果和自我评价。此外，图6–1中并没有指出智慧课堂教学模式的理论基础，因为理论基础蕴含在智慧课堂教学模式中，时刻指导着教学目标、教学活动和教学评价的实施。

二、智慧课堂教学活动

教学活动可以理解成为达到某个特定的学习目标而进行的师生行为的总和。教学活动和学习活动侧重点不同。教学活动这一术语相对于学习活动更侧重师生活动的综合行为，体现以教师为主导，以学生为主体的思想。智慧课堂教学活动的设计是本章的核心部分，活动的设计应该提高其多元性和多选择性，只有这样才能更好地适应学习者之间的个体差异。智慧课堂教学活动分课前、课中和课后三个部分，每个部分都由教师活动和学生活动共同组成。

（一）课前预习反馈，实时呈现数据

在设计课前预习活动的过程中，教师要依据具体的学习目标要求，结合学生特征，有针对地进行预习内容的设计，制作预习资料，提供拓展资源，用于学生课前预习活动。教师设计好教学活动后，通过移动设备推送给学生。学生开始课前学习。具体课前预习活动流程如图6–2所示。

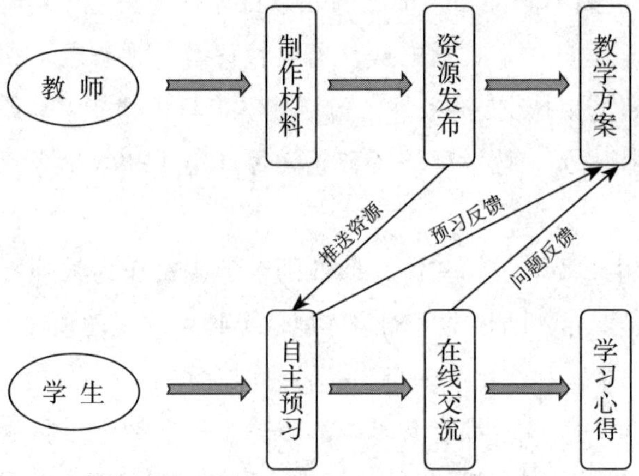

图6-2 课前预习活动流程

在课前预习阶段，传统课堂教学流程可以简单概括为教师备课-学生预习。教师备课主要包括“三备”，即“备教材、备教法、备学生”。教师对学生的分析主要依据个人经验和对学生的主观认识，缺少对学生情况的深入调查。而学生预习具有很大的自由性和不可控性，有没有认真预习全依赖学生个人素质。课前只有极少数学生会主动与教师交流，师生之间的交流互动难以得到保障，这导致教与学之间具有滞后性，教学质量低下。

1. 制作预习材料

预习材料的制作是教学活动设计的重点环节，包括自制微课、精选优秀慕课、选择“富媒体”资源、制作预习检测题四个方面的内容。

（1）自制微课。微课是互联网时代下诞生的新宠，是一种新型数字化教学资源，其核心内容是课堂教学片段。学生可以通过移动设备反复观看，同时，教师可以进行学习和反思。目前有关微课的网站有很多，比如浙江微课网、中国微课网、全国微课教学比赛网等。教师可以在这些网站上观看相关作品，对作品的方案设计、呈现方式等进行研究学习。在交流评价区还能够对作品进行评价，并可以将自制的微课在相关网站上进行投递参加比赛。微课的制作方法很多，比较常见的有移动设备拍摄、录屏软件录制、数码相机拍摄、可汗学院模式等。微课的制作工具多种多样、层出不穷，常见的录屏软件有Camtasia Studio、屏幕录像专家、微课大师等。

一般微课的制作包括六个步骤，确定课题是制作微课的第一步，科学准确的选题是微课制作成功的关键和基础。选取的知识点通常都是一节课的重难点，所选的知识点须在 5~10 分钟内讲解透彻。撰写教案是第二步，一般需根据教学要求来编写。制作课件是第三步，需结合知识点内容，制作图文并茂的课件资源。录制视频是第四步，微视频是微课的核心组成，教师可以选择适合的方式进行微课录制，整个录制过程要满足画质清晰、图像稳定不晃动、声音清晰、声画同步等基本要求。后期制作是第五步，即教师对已经录制好的视频要进行编辑和美化，包括把视频中一些空白、错误部分进行移除，并为视频添加片头和片尾，必要时可配上背景音乐。最后选择相应视频格式导出，要确保画面质量。教学反思是微课制作的最后一步。教师要多和学生交流，听取学生观看后的意见，找到解决方法，不断提高微课制作水平。

（2）精选优秀慕课。慕课（MOOC），即大规模开放的在线课程，是近年来涌现的一种新型在线课程资源。慕课具有开放性、大规模、社会化的特点。它起源于“开放教育资源运动”，受到国内外教育界的广泛重视。目前，国外慕课的三大巨头是 Coursera、edX、Udacity，吸引了世界顶级高校的参与。与此同时，国内的慕课迅速发展起来。国内影响力比较大的慕课平台有清华大学推出的“学堂在线”、爱课程网与网易云课堂携手打造的“中国大学 MOOC”、北京慕课科技中心成立的“慕课网”。随着移动互联网技术的发展，以及智能手机的普及，国内慕课网站相继推出移动端 App，学生通过手机即可观看优秀课程资源。这三大平台汇聚数百家名校的精品课程，覆盖学科众多，全国多数 985 高校入驻，有大量免费课程和优质课程。课前教师可以查找与本课程相关的慕课资源，推送给学生。学生不用打开电脑，直接用手机即可观看名校慕课。平台上的慕课可以作为教师教学课程的补充，一方面可以给学生提供新型的学习途径，有利于激发学生的学习兴趣；另一方面可以辅助课程教学，教师可以通过观摩学习名校慕课，提升自己的教学水平。

（3）选择富媒体资源。富媒体从字面来看有丰富的媒体之意，形象地说，是指随着信息技术的发展，在互联网上出现的多种媒体形式，包括文字、图片、声音、动画、视频等。富媒体之富，是建立在互联网基础之上的，是多媒体信息与交互性的深度融合。选择富媒体资源是智慧课堂教学课前预习环节的重要任务，主要可从以下两点进行把握。

一是选择合适的学习资源。从内容上来说，学习资源应和课堂教学内容相关，包括课程目标、数字教材、多媒体课件、网络视频、测试题、参考资料等。教师要根据课程所需，选择合适资源类型。

二是选择合适的推送方式。推送形式包括电子文档、网址分享、网络视频、慕课视频等。不是每次课前预习所推送的资源都涵盖以上形式，教师要根据每节课的教学所需，选择相应的推送方式。

（4）制作预习检测题。预习检测题的设计是为了检测学生课前预习的效果，以利于教师进行课前诊断，并进行教学内容调整。预习题的设计要围绕学习任务，符合学生的学习规律，与生活实际相联系。智慧课堂教学强调学生的个体知识建构，因此预习题要尽量有挑战性和趣味性，能激发学生学习动机。检测题的题型包括客观题和主观题，客观题一般有单选题、多选题、判断题和投票题，主观题有简答题、分析题等。教师可以通过手机平台及时了解学生做题情况，并进行课前准备。

2. 资源发布

教师将制作好的预习资源通过智慧课堂信息技术平台发布给学生，学生移动端会实时提醒。教师发布资源的同时还可以选择班级、设定预习截止时间。教师发布的资源形式多样，包括微视频、精选的网络在线课程、课件、链接、预习题等，供学生选择学习。与之前仅仅把课件传给学生相比，教师精选的资源更加丰富多样，更能激发学生的学习兴趣。

3. 自主预习

学生接收到教师推送的课前预习资料后，便可根据自己的情况进行自主学习，并在指定时间完成预习任务。智慧课堂的课前预习是具有可控性的，学生有没有预习、预习的情况如何和答题情况如何都会在教师端以数据的形式直观呈现。教师可以通过相关平台进行实时监控，即时了解学生的预习情况，并对预习数据进行分析，初步了解学生在预习过程中遇到的问题以及容易出错的知识点，做好教学记录。

4. 在线交流

学生可以对教师分享的预习资料发表意见，比如哪里有错误，哪里有不当的地方，或者推荐自己认为比较好的资料给大家。针对预习过程中遇到的问题，学生可以在学习平台上与教师进行沟通交流，提出疑问或意见。教师可给予初步解释，并对教学内容进行调整。学生还可以给教师出谋划策，从学生的角度设计教学活动。教师可以采取相应策略，鼓励学生交流互动，增进师生感情。

5. 教学方案

教师可以根据学生的预习情况、答题情况和交流的情况，进行综合分析，对教学设计方案进行修改优化。具体包括以下几个方面：检查所设计的各个学习活动，确保它们的具体设计与学习目标相一致；思考是否可以增加或者改变学习外部形态；思考是否可以增加一些任务类型，使教学过程更加丰富；思考如何增加学生的参与度；思考如何才能使学生获得外部的学习成果；思考如何提升学生的学习动力。

6. 学习心得

学生预习完成后，可以在学习平台上写下自己的学习心得，对自己的学习行为进行反思，这也是课前在线学习评价的一部分。反思是学习活动的重要组成部分，可以让学生更客观地评价自己。

（二）课中立体互动，师生持续沟通

在课中互动环节，传统课堂主要是教师讲课、学生听课，教师提问并点名让学生回答，教师布置作业、学生课后做作业这三个环节。从这三个环节可以看出，传统课堂互动性缺乏，学生处于被动地位。相比之下，智慧课堂教学的关键在于课堂互动，其核心是立体化的互动过程。在教学过程中，强调学生的主体地位，教师起引导者、促进者的作用。它不同于传统的课堂互动，不仅仅是课堂上师生之间言语的互动，它是借助相关信息技术学习平台实现师生之间立体、多元、持续、高效互动的，并在互动过程中促进学生智慧的生成。课中学习活动流程采用“6+5”结构，包括教师教的6个环节和学生学的5个环节，即创设情境、整理反馈、确定问题、多屏教学、多屏学习、新任务推送、合作探究、课堂随测、限时提交、实时点评以及巩固内化。具体步骤如图6-3所示。图中单向箭头表示单向性，双向箭头表示互动性。①至⑩含义如下：①问题反馈；②导入新课；③分析问题；④解决问题；⑤进阶练习；⑥新任务推送；⑦巩固练习；⑧及时检测与反馈；⑨及时评价；⑩自我反思。

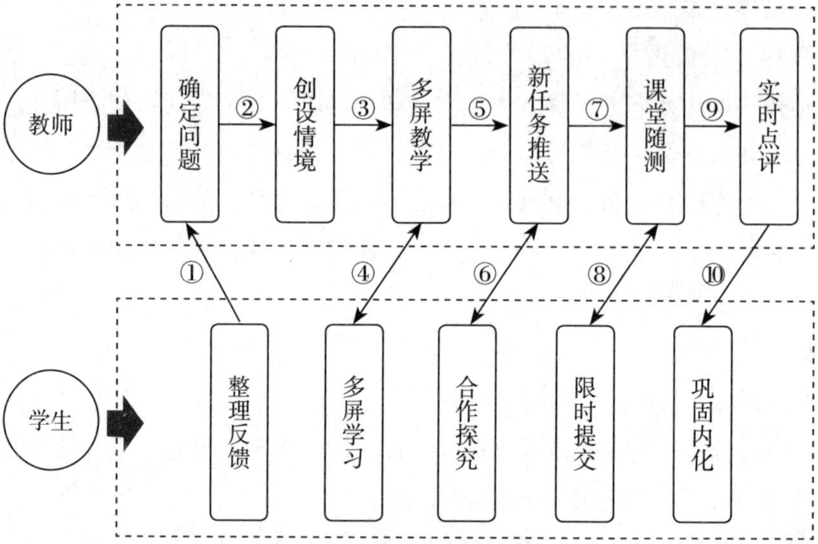

图6–3 课中学习活动流程图

1. 整理反馈、确定问题

将班级学生每 4~5 个人分为一个小组，小组讨论课前预习时遇到的问题，小组成员交流讨论，初步解决问题。无法解决的问题通过移动设备上报给老师。老师记录下来每个小组的问题，并根据课前预习情况作出判断，筛选典型问题，最后进行重点讲解。

2. 创设情境、导入新课

学习情境的创设有利于学生快速进入学习状态。教师可以采用多种方式创设学习情境、导入教学内容。由于课前学生已经对学习内容进行了初步预习，教师可以通过预习反馈、测验练习等形式导入新课。

3. 多屏教学、多屏学习

智慧课堂多屏显示设备包括教师端计算机、教师移动设备、学生移动设备、投影仪等。智能手机可多角度、可视化呈现教学内容。教师可以利用投影屏创设教学情境，使学生沉浸其中，降低学习者的认知难度。教师可以使用课堂互动反馈平台就相关问题调查学生的想法，并将统计结果实时呈现在教师的大屏幕上，供师生共同分析。此外，学生还可以借助反馈平台提出问题，投影问题板上会及时展现出来，供大家讨论解决问题。移动互联网支持教师与学生的实时互动。教室需配备可移动的桌椅，课前教师可以利用无线网络向学生传输资源和工具。课堂上，教室布局可以是秧苗式或是半圆式，可以师生互动为主，调整课堂布局。小组合作讨论问题时，每个小组可将桌椅呈圆形布局，布局灵活。小组成员可以使用移动设备讨论问题、绘制思维导图等，便于同学之间的交流互动。在学习的过程中，学生可以利用手中的移动设备记笔记并在线存储。学生通过智能手机可以结为学习伙伴，便于课上分享资源，课下相互讨论学习。多元交互不仅活跃课堂气氛，还能激发学生创造性思维的形成。

4. 新任务推送、合作探究

多屏教学解决了学生课前的预习问题。随后，学生进入进阶练习阶段。教师通过手中的移动设备下达新的学习任务，并组织和指导小组内部开展合作探究学习，培养学生分析问题、解决问题的能力。

5. 课堂随测、限时提交

智慧课堂教学环境下，课堂随测主要是教师通过教师端推送测试题，学生通过智能手机学习平台接收测试题并完成提交。平台的测评系统会自动生成客观题的答题情况，以柱状图的形式显示出来，同时生成答题的正确率。这种直观的形式能把测试结果及时反馈给教师，用以分析错因和讲解问题。此外，每个小组可使用移动设备将小组作业或作品发送给教师，教师将其投射到大屏幕上，开启投票器进行电子投票，投票的结果将实时展现。课堂随测既可以在教学过程中进行，用以检验学生对某个知识点的掌握情况，又可以在某章教学任务完成后，检测学生对章节内容的把握。总之，智慧课堂利用移动设备和基于云服务的测评系统，具有立体多元分析评价的功能，能对学生的测试进行实时处理、即时反馈，并对全班学生的测评成绩进行统计分析。

6. 实时点评、巩固内化

教师基于平台的数据分析，根据反馈的结果，对每个小组的作业进行点评，比较、分析各小组的学习成果。学生也可以发表意见和想法。思维的碰撞也许会产生意想不到的结果。在教师点评的过程中，师生之间的交流进一步加深，小组之间互相学习，有利于培养学生的批判性思维，促进学生知识意义的建构。

（三）课后个性辅导，兼顾学生差异

课后习题主要是为了帮助学生巩固和复习上一章节的学习内容，习题类型一般要比预习习题类型多，包括客观题和主观题，客观题又分为单选题、多选题和判断题，主观题又分为简答题、论述题和操作题。教师要根据课程目标设计符合课程内容的习题。对于操作类习题，可以有其他形式，比如教师可以要求学生录制操作视频，通过在线通信工具上传给教师。学生之间可以互相学习，教师可以对此进行点评。

在课后阶段，传统课堂要求学生统一完成课上布置的作业，下堂课上交给老师。老师课下批改，再一次上课才能反馈作业情况，反馈不够及时，而且作业点评也只是解决共性问题，无法顾及每个学生的差异。作业反馈滞后性所产生的问题会影响学生的连续学习。而智慧课堂很好地解决了这个问题，通过智慧学习平台，教师可以针对学生个体差异推送个性化复习资源，发布针对性课后习题。学生在一定期限内完成课后作业后提交给教师，教师端平台就会收到学生的答题情况。对于客观题，智慧学习平台能够自动批改并及时反馈给教师。教师还可以对主观题进行批改点评，然后把批改情况通过录制微课的形式反馈给学生。这种个性化辅导方式更加高效、直观、快捷，学生能够及时查看作业情况，在线与教师交流，更正作业，进行总结反思。具体流程如图6–4所示。

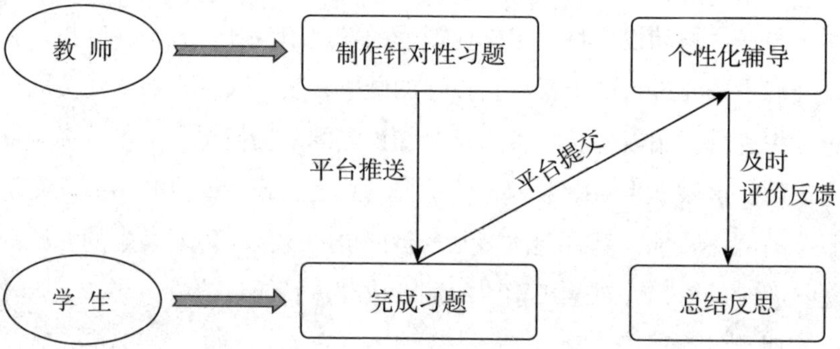

图6–4　课后作业流程

三、智慧课堂教学评价

教学评价是根据一定的教学目标，收集教学过程中产生的相关数据和信息并对其进行量化分析，以此对教学效果，学习者的学习态度、学习行为等作出价值判断的过程。教学评价作为整个学习系统的反馈调节机制，在学习过程中起到重要作用。教学评价的目的，一方面是要检查学习活动的结果；另一方面，是为了激励学习者。教学评价作为教学模式的最后一个环节非常重要。好的教学评价设计可以对学习者的学习活动起引导作用，数据分析得到的结果也可以提醒学习者做出相关调整，使学习活动的开展更加高效。

在新课改的背景下，教学评价要想真正体现学生的主体地位、以学生的全面发展为本，就必须改革传统的教学评价。智慧教学评价的评价思想是以学生的“学”来评教师的“教”，即以学论教，其评价主体首先是学生。在智慧课堂教学模式下，学生的学习分为课外和课内，课外主要是线上平台学习，课内主要是线下课堂学习。

目前，学校对于学生的课程评价主要是形成性评价和总结性评价的结合。形成性评价主要来自学生的课后作业和课堂考勤情况，缺乏有效性和合理性，导致学生对平时学习不够重视。学生仅在临近期末时突击复习，学习效果差。与单一的教学评价相比，智慧课堂教学模式采用多元评价方法，即评价主体多元、评价方式多元、评价内容多元，充分发挥激励和导向功能。具体如图6–5所示。传统的评价方式单一、片面，无法综合评价学生的学习效果，智慧课堂学习评价从线上评价和线下评价两个方面进行评价。

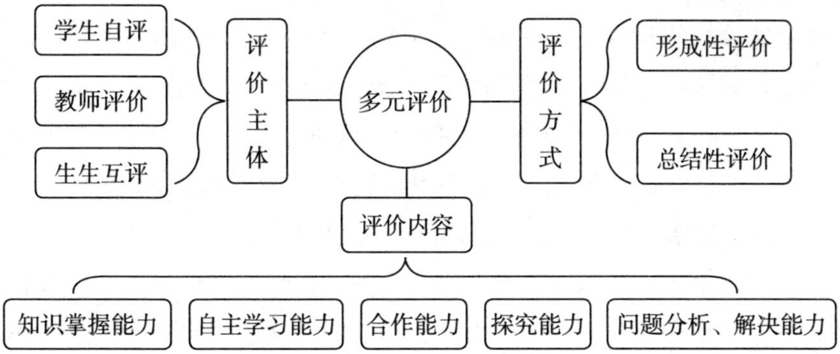

图6–5　智慧课堂多元评价

1. 线上评价

学生用智能手机进行在线学习的过程中，会留下大量关于学习行为、学习偏好、学习习惯等的数据，这些数据可以说是每个学生的信息资产。学习平台所记录的学生行为数据是进行在线学习评价的重要依据。具体评价指标见表6–1。

表6–1　线上评价指标

一级指标	二级指标	三级指标	评价内容
课前	学习态度	预习情况	预习多少、访问总时长、得分、具体题目选项、问题反馈
		学习心得	在线文字
课中	学习投入度	出勤情况	出勤次数
		课堂随测	答题情况、得分
	学习参与度	师生互动	资源共享、投票、弹幕、限时做题
课后	学习效果	章节作业	得分、总用时、答题细节
		期末测试	

2. 线下评价

线下评价指的是对学生在实体课堂上的学习行为做出的一系列评价。课堂教学是依托传统教室环境进行的，包括教师讲授、问题探索、小组合作解决问题、展示成果、教师点评等一系列学习活动。线下评价是基于智慧课堂的教学评价的重要组成部分，主要包括学生的课堂学习状态，自我评价和学习成果。学习状态具体表现为学生在课堂上的交流状态、情绪状态、注意力状态、思维状态、结果状态和学习成果。自我评价是指学生对自己学习过程的客观评价。学习成果包括学生完成的作品、作业和测试结果等。具体评价指标，见表6–2。

表6–2　线下评价指标体系

一级指标	二级指标	评价内容
交流状态	师生交流	1. 是否积极回答问题。 2. 是否与教师主动交流互动。 3. 生生交流时是否积极参与讨论和进行小组协作。 4. 能否提出具有价值的个人见解
	生生交流	
结果状态	学习结果	1. 是否掌握所学的知识，并达到学习目标。 2. 学习能力和实践能力是否得到提高。 3.是否具有成功的学习体验，对学习是否充满信心

续表

一级指标	二级指标	评价内容
情绪状态	学习过程情绪	1. 是否具有好奇心和求知欲。 2. 是否能够长时间保持学习兴趣。 3. 学习过程是否愉悦。 4. 学习兴趣是否得到提高
注意力状态	注意力保持	1. 对学习内容是否能保持较长时间的注意力。 2. 目光是否能一直跟随教师。 3. 听课时是否全神贯注。 4. 讨论问题是否能积极参与、踊跃发言
思维状态	课堂思维	1. 回答问题时思路是否连贯、条理清晰。 2. 回答内容是否具有新意、创意。 3. 是否敢于质疑
学习成果	期末测试、课程作业或作品	期末测试的成绩和作品的质量
自我评价	评价量表	对自己的学习情况进行客观评价

四、教学模式应用案例

“平行四边形的面积”教学设计

一、课程案例设计要求

小学数学课程在学生受教育阶段中占据重要地位，具有基础性、普及性和发展性的特点，是培养学生数学素养的基础性课程。笔者依托大数据环境，设计出智慧课堂教学模式的数学课程流程，具体设计要求有以下几个方面。

1. 目标层面

数学课程设计要以实现义务教育培养目标为落脚点，以全面推进素质教育、促进学生全面发展以及作为设计智慧模式下课程环节为切入点，助力培养智慧型、创新型、思维活跃型以及实践型人才。

2. 内容层面

在课程设计过程中内容呈现要贴近生活实际，从学生实际生活角度考虑，形成与生活智慧结合的数学思想，内容不仅要包括基础性知识点，丰富多样、层层递进，还要能够达到开拓、充实学生大脑的目的。

3. 呈现方式

智慧课堂模式下课程呈现方式要根据课程特点来制订，精心设计问题、用心组织做中学，利用展评交流、聚集核心素养，提升学生思维能力，尽可能向多样化方向发展，激发学生的学习兴趣。

4. 对象层面

课程设计要面向全体学生，把控整体教学流程以及全体学生的智慧学习进展，在解决共性问题的基础上，开拓设计适应学生个性学习的课程流程，使得基础数学教育深入学生生活，关注全体学生，因材施教，培养全面发展的智慧型人才。

5. 发展层面

设计课程环节要符合学生的发展阶段，包括自我认知水平、认知发展规律及年龄心理特征。还需要能引导发散学生的数学思维，开拓学生创新思维，培养学生良好数学素养及习惯，“智”教志学，“慧”及人生。

二、案例分析

1. 教学内容分析

本研究课程案例选用小学五年级上册中的“图形与几何”模块内容，包括“角的度量”和“平行四边形和梯形”。其中线段、角、平行四边形等基础性内容学生已经初步掌握。在学生已有知识和经验基础上选择该册中第五单元“平行四边形的面积”作为本研究课程实践案例，以学生对图形的理解和生活中实际遇到的图形问题为切入点，加深学生对图形本质特征、图形之间内在联系的理解，加强学生在生活中实际运用与解决问题的能力，达到一种层层递进的数学思维，化数学思维为生活智慧（如图6-6）。

6 多边形的面积
你发现了哪些图形？你会计算它们的面积吗？

平行四边形的面积

在方格纸上数一数，然后填写下表。（一个方格代表 1 m^2，不满一格的都按半格计算。）

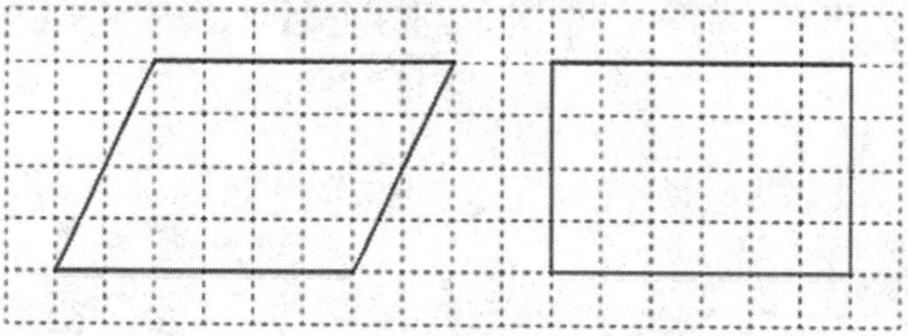

平行四边形	底	高	面积
长方形	长	宽	面积

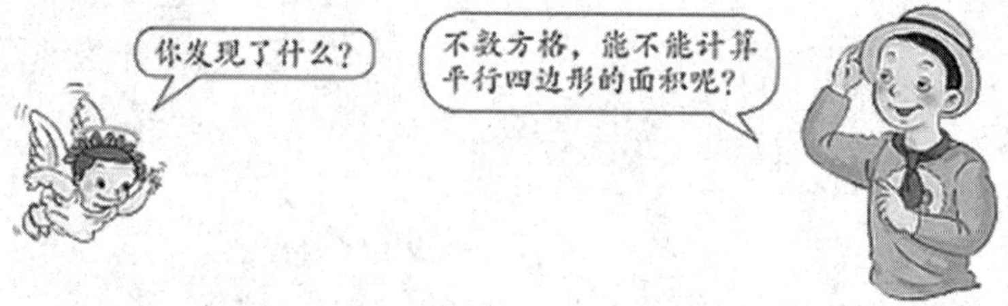

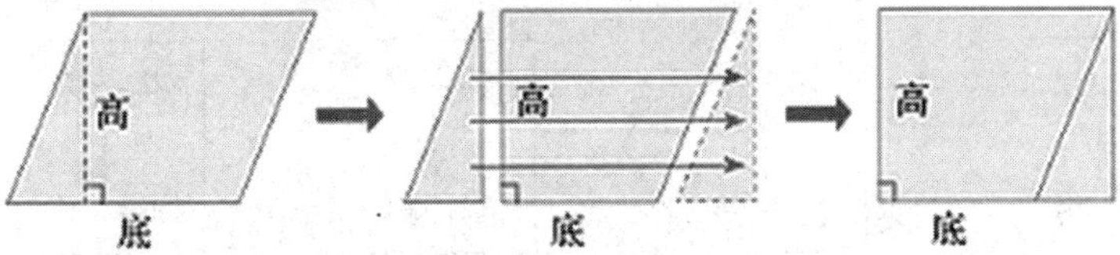

观察原来的平行四边形和转化后的长方形，你发现它们之间有哪些等量关系？

平行四边形的面积 =＿＿＿＿＿＿＿＿＿＿＿＿

如果用 S 表示平行四边形的面积，用 a 表示平行四边形的底，用 h 表示平行四边形的高，那么平行四边形的面积计算公式可以写成：

$$S=ah$$

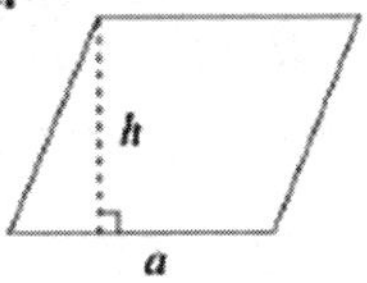

1 平行四边形花坛的底是 6 m，高是 4 m，它的面积是多少？

$S=ah$

$=6\times4$

$=24\ (m^2)$

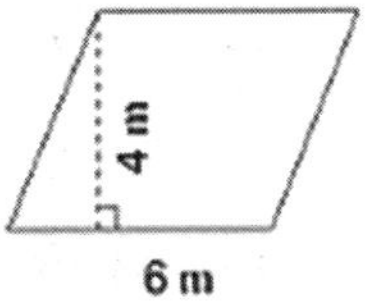

图6–6　平行四边形的面积教学内容

2. 实践案例课程活动设计

根据课程案例设计要求，并结合学生学习特点和所选课程特点，依托大数据环境下智慧课堂教学模式设计出课程活动流程，在各个环节充分体现智慧教学机制。例如，利用智慧教学系统中的挑人、抢权机制等，及时反馈学情完成课堂活动。具体的实践案例课堂活动设计，如图6-7所示。

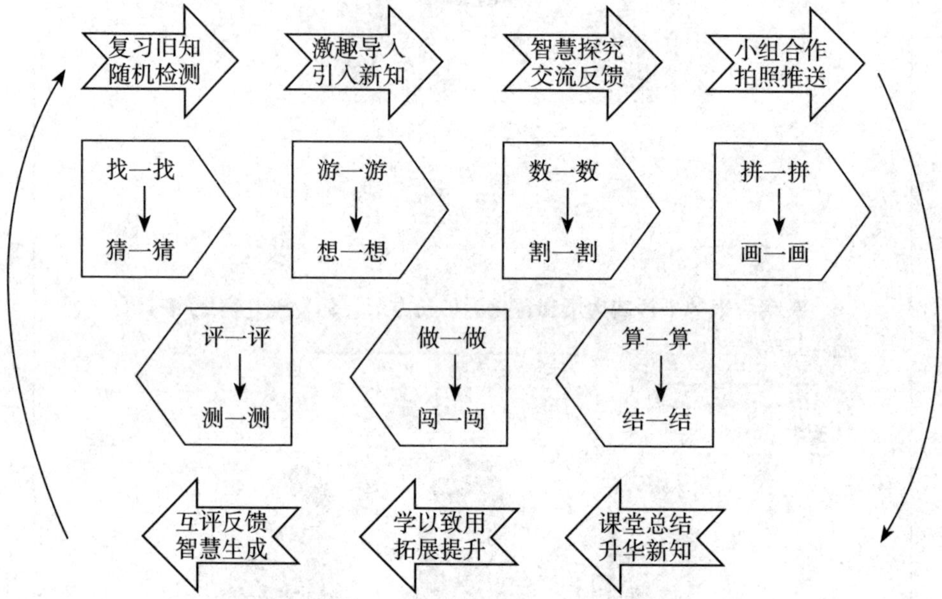

图6-7 “平行四边形的面积”活动设计流程

三、案例实施

课前环节：

【学情分析】

资源推送。云端诊断分析系统采集前测数据产生学习分析报告。教师结合报告分析学情，并对课本新知特点进行分析，完成相关电子课本资源、小视频或导学案等学习资源的编制，有针对性地进行学习资源的发布。学生在课前对新知进行交流讨论，及时反馈预习情况。教师要根据学生课前预习反馈的情况完成相应的教学设计，制订智慧三维目标，设定智慧模式下的教学重难点，进而预设教学过程。设定教学情境并导入新课，如以微视频、数字故事或小游戏等形式导入。在此环节师生之间进行交流、分享，更好地为课中环节做准备。

在学习知识与课本内容之前，学生已经初步掌握了长方形和正方形等基本图形，脑海中已经形成了简单图形的概念，获得了解决生活中实际问题的基本知识，空间观念逐渐形成，创新思维能力也在不断提升。本课程内容比较抽象，教师需要从学生生活实际需求出发，在学生已学习测量基础知识的前提下，设定有寓意且贴近生活实际的有趣习题，编写课前预习导学案，提前下发推送给学生，使学生养成预习习惯。课前准备流程，如图6-8所示。

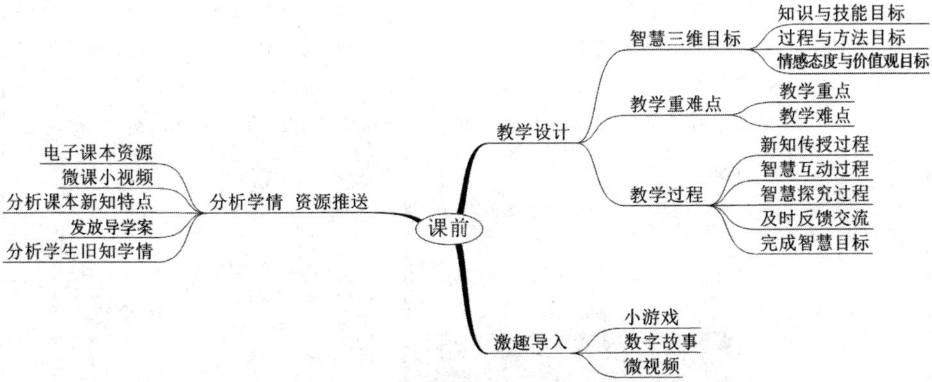

图6-8 课前准备

【教学目标】

1. 知识与技能目标

理解并探索平行四边形面积计算的整体过程；掌握平行四边形面积公式，并能正确运用公式解决生活实际问题。

2. 过程与方法目标

通过开展以师生智慧为主，科技智慧为辅的课堂活动，用情境创设、问题驱动、自主探究、小组合作以及归纳总结等方法引导学生对所学平行四边形的切割进行动态操作、观察和比较，掌握平行四边形面积公式并渗透推导过程，促进智慧生成。

3. 情感态度与价值观目标

通过创设生活情境，培养学生小组合作意识、积极探索精神，感受数学与生活融合的魅力，发展空间观念，培养动脑思考、解决实际问题的能力，塑造数学思维。

【教学重难点】

教学重点：掌握平行四边形面积计算公式，能够运用平行四边形面积公式解决生活中的实际问题。

教学难点：探索如何推导平行四边形面积公式，提高高阶数学思维能力。

【教学流程】

教学流程，见表6-3。

表6-3　教学流程

教学流程	说明
复习旧知 检测预习	通过“找一找”和“猜一猜”两个环节，采用随机检测方式让学生回顾旧知并检测学生预习情况。利用反馈器进行挑人或抢权回答，完成对学生旧知掌握程度实时检测，收集学生对新知预习的检测数据，利用计分板记录学生学习情况，调动学生学习积极性并增强课堂互动，如下图所示 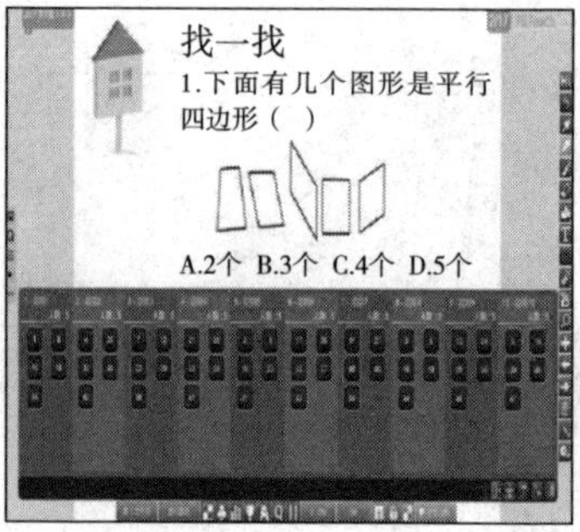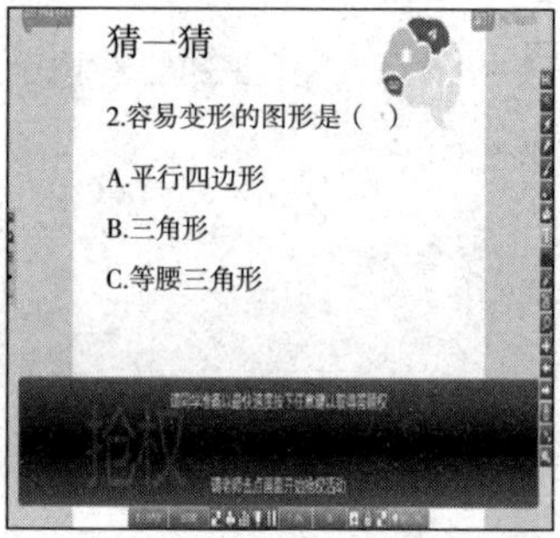
激趣导入 新知传授	通过创设生活情境引入新知。设置“游一游”引导学生发现公园场景中的已学过的平行四边形。再通过“想一想”抛出如何计算面积的问题，让学生思考问题，从而引入新知。本环节设计意图为：引导学生发现白板上熟悉的图形，感受生活中的数学奥秘
智慧探究 交流反馈	让学生带着思考的问题进入“数一数”“割一割”环节，探索生活中数学的奥秘，探究问题，获得知识
智慧合作	学生发现问题后展开探究并分小组开展“拼一拼”“画一画”活动。小组讨论交流，利用反馈器随机挑小组代表汇报讨论结果
及时反馈 交流	在探究环节中，激发学生动小脑“数一数”“割一割”。采用奖励机制调动学生的参与性；在智慧合作中，将学生“画一画”环节的内容通过拍照推送功能展示到电子白板上，供学生观看。教师及时反馈交流情况，随时补充，生成教学互动机制
课堂总结	小组之间进行交流互动，教师引导讲解；进入“算一算”“结一结”环节，提炼计算平行四边形的面积公式，并进行总结
拓展提升	升级任务，抛出“做一做”“闯一闯”任务，学以致用，查漏补缺，实施个性化教学
目标达成	通过“评一评”“测一测”环节，对求解平行四边形面积的公式及方法、课堂互动效果、小组积极性等进行点评。教师点评，生生互评，完成智慧学习目标

课中环节：

1. 激趣导入，激活思维

以小视频来导入新课，在“游一游”环节带领学生“逛公园”。公园外面有停车场，公园内有草坪、斑马线、绿化带等。紧接着教师抛出问题“这些出现在生活场景中的物体有哪些是我们学过的平面图形呢”，进入“想一想”环节。学生带着问题逛公园，发现平面图形。学生互动交流，比一比看谁发现得最多。教师带领学生探索公园中的数学奥秘，挖掘数学知识，营造创造性数学思维迸发的智慧场景。此环节用抢答和挑人的模式激励全体学生动脑思考，提高学生用数学思维思考探究问题的能力，如图6-9和图6-10所示。

图6-9　游一游

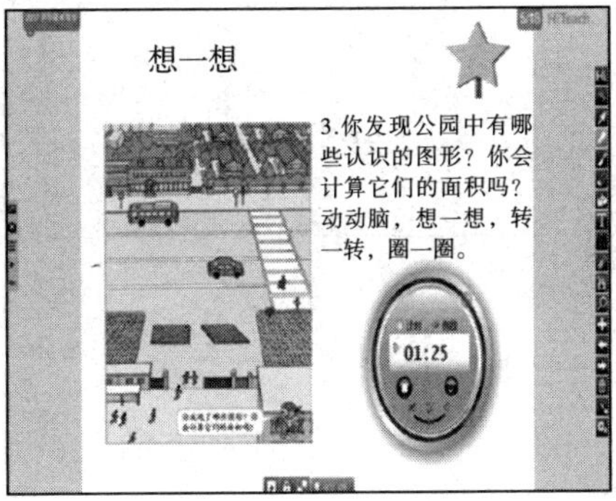

图6-10　想一想

2. 智慧推送

教师课前通过智慧教育平台随机分小组，如图6-11所示。

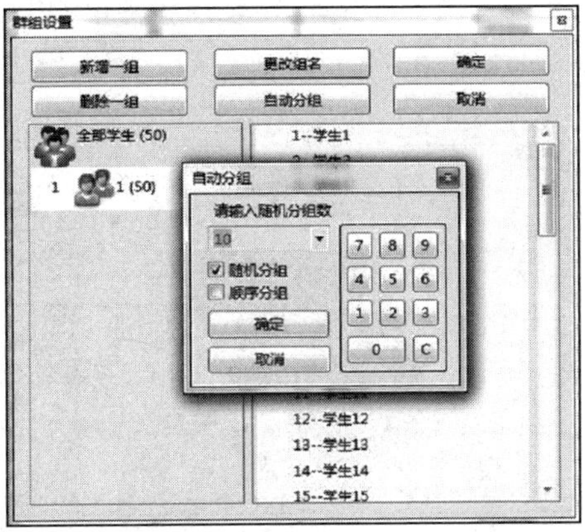

图6-11　随机分组

课中推送“数一数”任务，引导小组学生通过数方格的方式计算出平行四边形草坪的面积。在这一环节中教师可先点击屏幕最下端小锁样式按钮将屏幕锁定。仅限教师观看，利用右侧教具按钮中的遮字功能将答案遮挡促进学生自主动脑思考能力的提升，激发学生的探究欲望。然后再解锁屏幕让学生核对答案，如图6-12所示。

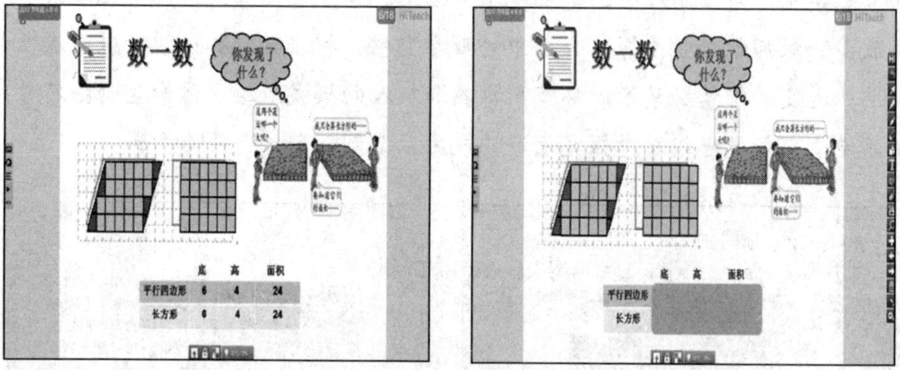

图6-12　数一数

3. 割一割

经过“割一割”小任务的激烈讨论，学生得出结论“平行四边形的面积与长方形的面积是一样的”。接下来教师需要引导学生亲自动手，完成“割一割”的课堂活动。学生亲自动手，用手中的剪刀与纸片完成“割一割”环节，教师通过 HITA 助教功能随机录制学生动手割的小视频推送到屏幕供所有学生观看。学生通过亲自动手明确了如何割平行四边形纸片，才能顺利拼成长方形，从中感受到数学知识的奥秘，获取打开新知大门的钥匙，完成“慧”学，体会课堂活动的快乐，如图6-13所示。

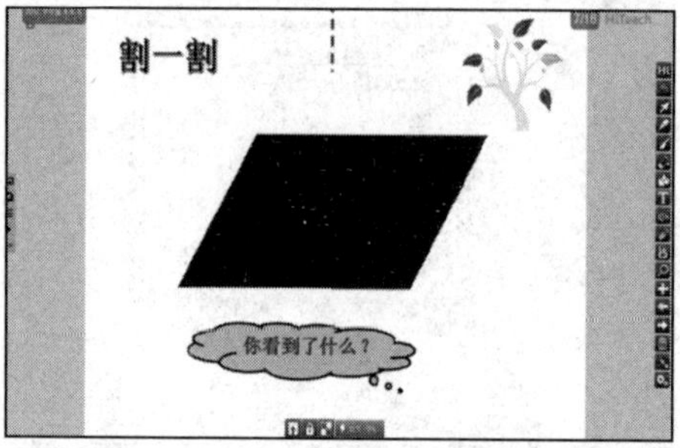

图6-13　割一割

4. **拼一拼**

完成“割一割”操作环节后，紧接着展开“拼一拼”环节。教师再次引导学生自主探究，通过动手将割好的纸片拼接成长方形，探究平行四边形转化为长方形的过程，进行了知识迁移。教师拍照上传个别学生的作品与全体学生进行分享互动活动。

5. **画一画**

学生通过亲自动手操作，体会到如何割平行四边形才能完成“画一画”。小组合作交流后，教师通过随机挑人功能，挑选三组代表进行汇报；利用拍照推送功能，将学生数方格获知面积的过程推送到白板终端设备。小组成员汇报作品完成过程，教师对于各小组完成情况予以课堂奖励，如图6–14所示。

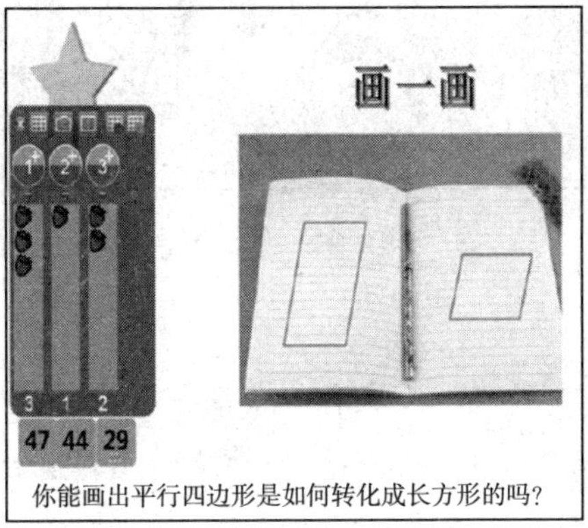

图6–14 画一画

6. **填一填**

派送任务阶段，教师再次引导学生体验。教师出示“填一填”。小组再次合作，交流探讨平行四边形的底和高与长方形的长和宽之间的关系，补充空白处内容。教师通过反馈器统计每个学生的作答情况。

7. **结一结**

教师通过层层引导，最终出示“结一结”，发动全体学生动脑总结课堂新知，做到知识迁移，获得解决实际问题的能力，升华知识架构。在此环节，教师设定用大写字母 S 表示平行四边形的面积，用小写字母 a 表示平行四边形的底，用小写字母 h 表示平行四边形的高，引导学生总结出平行四边形的面积表示公式，并利用计时器的功能设定思考总结完成时间。教师利用随机挑人的功能，随机挑选 2~3 名学生作答。学生回答正确奖励一朵小红花，回答错误则挑选学生给予指正，使学生能互相学习。

8. 做一做

教师在巧妙引导学生探索平行四边形转化为长方形的过程后，提炼计算平行四边形的面积公式，进而推送任务“做一做”。教师分别采用抢权和挑人功能挑选两名学生到台上演算。教师也可随机拍照上传学生的解答过程推送至白板，如图6-15所示。

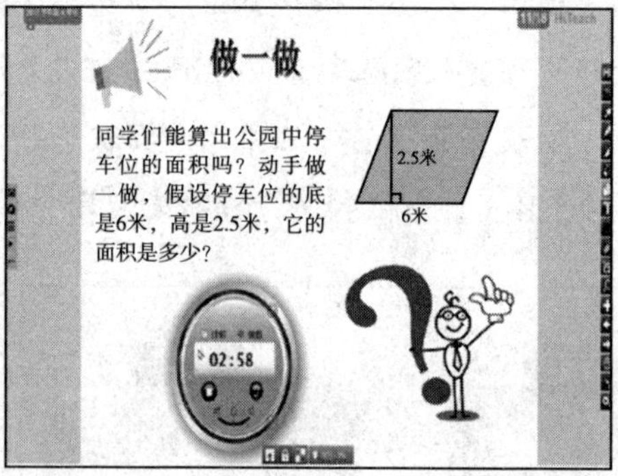

图6-15　做一做

9. 闯一闯

教师展示平行四边形的一条底和一条高，并提出问题：同学们思考如何计算平行四边形的面积，时间一分钟。很快有学生发现教师给定的长和高无法求出面积。发现问题后，教师再出示对应的一组底和高，引导学生计算平行四边形面积。再次升级，教师又给出一组底和高以及另一组的高，引导学生求出另一组的底，如图6-16所示。

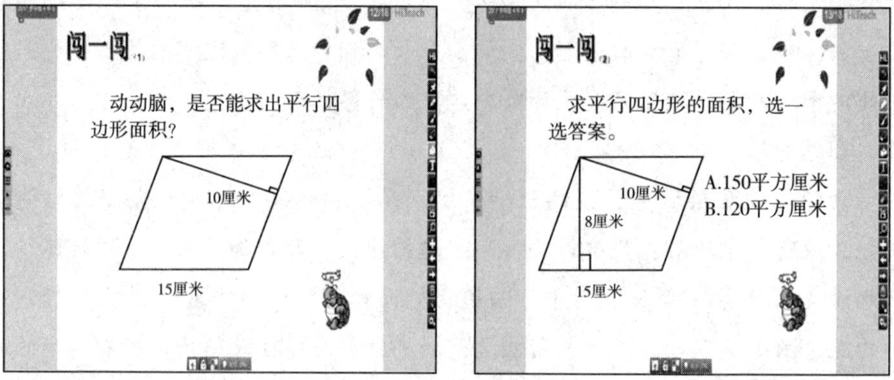

图6-16　闯一闯

10. 评一评

在剖析点评过程中，学生与学生之间互评，投票选出表现最佳者，赠送小红花作为奖励。最后统计获得小红花最多的人数。教师点评课堂总体效果，从学生学习兴趣、课堂氛围活跃度、思考创新能力等几个层面进行分析点评，如图6-17所示。

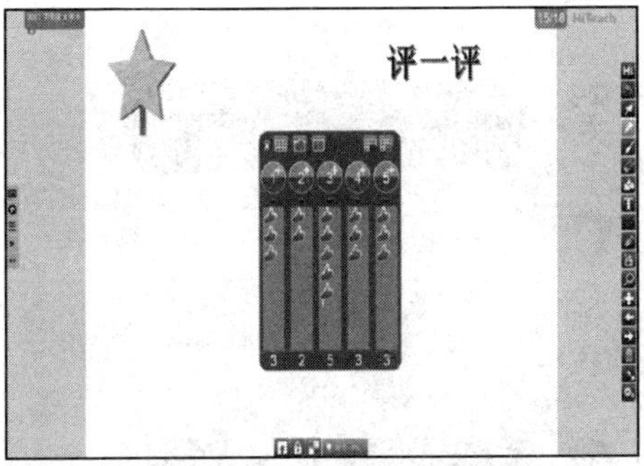

图6-17 评一评

课后环节：

1. 个性化推送

教师通过课堂活动的层层展开，对学生新知识掌握情况有了初步的判定与评测，然后分析课堂活动中每个学生学习数据的情况，最后以课后作业形式进一步巩固学生对新知的掌握。

个性化作业推送需要依托社交软件——QQ。教师建立本班级群组，邀请学生家长进群，通过 QQ 群推送个性化作业。学生提交作业，教师反馈作业，学生补充新知，师生在课后积极交流互动。

个性化作业推送。教师点击群组中“作业”功能内的“我要发布”，编辑要下发的作业。若要针对个别群内成员，可选定“接收人”中的“指定群成员”完成对个人作业的发布。发布成功后，系统会自动给学生个人发送查看作业的消息，消息显示“我给你单独发送了一个作业，请尽快查看，谢谢！”。

2. 作业检验

（1）发布个性化作业。学生完成教师发布的分层作业后，教师通过 QQ 群作业功能进行个性化作业发布。创建作业，选择指定群成员接收作业，即可完成分层个性化作业辅导。

（2）作业反馈。学生通过在 QQ 群内点击老师发布的作业，完成作业并上传。教师收到学生的作答与解题过程，可实时对学生作业进行评价反馈。如果教师发现有学生没有查收作业，可通过点击作业内的“提醒”对个人发送查收作业信息，学生会收到系统查看作业消息提示，如图6-18所示。

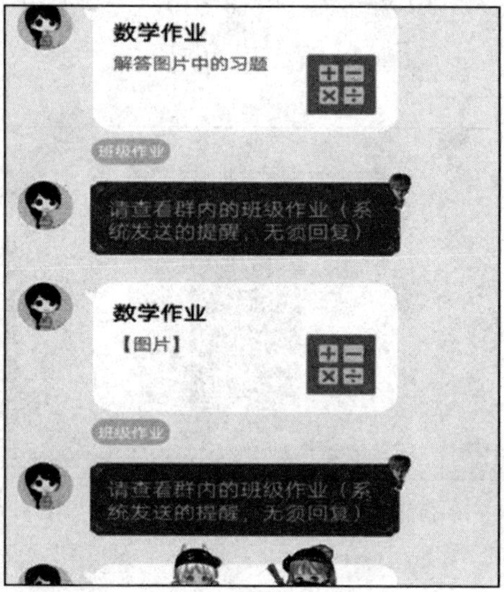

图6-18　作业环节

（3）及时补救。教师对学生的作业进行点评后系统自动对学生发送已评价信息。消息显示“我已评价今天的作业，请关注！”。收到消息后，学生查看教师对自己的作业评价，查漏补缺，完成知识迁移与掌握。

（4）课后交流互动。可在 QQ 群内开展课后交流互动活动。学生可自主在群内发言，可通过录入文字、语音或拍照上传等多种方式完成交流互动，升华新知，解决问题，完成课后提升环节任务。

总结反思：

智慧课堂教学环节的开展过程中，及时反馈系统能够实时统计学生学习状况，教师根据反馈系统统计分析的结果，诊断学生学习情况，增进对每个学生学情的了解，进而通过数据统计，发现个别问题开展个性化辅导，做到因材施教、课后辅差导优。教师通过以优带差的方式完善教学效果，总结不足之处，反思课堂，促进智慧生成。

五、视点链接

数字化时代重构教学新范式

21 世纪是以信息化为主要特征的知识经济时代，伴随着计算机技术、多媒体技术、网络技术、移动通信技术、物联网技术的迅速发展，各行各业在“互联网+”的推动下进行着改革与发展。教育行业也是如此，根据《国家中长期教育改革与发展规划纲要（2010—2020年）》和《教育信息化十年发展规划（2011—2020年）》的要求，全民教育、优质教育、混合学习、移动学习、个性化学习和终身学习已成为新时期教育发展的重要特征和必然结果。

传统的教育使中小学生缺乏自主创新学习的能力，很多知识的学习都是教师手把手去教，不教学生就不会，这种现象特别严重，归根到底就是学生缺乏学习力。随着互联网和信息技术的飞速发展，数字技术与教育不断融合，促使教与学发生了根本的变化。在数字化时代的背景下，如何重构传统的课堂教学结构形成教学新范式？本文通过教学实例进行研究与分析，为学校开展智慧课堂教学实践提供参考和依据。

一、以自主学习为基调

自主学习是指学生对学习内容、学习时间、学习策略等方面进行选择与控制。也就是说，学生在学习目的驱动下，自己筛选学习内容，自己制订学习策略，自己调节学习进度，自己计划学习时间，主动创设有利于学习的各种条件与环境，并对学习效能作出自我判断和评价。

微课作为新兴的在线教育资源，构建了一个主动的、建构性的自主学习过程。学生在线学习可随时、随地、随节奏，也就是说，学生观看教学视频，在线交流，在线练习的时间、地点和节奏完全由自己来掌握。学生可选择某一时刻去观看教学视频，以提高学习效率；也可以根据自己的学习能力、水平，选择对教学视频进行快进或倒退观看，并可暂停记下自己的疑惑并进行思考，或将自己的收获记录下来，和同伴进行分享交流。

例如，人教版小学数学四年级（下）第九单元《数学广角——鸡兔同笼》是小学阶段最难掌握的内容之一。我从网络筛选了一个微视频，通过班级微信群推送给学生，让他们在家里进行前置性学习。对于这种模式，学生喜欢率竟高达98%。学生纷纷表示这种教学模式很有趣，而且不懂时可以多看几次，还可以通过微信群与同学随时交流。

实践证明，传统的课堂教师传授知识的计划与策略基本都是单一线性的，一个教师要面对全班 50 个不同的学生个体。老师传授知识，学生听不到或听不懂。学生也无法让老师停下来，重复一遍。从一线教师观察结果来看，一个学生学习不理想，其实很大程度上是由于学习过程中产生的困惑越积越多的结果。在课前观看微视频就不一样，学生可以让“老师”任何时候停下来，也可以让“老师”不厌其烦地说多遍。这种学习方式的改变，是一种潜移默化的影响，其对教学效果和学生成绩的影响力是不可估量的。学习完后测评环节，学生也可以根据自己的学习效能，选择不同层次、不同组合的练习。从这里可以看出，微课学习是一种自主并富有个性的学习方式。

二、交互分享测评即时化

在线交流测评是数字化平台的一项优势技术，但从过去研究情况来看，教师更多关注微视频的开发，忽略了在线教育的核心功能——学生在线学习的交互性与参与性。微课把传统教育变成一种高密度的、一对一的聊天和交流分享过程，我们通常把这种技术叫作聊课技术。聊课是指教师可以跟常规的课堂一样，在视频教学过程中根据教学内容提出各种问题，学生可以根据自己的理解作答，学生的答案正确与否由电脑自动批改。只有学生回答正确之后，学习内容才能往下进行；如果答案错了，视频会自动跳转到错题所在内容点上，要学生重复学习一遍，然后再测试，直到学生通过为止。学生可以全程参与教学过程，既动脑又动手，获得最佳的学习效果。这种“一对一”交流、互动、分享的过程是传统教学模式无法相比的。

三、开放性的学习环境

开放是数字化教学的鲜明特点，它借助技术支持有大规模的开放课程，以开放、共享、参与为目的。开放可以让任何人在任何时间免费学习优质课程，没有时空的约束与限制。它借助在线课堂，在线实现课堂教学、学习体验、师生互动、学习测评等，打破了传统课堂教学封闭的局限性，真正做到了资源、课堂、评价的全开放。

1.开放资源营造开放的课堂教学

从开放的教育资源到开放学习，再到在线开放学习，数字化学习沿承开放教育的理念，不论学习者的性别、年龄、种族、经济等情况如何，向世界任何地区、任何人提供能够充分满足其学习需求的学习机会。它是一套完整的教学模式，包含上课、分享观点、学习反馈、完成作业、评估进度、讨论学习内容等学习全过程，且整个过程均是开放的。

2. 大数据分析让教学更具个性化

传统课堂教学重视学生共性，但忽视学生的个性学习。在线学习平台具有强大的数据收集、分析功能。只要学生通过在线平台学习，学习中就会产生大量而复杂的数据，如教师辅导、师生讨论、课堂测试等。这些学习的“痕迹”数据均会被服务器自动捕捉并详细记录下来。

例如，在教学《鸡兔同笼》时，平台采集到学生总有疑问——为什么脚的总数有时多、有时少的数据。学生对此无法理解，这是学生在数学建模中常常遇到的困境。此时，教师为了解决学生心中所疑，利用动画的方式，演示鸡和兔脚的总数增减变化的过程。教师通过数形结合的思维方法，解决了学生学习问题。

3. 多维互动拆除师生间森严的壁垒

随着“互联网+教育”的发展，在线学习平台引入社交理念，不同地域的学生依托网络学习社区都可进行开放式、多元化的互动和交流，形成多主体、多向互动的学习环境。学生通过在线平台互聊学习体验，交换意见和看法，同时提出自己的疑惑。教师通过在线平台参与学生的讨论，筛选出集中且意义较大的问题，以文字整理或视频的形式进行系统解答。数字化学习利用网络技术，组建新型的学习共同体，拆除了师生的隔膜，拉近了师生的距离。师生间的平等、民主取代了教师的专断，实现教师的价值引导和学生自主建构的辩证统一，师生共享智慧与情感。

四、重构课堂教学

在线教育技术被引入课堂教学，将传授从线下转向线上。也就是说，教师将原来课上的知识传授通过在线微视频在课外让学生预先进行学习，而将原来课下进行的知识内化过程放在课上，通过教师引导，学生自主学习，实现了课堂教与学的翻转，改变了原有课堂教学的模式，重构课堂教学。

1. 重构教与学重心

以学定教是传统教学的特征，这样的课堂由教师控制、主宰课堂，学生的学习只是被动接受，教学失去了意义。翻转课堂的学习，将知识传授在课外通过微视频实现，知识内化放在课上，通过学生自主构建、师生交流，实现教与学的翻转。它让学生尽可能地自己做、自己学，成为课堂活动中快乐创造的主体、知识的建构者。教师在课堂中参与倾听、引导对话、点拨归纳。教师从单一的独白走向倾听与对话，学生从封闭的自我学习走向师生、生生的合作学习。教师成为平等中的首席，教师成为文化发展的启蒙者、精神解放的启蒙者。让课堂成为教师、学生协商解决问题的“学堂”，回归学习本源，实现教与学的重构。

小学数学中的“数学广角”内容，教师教得困难，学生学得困难，并且一节课 40 分钟很难完成特定的教学任务。在传统的教学中，教师基本都采取“满堂灌”，教师讲得口干舌燥，学生听得云里雾里，师生都难受。采取微课教学后，师生都得到释放。教师把课堂还给学生，让他们谈收获，提质疑，共解疑，教师只是一个课堂“主持人”、引导者。从课堂检测结果来看，学生的成绩优秀率从 56% 提高到 92%，完成一个质的飞跃。

2. 重构预设课堂

传统的教学是一个预设的过程，教学过程程式化，这样的教学过程忽视了学生的生命性、完整性以及教学过程的多变性与差异性。与之相对的是生成，生成意味着差异、动态、可变。翻转课堂为生成提供了实践土壤。通过课外在线学习，课堂上进行多向互动、多层次对话与沟通，学生得以发现自我、展现自我和发展自我，在实现知识内化的同时，也完成自我成长。从预设到生成的转变，使课堂从教师表演舞台转变为师生之间协作、对话的舞台，使教师教学行为模式化运作的场所变为教师与学生生命充分展现的场所，为课堂教学生态重构提供了前提条件。

3. 重构教学目标

我国的基础教育从“双基”教学目标发展到“三维”课程目标，又发展到“四维”课程目标。不管是双基教学目标还是四维课程目标，都是为促进学生多维度的发展，突出学生的终身发展，注重超越“死记硬背、题海战术”的学习方式，使个体完整生命和谐发展。但在课程改革实践中，一线教师遇到不少困惑，如在有限的时间内，如何才能完成教学任务？为了完成教学任务，教师只能以知识传授为主，导致新课改没法落实。

翻转课堂的出现解决了教师由于时间不够，只关注知识传授的问题。翻转课堂的介入，减少课堂基础知识的学习时间。学生可以利用微视频完成知识的学习，节省了课内教师传授知识的时间，为进一步落实过程与方法、情感态度与价值观目标的实现提供时间的保障。由于时间得到保障，在探究、讨论、交流、合作的过程中，教师可为学生提供更多创造的机会，学生知识构建为相互联系的、动态发展的知识，实现知识内化。这一过程，提高了学生基于知识理解的学习能力、基于知识应用的实践能力、基于知识迁移的创新能力，蕴含学生基于知识建构的情感体验与态度倾向。

4. 重构教学过程

常规课堂教学一般经历组织教学、复习旧课、教授新课、巩固练习、布置作业五个环节。但利用翻转课堂教学模式，知识传授通过在线教学实现。课堂上师生以问题讨论、展现分享、合作探究、随堂测试、巩固提升、完成作业、总结反思为主，整个教学组织形式被颠倒过来，教学过程不再是一成不变，而是动态可变的。教师可更多地关注学习过程与学习方法的优化，及时关注学生学习活动的情感体验、态度倾向及价值认识。翻转课堂环境下的教学过程一般包括课前在线学习、课中讨论解惑、课后完成作业。下面以《长方体和正方体表面积的计算》为例，进行剖析。

（1）课前，在线学习，以学情分析为核心。在课程开课之前，任课教师将学生学号、姓名导入开放式网络学习平台，这样每位学生即拥有了一个以自己学号为账号的“通行卡”。根据课程特点，每次授课前，教师布置一定的线上学习任务（如自主学习微视频、进行基础练习）。学生进入数字化学习平台，找到相应的学习资源进行学习，再进行在线练习自测，并将自己的学习疑问记录下来，基于平台进行相关讨论。通过平台上师生交流，任课教师可以在课前了解学生对新知识的掌握情况，从而有针对性地开展教学。

在课前学习中，教师设计微视频资源，让学生自主观看、学习。《长方体和正方体表面积的计算》一课，微视频设计的目的是让学生理解“表面积”的概念，知道长方体和正方体的表面积就是 6 个面面积的总和，经历长方体的表面积公式的推导过程，能正确计算长方体的表面积。

微视频主要包括以下内容（微视频地址为http：//v.youku.com/v_show/id_XOTE1MzkxODY4.html）：

① 回顾长方体面的特征（如图6-19）。

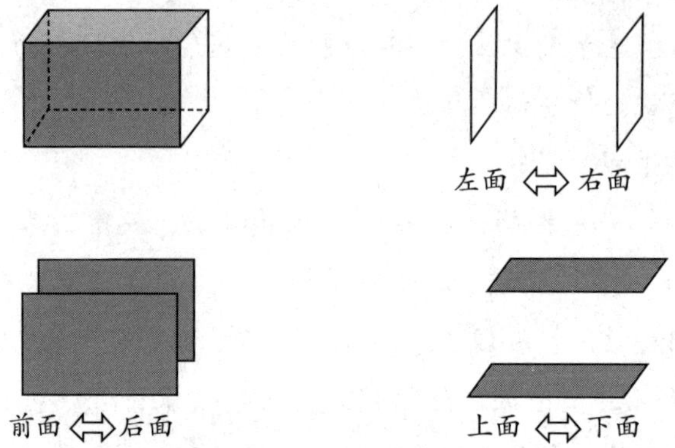

图6-19　长方体展开图

② 结合长方体立体图和展开图，动态展示长方体表面积公式的推导过程（如图6-20）。

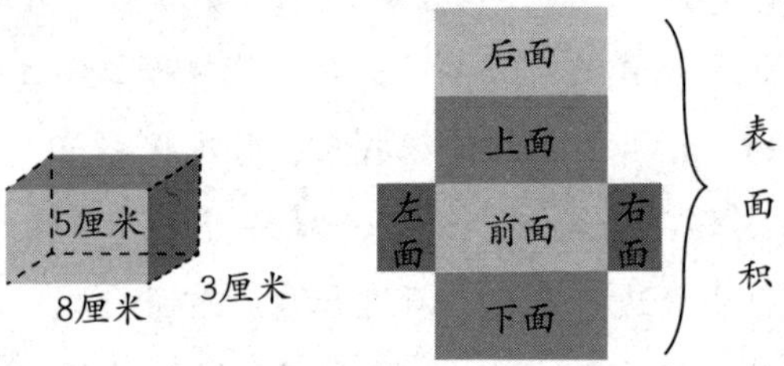

上、下面+前、后面+左、右面

长方体的表面积=长×宽×2+长×高×2+高×宽×2

8×3×2+8×5×2+5×3×2

=24×2+40×2+15×2

=48+80+30

=158（平方厘米）

图6-20　长方体表面积公式的推导过程

③ 用类推的方法，推导正方体表面积计算方法（如图6-21）。

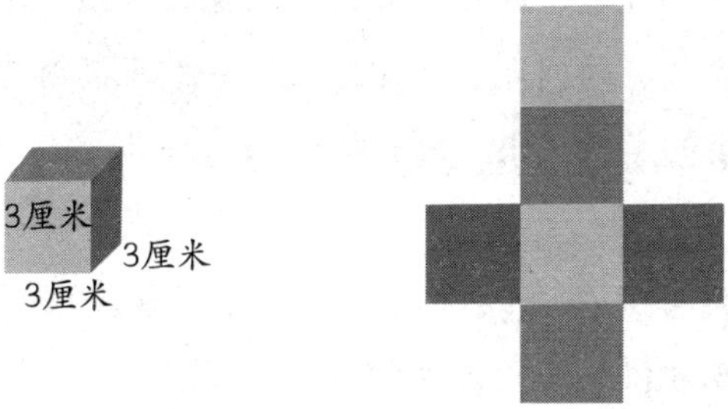

正方体的表面积=边长×边长×6

3×3×6

=9×6

=54（平方厘米）

图6-21　正方体表面积计算方法

④ 呈现两道基础练习供学生自主练习（如图6-22）。

下面的长方体、正方体的表面积分别是多少？

图6-22　学生自主练习

（设计意图：本微视频知识内容高度聚焦。本节课主要涉及表面积含义与计算方法的学习，该视频借助生活中的长方体说明表面积就是“六个面的面积之和”。因为该定义比较简单，教师只是简单提及，把重点放在计算方法的学习与公式推导上。这是在充分了解学生已有学习经验基础上展开的教学。在学习“长方体和正方体表面积计算方法”时，教师还借助形象化的“展开图”引导学生学习，有助于学生理解方法，并为探究新的计算方法提供了可能，为接下来的课堂探究与互动留有余地。学习之后的练习题，也为学生检测学习效果、提出学习疑惑提供具体的题目。）

（2）课中，讨论解惑，师生互动。根据学生课前学习的情况，教师在上课时可以有针对性地加强重难点的讲解以及疑问点的解答，再通过实践操作和练习帮助学生掌握知识。

在学生通过微视频自学之后，课始，首先让其畅谈收获，教师再互动答疑解惑、查漏补缺，帮助学生进一步掌握方法。最后开展层次分明的进阶性练习。进阶性练习“满十进一”的学习方式与其他传统练习有着本质的区别，只有顺利解决上一层次所有的问题，才能进入下一层次的练习。运用进阶性练习能够很好地监控学生的学习效果，真正做到面对全体、因材施教。

① 谈收获，知识再现

教师引导：通过昨天的在线学习，你有什么收获？（课件呈现视频中两张截图：长方体、正方体表面积计算方法）。

学生汇报：通过学习，我知道了长方体、正方体表面积的计算方法。（学生举证回答。）

教师了解学生学习的情况，让学生在汇报的过程中将自学内容再现。无论是教师和学生这都是一个重新梳理与总结知识的过程。学生在汇报时，教师关注不同层次学生的学习情况，在学生分享收获的同时，进行第一次师生、生生互动，为接下来有针对性的探究学习埋下伏笔。

② 交流讨论，解答疑难

教师引导：通过昨天的学习，你还有什么疑问吗?

学生提问：表面积计算还有其他方法吗?

生活中的长方体在计算表面积时是不是都需要计算六个面的面积?

当把一个长方体横切成两个后，表面积有什么变化吗?

课前学习时学生就已经提出了学习中的疑惑，有的已经在互动平台交流中得以解决，而课堂上要解决的都是有代表性的问题。教师根据学生提出的问题，引领学生进行梳理，将问题进行归类，提炼问题的共性，培养了学生解决问题的能力。问题的梳理也是本节课主要讨论和交流的内容，问题来自学生而非教师设定的。这是基于问题展开的教学，一定会使接下来的学习更加有针对性。

③ 借助实物，剖析算法

教师引导：从同学们上交的基础练习来看，老师发现有两种算法。

方法一：$S=2\times7\times4+2\times7\times3+2\times4\times3$

方法二：$S=(7\times4+7\times3+4\times3)\times2$

教师提问：你能看懂以上两种方法吗？谁能借助实物说说?

学生交流：两种方法代表是两种解决问题的角度，一种是利用相对面相等计算表面积，一种是利用同一个长方体中有三组不同面（上面、前面、右面）计算表面积。

学生对照实物，进行讲解的同时，一方面在强化表面积的含义与计算方法理解；另一方面也便于发现两种方法的共同之处。除了从意义上来讲有一致性外，从算理上讲也有一致性，有的学生想到用分配律来解释两种方法的共同之处。

④ 现实原型，错例解析

教师出示学生基础练习的错例（错例均是所求长方体或正方体的表面积不完整，如忘掉两个面、只求三个不同的面，忘记乘以 2），并提问，这两种计算方法有什么问题吗？因为是源自自我的问题，因此学生在研究交流起来非常主动。另外，学生通过辨析，再次深化计算方法。

⑤ 进阶练习，发展提升

教师借助数字化平台出示鱼缸、灯笼、巧克力盒子、粉刷的教室等实物或实景。

让学生讨论：这些物品在计算表面积的时候是不是都需要计算6个面呢？（学生思辨）

师生总结：有的计算5个面，有的计算4个面，等等，要根据实际情况确定物体表面积的个数。

知识学习是需要“运用”的，学生掌握了抽象的计算方法之后，教师及时与生活进行联系，打通了数学与生活之间的联系。学生在具体问题具体分析的过程中，不断深化知识，为综合性学习提供了可能，培养了解决实际问题的能力，积累了参与数学思维活动的经验，提升了思维能力。

（3）课后，完成作业，教师以个性化辅导为重点。学生在课余时间完成与课程内容相应的作业，并可以在网络平台通过留言板、课程论坛等形式与教师进行沟通和交流，探讨学习心得体会。课后阶段，数字化平台依据对每个学生课前预习和课堂学习数据采集及分析情况，有针对性地发布个性化作业任务，并智能推送个性化复习资料。当学生完成作业，并提交到平台后，数字化平台会即时批改和反馈。学生根据自己作业的反馈情况，通过平台及时把自己的感受与困惑发布，与老师、同学进行讨论交流，并总结反思。

随着数字化技术的发展，“互联网+教育”成为教育改革的主流方向，在线学习和课堂教学有机结合，为基础教育改革带来一种“新”的智能类型、“新”的思维方式、“新”的教育方式、“新”的课堂生态。这些“新”的变化，促进课堂教学新范式的诞生。互联网时代的来临，使优质教育资源实现全球共享，真正实现教育公平化、终身化和个性化，促进教育均衡发展。

（《数字化时代重构教学新范式》一文2018年发表于《中小学数字化教学》）

第七章

智能化：人工智能未来已来

随着信息技术的发展，教学形式也在不断变化。根据技术工具在教学中的不同应用，可以将教学发展过程分为传统教学、电化教学、数字化教学和智能化教学四个阶段。传统教学一般使用黑板、粉笔、挂图等教学工具，为满足升学需求，一般采取“填鸭式教学”，课堂形式单调乏味，主要以教师讲授为主，以教师为教学主导，忽略了学生学习的主体地位，以灌溉式完成教学任务，只强调知识传授的教学观念，令学生始终处于被动、服从的学习地位，使教学创新水平难以提升，教学质量受到影响。

在互联网、计算机、移动终端的发展下，教学模式逐步走向数字化，教学理念也由“教师主体”转变为“教师为主导，学生为主体”，师生地位被重新定位。网络技术、多媒体的广泛应用使教学形式更加丰富，出现了网络教学、混合式教学、翻转课堂等新型教学模式；音频、视频、动画等媒介形态和虚拟现实、增强现实技术，使教学内容和形式更加多样化和立体化。

从传统教学到数字化教学，教学理念、教学内容、教学工具等都发生了很大改变，然而信息技术与教学还未深度融合，教学质量还未显著提升。面对数字化教学发展存在的难题，如何创新应用人工智能、大数据、云计算等技术提升教学的智能化水平，促进技术与教学的深度融合，成为智能教育发展的重要研究课题。

一、智能化备课

备课是真实教学实践的预演，是确保教学质量的条件，是教师专业发展的途径，也是教师教学工作的关键环节之一。备课过程中教师要尽可能照顾所有学生的学习进度。而在真正教学中，教学进度难以掌控，可能会出现有些学生“吃不饱”，有些学生“无法消化”等情况。由人工智能辅助教师备课，可以有效解决上述问题，具体的备课过程包括钻研教材、学情分析、规划教学过程。

1. 钻研教材

备课不能只做表面文章，应付学校检查，更不能一味地拿来主义，拿起参考书就抄，拿起网络搜索的课件就用，有现成的教案就搬。教师要告诉学生本节内容在整个学习阶段的地位和作用，学习它是为解决什么问题，本节的思想方法是什么，学习后可以提升哪些能力。因此，备课的前提是教师要认真钻研教材，熟练掌握教材内容，明确教学目的、教学重难点和教学方法的基本要求等，做到统领全局，抓住教学主线。

教师在认真钻研教材的基础上，可利用智能备课系统进行备课。

（1）备课系统可以根据教师的授课教材信息和即将要备课的章节，向教师推荐优秀教案。教师通过学习教案，吸收先进的教学方法和教学思路。

（2）备课系统可智能推送与该教材章节相关联的各类资源，教师自主选择适合教学内容的教学资源。教师也可通过智能备课系统自动搜索教学资源充实教学内容。

例如，IBM Waston 研发的教师辅助工具 Waston 1.0，利用自然语言理解技术创建了智能搜索引擎，教师可以通过搜索引擎搜索到所需的内容。理论上，通过对人工智能深度学习用户数据进行不断改进以及完善搜索引擎，能够为教师提供丰富的资源。

2. 学情分析

教学是教师教和学生学的双向互动过程，因此对学生进行分析是教师备课过程中不容忽视的环节。对学生进行分析，不仅要了解整个班级的学习氛围，还要了解每个学生对学科知识和技能的掌握程度、学习习惯、学习态度、思维特点等情况。学情分析是教师进一步设计教学活动、选择教学资源的依据。教师以往对学生的分析一般是依据个人教学经验和对学生的主观认识，无法了解班级所有学生的学习情况，因而也就无法实现真正的因材施教、个性化教学。

近年来，随着人工智能、大数据与学习分析技术的发展，教师可以轻松了解每个学生的学习特点。针对智能环境记录的学生学习过程数据，基于大数据的技术可以智能分析和挖掘学生知识掌握、学习兴趣、学习风格等信息。备课系统可以对教学平台上学生作业练习、预习准备情况等数据进行挖掘分析，可视化呈现“诊断报告单”。报告上显示每一个学生当前知识点掌握情况，并给出分析结果，使教师明确如何改进，如何对症下药，如何查漏补缺，进而制订科学、合理的个性化教学方案，满足学生的学习需要，提高教学效果。

3. 规划教学过程

教师在理解教材、了解学生的基础上，可依据学生的学习风格、学习需求等参数，选择教学资源、教学策略，规划教学过程，做到重点突出、难易适度、论据充足，以保证学生有效学习。教师在将上述内容了然于胸时，通过搜索与整合智能备课系统中的资源，形成电子教案。同时，智能备课系统依据教案内容为教师制作课件以及提供课堂测试习题。教师仅需根据所教班级的学生特点与个人的教学习惯，对教案、练习题以及课件稍做调整，即可用于教学。

二、精准教学

近年来，大数据、人工智能等技术的发展，使得精准教学成为可能。本研究所探讨的精准教学，是指教师借助大数据、人工智能等技术手段，提供个性化教学内容，实时监控教学过程，以智能指导教学，即利用技术手段更好地因材施教。

1. 提供个性化教学内容

当前学校教育中，教师一般都是根据课本以及学校安排的课程时间进行教学，每年的教学内容几乎一致，教师无法及时补充并拓展教学内容。而且，传统教学过程对所有学生采用统一教材，不能够为学生提供个性化的教学内容和研究方向。而要实现对学生的个性化教学，就要为学习者提供不同的教学内容。但对一个知识点实行个性化，需要做成百上千的教学内容，而所有这些知识内容都靠人工开发是不现实的。

利用人工智能则可动态组合出符合学习者特定风格、特定能力结构、特定学习终端、特定学习场景、特定学习策略的个性化学习内容。在人工智能取得突破性进展以前，上述内容的提取和建模不太理想，因而为学习者提供个性化教学内容和制订个性化教学方案一直难以真正实现。随着人工智能、大数据、云计算等技术的不断成熟，基于上述智能技术进行学习者行为精准数据挖掘为个性化教学内容建设提供了关键技术支撑。

目前，在提供个性化的学习内容和差异化的学习辅导方面，Knewton 平台可以满足不同学习风格和不同学习习惯学生的需求，并根据学生的学习进度不断调整。在技术层面，Knewton 平台构建了三部分基础设施，包括数据基础设施、推理基础设施和个性化基础设施。其中，个性化基础设施部分包括推荐引擎和预测分析引擎。推荐与分析引擎能为学习者持续推荐个性化学习内容，并对学习内容掌握程度、学习表现等进行精准推断。

未来，每位学生学习的课程、科目、内容将不尽相同，实现个性化培养，打破同一年级的学生，在同一时间、同一地点，学习同样内容的教学形式。

2. 实时监控教学，记录教学数据

传统教学中，无法记录教学过程中产生的数据，而数据是基础信息，只有采集到教学过程中常态化的海量数据，教师才能说自己“了解”每一个学生，才能看到学生发展进步的动态过程。智能教学平台、智能穿戴设备等技术手段已经可以将教学过程中的数据记录下来，为指导教师教学提供支持。

课堂教学中，智能教学平台通过情感计算对整个教学过程进行实时监测，推断学生的学习状态和注意力状态，实时调控教学过程，并将这些监测数据实时上传至人工智能教学平台，作为教师评估学生课堂学习表现和改进教学策略的依据。学习状态和注意力状态监测主要包括声音监测、面部表情监测、脑电图监测等。

3. 精准指导教学

智能教学平台可以实时、便捷地采集学生学习过程中的数据，智能分析学生的学习态度、学习风格、知识点掌握情况等信息，使教师能够精准掌握学生个体的学习需求，智能辅助教师开展动态的教学决策，依据教学数据，开展针对性教学，从而帮助每一个学生实现个性化学习，用技术提升教学效率。另外，通过统计班级整体的学习氛围状况、薄弱知识点分布、成绩分布等学情信息，教师能够精准掌握班级整体的学习需求，最终为合理规划教学资源、恰当选取教学方式，提供专业指导意见，实现教学过程的精准化。

三、智能化答疑与辅导

个性化答疑与辅导一直是教育追求的目标，然而课堂教学时间有限，教师无法实现为所有学生答疑和辅导。人工智能的发展，为解决上述问题带来了新的方案。

1. 智能辅导系统

智能辅导系统是一个能够模仿教师或者助教帮助学习者进行某个学科、领域或知识点学习的智能系统。一个成功的智能教学系统应当具备教育者的基本功能，即拥有某个学科领域的知识，能用合适的方式向学习者展示学习内容，了解学习者的学习进度和风格，对学习者的学习情况能给予及时而恰当的反馈，帮助学习者解决问题。通常情况下，一个智能教学系统通常包括学习者模型、领域模型和教学模块。学习者模型主要描述学习者的知识水平、认知和情感状态、学习风格等个性信息；领域模型以各种知识表示方法来存储学科领域知识；教学模块（或辅导模块）是具体实施教学过程的模块，可生成教学过程及形成教学策略。

2. 利用智能图像识别技术进行扫描识图、在线答疑

教学中有时会存在一些抽象难理解的知识点，如物理的磁场分布、化学的有机分子空间构型等。这些抽象的知识点不仅学生学起来很困难，同样教师教起来也会感觉无从下手。为了将这些抽象的知识变得具象化，一些教育机构推出将人工智能应用于教育行业场景的产品——“AR 知识点解析”，即通过图像识别、增强现实、3D 模型等技术原理，将抽象的知识真实、立体地呈现在学习者面前。以前不擅长空间想象的学生，对于那些抽象的内容可能无法理解，但是跟随 AR 的动态讲解，学习将会变得轻松高效。

学习者在学习过程中只要对书上的一张二维图像进行扫描，手机就会在较短时间内匹配出正确的知识解析，帮助学生梳理相关知识点，给学生呈现清晰的知识脉络。当学生在解题过程中遇到困难，只要手机点击相机切换至 AR 模式，手机摄像头就会对题目知识点进行配图扫描并提取特征点，与已记录的知识点、配图特征点进行配对，从而加载预先设计好的 3D 模型知识点信息，将原本枯燥、抽象的知识点变得更加直观形象，大大提高复习效率。

立体化呈现，将内容严谨、有趣的科学知识，以逼真的画面呈现，会让学生感觉犹如置身其境，从而能轻松领略自然、科学、历史、人文、地理的千姿百态。同时可以增强学生的体验感，对提升学生认知能力也很有帮助。

四、智能化学习

智能化学习是指学习者在智能导师、智能学伴的协助下开展泛在学习，获得虚实结合的无缝学习体验，开展创新实践与研究性学习。智能化学习的特点主要有易获取性、及时性、持续性、主动性、交互性及场景性。综合相关学者的论述，智能化学习是学习者在智能化学习环境中按需获取学习资源，自主开展学习活动，享受个性化学习支持服务，获得及时反馈评价，能够正确认识自我不足与优势、促进综合素质和创新能力的提升。

智能化学习是在智能化学习环境中开展的以学习者为中心的学习活动。学习者不仅能够及时获取所需资源、评价反馈，还能享受个性化学习支持服务，使学习变得更加轻松、高效和有趣。智能化学习的一般过程，如图7-1所示。

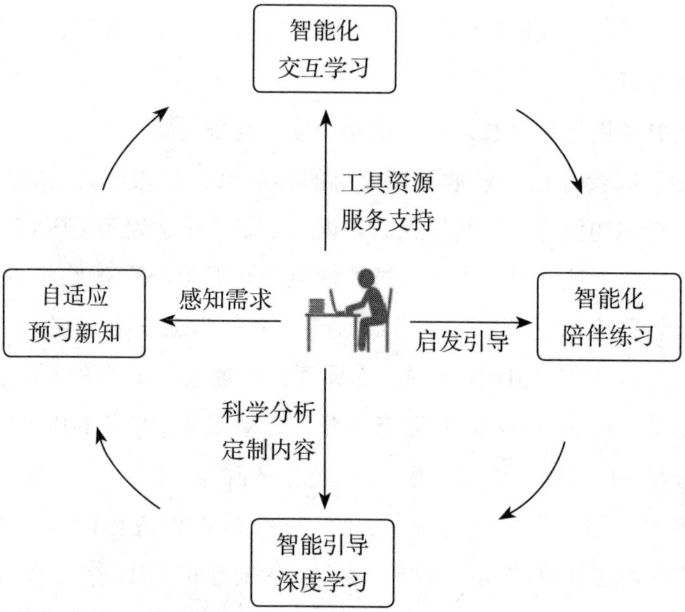

图7-1 智能化学习过程

（一）自适应预习新知

目前，人工智能已经广泛融入自适应学习技术支持的产品或服务中，智能化教学平台就是典型的应用。人工智能支持的自适应学习不仅可以提升学习者的学习兴趣，使学习者参与其中，而且能够提升学习者的自主学习能力，帮助学习者找到适合自己的学习方法。例如，Knewton 作为目前影响力最大的自适应学习平台，可以为学习者提供自适应内容定制和预测分析，为学习者提供个性化的学习体验。

知识不再是课堂上由教师传授，而是由学习者在课前自主预习、自主获取。智能化环境为学习者开展课前自主预习提供了有效支持。课前教师通过智能化教学平台，根据个体的行为特征、学习习惯以及学习进度推送具有针对性的学习资源至学生个人学习空间，让学生进行预习。这种预习是具有可控性的，学生有没有完成预习、预习的情况和答题情况都会在教师端以数据的形式直观呈现。教师可以对学生的学习轨迹进行远程监控，及时了解学生的预习情况，并对预习数据进行分析，初步了解学生在预习过程中遇到的问题以及容易出错的知识点，做好教学记录，并随时提供远程辅导。

（二）智能化交互学习

1. 人机交互重构互动性的学习

（1）智能化教学平台上课前，学生通过扫描投影幕布上的二维码即可完成签到，教师再也不用浪费时间点名，节省课堂时间。

（2）传统课堂上，教师一般只关注成绩较好或较差的学生，这些学生被点名回答问题的次数也比较多，而其他学生与教师交互较少，在心理上也存在侥幸心理，不会认真思考老师提出的问题。而智能化教学平台可以有效解决这一问题，通过随机提问功能，让学生的名字滚动在屏幕上，让每一位学生都可以集中注意力，认真思考，有效提升课堂交互效果，平均关爱每一位学生。教师通过抢答功能，还可以解决学生故意低头不愿意举手回答的冷场情况，改变传统学习习惯，活跃课堂教学气氛。教师也可以将学生的回答记录到教学平台上，给出学生评价。

（3）随堂测试功能可以方便教师实时掌握学生的课堂学习情况，调整教学步调。课堂上可以进行实时答题，教师可以自由选择是否开启弹幕。学生通过手机或者平板电脑发表疑问、提出看法。这些内容会实时显示在屏幕上，弹幕形式的教学模式极大地提高了学生学习兴趣。

（4）学生可以将课下预习过程中存在的问题发布在教学平台上。一方面通过人工智能系统的语义识别，机器可以及时回复学习者基础性知识问题，极大地节省师资资源；另一方面，教师可对学生学习本课有一个大概了解，明确教学中的重难点。

2. 小组交互构建学习共同体

智能化教学平台还有一个分组功能——利用人工智能基于对每个学生的知识点和技能操作水平的了解，合理分组，让学生完成特定任务，鼓励学生合作学习。人工智能社会，很多工作不是单打独斗就可以完成的，它需要团队合力完成。在团队中，每个人都要发挥自身优势，精诚合作。学生通过小组学习互相督促和引导，在课前一起预习教师推送的学习资料，共同发现问题、解决问题，有效培养探索能力。课堂上，学生可以共同探讨教师所提问题、自由发表意见；教师也可以通过这一过程，了解学生学习心态与思路。课下，学生可以共同完成分组作业，培养交际能力与合作能力。

（三）智能化陪伴练习

陪伴是最好的教育，但是很多家长对陪伴有很多误解，以为陪孩子做作业、随时跟在孩子身边就够了，这些最多可以看作保姆式照顾，不是陪伴。陪伴是能够理解孩子、懂得孩子的心理变化，能够相互信任，适时给予鼓励、表扬。这样的陪伴才对培养孩子独立、自信、与人合作能力具有积极作用。

人工智能和机器人的快速发展，使得过去遥不可及的高科技产品已经渐渐融入日常生活，除了家庭扫地机器人、智能音箱等，越来越多的智能陪伴机器人出现在大众视野中。

1. 智能侦测学习盲点

“题海战术”是学生最常选择的查漏补缺方式，往往需要学生做大量练习，教师才可以发现学生知识欠缺的地方，然而盲目学习的结果往往是浪费时间，事倍功半。

相比传统教学对学生采用的题海战术，利用人工智能帮助拆分知识点、“打标签（包括学习内容、学习风格、倾向性、难易度、区分度等）”，可以为学生实现精细化匹配，智能侦测到学生学习的盲点与重复率，从而能够指导或帮助学生减少重复学习的时间，提高学习效率。对于教师来说，教师拥有了学生全套的学习轨迹数据，在提供教学服务时，效率会提高很多。

2. 兴趣驱动，引导学习

自主学习过程比较枯燥，自控能力弱的学生很容易中途放弃。人工智能学伴可根据学生的学习兴趣和知识掌握水平，为其提供文本、视频、音频等个性化学习资源，并根据学生学习进展自动调节难度和深度。人工智能学伴在学生完成学习任务时会为其点赞，未完成时会给予监督鼓励，让学生感受到人文关怀，从而积极、主动地去完成阅读任务。自主学习过程，树立了学生的主体地位。学生自己定学习目标和学习进程，独立展开学习活动，学习效果越来越好。

3. 实时交互，启发引导

孩子们往往对世界充满了好奇，时不时会抛出各种各样的问题，比如，为什么会有彩虹？为什么我不会飞？有些问题家长也回答不出。此时，充当百科全书的机器人可以陪在学生身边，随时为他们解答问题，并通过互动启发引导他们，让他们先自己动脑思考，给他们提供思考和想象的空间。其实，有时孩子们自己的回答更具想象力。这样的陪伴有助于培养他们主动思考的能力和创新能力。

4. 自动化测评

在学生完成教师布置的作业后，人工智能学伴能够对学生的作业进行自动批改，一方面帮助学生纠正错题，补足知识薄弱环节；另一方面，发现学生的闪光点，充分挖掘学生的优势，激发学生学习兴趣。

（四）智能引导深度学习

深度学习能否有效推进，学习内容是关键要素之一。人工智能可帮助教师分析，在合适的时间、合适的地点呈现合适的学习内容。教学机器人可根据学生的性别、兴趣爱好及知识能力水平等推送学生认知水平范围的学习资料。首先，由教师人工设置深度学习预警标准。其次，由机器人根据学生的学习行为通过数据追踪判断学生对当前学习内容是否感兴趣，并与教师设定的深度学习标准进行比较，进而判断是否转入进一步的深度学习和扩展性学习。人与机器的合作，为学生有效开展深度学习提供合适的学习内容，促进学生更加深入地思考。

五、热门话题

人工智能能否取代教师

人工智能是当下科技发展的主流趋势，涉及各行各业。在一些人眼中，谁先抓住人工智能的先机，谁就走在下一个时代的前列。日常生活中，人工智能技术已经得到充分的使用。比如无人驾驶汽车、智能客服、智能家居设备、人脸识别支付等，都用到了这一技术。现在有不少的超市已减少了收银员数量，增设了智能结算网点，让人看到人工智能可以取代人类做一些工作。人工智能对于教育的改变也吸引了人们的关注，关于人工智能教育能否取代人类教师的话题也被提上了讨论桌。

一、实现个性化学习，但缺少情感

现在的教育基本都是大班教学，能学到多少知识要看个人的理解能力，但是真正合格的教育需要做到因材施教，针对不同的学生开展不同的课程。教育资源的不平均分配是现在没有办法避免的事情，但是，来自美国西北大学的拉里·赫奇斯和 edX 创始人阿南特·阿格瓦尔却表示智慧 AI 老师有望改变这一窘境。每个学生都有自己擅长的领域，如果给几十人只配备一个老师的话，很难实现学生的个性化需求。但是通过人工智能技术，智慧 AI 老师能够针对每一个学生形成特定课程，让其学习到更多有用的知识。不过人工智能教育并没有人类老师细腻的情感，所以在观察学生状态方面还有不足。

教育是为成人、育人而生的，是为叶澜教授所言的“教天地人事，育生命自觉”，是“为人的一生幸福奠基”而变革与发展的。不论何种时代的教育，都不例外，任何人工智能都不能改变这一真谛。学生的素养与能力不会自动发生，也不能只凭自学养成，学生的成长始终需要“教师”这样的引路人、互动者、对话者、帮助者和陪伴者。这些角色，是人工智能时代教师最需要承担的角色。他们是陪伴学生在人工智能时代重重险滩和荆棘中前行的人，是赋予学生自主学习能力和创新性思维，给予学生打破旧知识、创造新知识能力的人，从而是引导、帮助学生在人工智能的世界里，获得不可被替代的自主、自立、自强和自由能力的人。

二、快速批改，但是忽略了闪光点

如果将人工智能教育运用到实际中来，那么学生的评判肯定也就交给了机器。阿格瓦尔关于对学生的打分曾经做过一个有趣的实验，他在 edX 平台上让机器人通过人工智能技术对 10 万份论文进行打分，虽然速度很快，但是最终的打分结果让教师和学生都感到莫名其妙。因为机器在识别能力上还不够完善，打分的标准非常死板，看不到学生论文中的闪光点，只是按照一些特定标准打分。所以想要真的将人工智能教育应用到现实中来，并准确对学生作出判断还值得研究，不然还得专门配备一个师资团队去评判学生的成绩。

三、人工智能缺乏创新能力

就目前的技术而言，人工智能还没有达到可以不断创新的地步，其在许多行业担当的也只是机械性的工作。虽然人工智能教育有取代人来教书的可能性，但是它背后还是需要模仿人类的智力行为，在人类智慧的基础上建立各种模型。虽然也能够通过一定的方式去探索，但是没有人类的智慧模型和行为方式供它参考的话，人工智能教育还是没有任何创新的能力，并且在叙事能力上，人工智能教育也会有所欠缺，它表达的方式是整合人们日常对话形成的，对于一些套话和说话技巧，人工智能教育目前还没有办法实现。

人工智能可以从一定程度上改变教育方式，但是想要完全取代教师几乎是不可能的。等到人工智能技术真正成熟的时候，教师的工作可能会变得比较轻松，角色上会有一些变化，像是知识的传递和技能的训练完全可以交给人工智能来做。而在对学生创新思维的引导上，对学生疑难困惑的解决上，教师可以投入大量的精力。相信有了人工智能的帮助，教师可以花更多时间去研究怎么培养一个优秀的学生，优秀的人才会变得越来越多。

人工智能技术在教育领域的部分应用虽然已经有所突破，但是，整体水平依然处于“弱人工智能阶段”。而且，实现人工智能与教育的深度融合，仅仅依靠广大教育工作者是远远不够的。因为目前广大的一线教师对人工智能技术鲜有接触，而且大部分教师根本不知道人工智能技术在教育中的应用能够实现什么功能。

在对人工智能技术本身不了解的情况下，教育工作者很难提出基于人工智能技术的教育需求。因此，未来的研究要加强人工智能专业技术人员与教育领域专家的合作，找准人工智能与教育的契合点，强化人工智能在教学中的实践应用，进而促进教育更快更好地发展。

六、视点链接

人工智能伴成长

——小栩每天的学习生活

自 2017 年 7 月 8 日，国务院 35 号文印发《新一代人工智能发展规划》（以下简称《规划》）以来，各大媒体都把人工智能的关注点聚焦在“人工智能会不会取代人”“人工智能会不会统治人类”“人工智能会不会抢走人类饭碗”等一系列问题上。但作为基础教育的一名一线的教师，笔者更关注的是人工智能在小学阶段如何推进与实施等一系列问题。

从课程建设方面来看，《规划》在明确提出广泛开展人工智能科普活动的内容里提出要在中小学阶段设置人工智能相关课程，逐步推广编程教育。从创新教学应用方面来看，构建包含：智能学习、交互式学习的新型教育体系；开展智能教育环境建设；开发立体综合教学场、基于大数据智能的在线学习教育平台；开发智能教育助理，建立智能、快速、全面的教育分析系统。

对于小学阶段推进人工智能不能像大学阶段一样进行人工智能设备的开发，甚至应用于产业升级改造？答案是否定的，由于小学生年龄尚小，不具备这种能力。笔者认为，小学阶段推进人工智能只能从科普感知、应用体验、辅助学习、可视化编程和科技小发明等方面进行。

为了让人工智能的推进得以落地，笔者以学校五年级学生小栩的一天学习生活轨迹作为向导，来见证人工智能如何陪伴孩子的成长。当然，人工智能的实施需要硬件环境与软件平台的支撑，它们分别是：

第一，校园无线网络全覆盖，构建物联网，主要是对链接智能设备与大数据平台的学生相关信息进行传递与交互。

第二，智能手环，每位学生手上都有一个智能手环，并且像身份证一样，每个学生都有一个独一无二的ID身份号，与学生一一对应。

第三，移动终端，每位学生都有一台移动终端平板电脑，用于学习、查找信息、上传资料。

第四，大数据平台，主要用来分析智能设备上传的所有学生资料和数据，并进行诊断、分析，形成综合的应用反馈。

一、暖心推送，温暖每天

俗话说“一日之计在于晨”。小栩每天7：00起床后，他的智能手环上就接到大数据平台推送的当天温度、湿度和风力的提醒信息。他可以根据信息判断当天穿衣的情况。这样可以避免孩子们穿多了出汗，穿少了着凉，减少孩子因穿衣问题引起生病。同时，小栩也接收到这一天上课的课程，及班主任的温馨提示信息。可以说，由于暖心的智能推送服务，让孩子们有条不紊地开始每一天的学习生活。

二、智能管理，家校放心

上午7：30分，小栩一踏进校门，家长的手机马上接收到来自智能平台发送过来的一条小栩进校的信息。对于佩戴了智能手环的孩子，这是最基础的管理，能知道他的整个活动轨迹。快速的反馈与跟踪不但让家长对孩子的上学与放学放心，而且学校对每个孩子的活动一目了然。

在校园内，有一些重要的场所，学校管理员在大数据平台已设置了这些区域，如仪器室、电脑室、创客室，学生不能随便进入，需要有老师在场内照看着才能进去。如果当某个学生不清楚跑进去了，这时智能手环会有及时的语音提示，表示你到达的这个地方不能擅入，请离开！这就是一种陪伴的提醒。

三、智能分析，个性化服务

大数据平台下的智能手环可以根据每个孩子的喜好推送个性化的阅读。例如，小栩是一个创新发明小能手，喜欢去科学探究室玩，他手上戴的手环会进行记录。当他反复去同样一个地方玩，大数据平台通过诊断、分析，会作出判断——小栩特别喜欢科技类项目。作为学校教师便了解了这个孩子的一种喜好与能力。这样，学校在培养这个孩子的过程当中，可以推送科技类的书籍、影片及相关资源给小栩。

由于学校每周有一节阅读课，当语文老师带着小栩他们班到学校图书馆看书，一般学校的孩子到这个时候会发愁，图书馆这么多书，要借什么书来看呢？小栩和他的同学就不会。例如，小栩喜欢科技类的书，他可对着他的陪伴朋友——智能手环说："亲，我想借一本科技类的书"。然后智能手环就会给他提示，这里有什么书供他选择，并且告诉他在图书馆的第几区第几列第几行。科技书籍的位置清清楚楚，便于查找。

这样的一个过程中，小小的智能手环，通过大数据智能分析，学生得到个性化的服务，这是人工智能陪伴成长优越性的体现。

四、智能查找，深度学习

学校种着郁郁葱葱的各种植物，并且这些植物都有"二维码身份证"。但这些植物对于小栩来说是陌生的，因他不知其名称与特性。想全方位了解某一棵植物，只要用手上平板电脑扫描植物牌上的"二维码"就可以进入百度百科获取其详细信息，校园变成了关注绿化、美化环境与科普宣传的大课堂。

当然，小栩所读学校校园内，二维码到处可见，当他想了解学校的历程，想参加社团的介绍，或者任教老师的简介也可以通过扫描相关二维码就知道了。

五、智慧教育，助力学习

小栩所在学校的课堂与很多学校不一样，因为他们学校都利用人工智能设备促进教与学的变革，实现了"人人皆学、处处能学、时时可学"。

课前，他们利用平板电脑进行在线自主学习，也就是说他们可以随时、随地、随节奏，观看教学视频，进行在线交流、在线练习，学习的时间、地点和节奏完全由自己来掌握。学生可选择某一时刻去观看教学视频，以提高学习效率。当学生遇到学习困难，除了与老师、同学在线交流外，还可以对智能手环说："书上某问题我不太明白，你能否帮我解释一下。"解决问题的相关资源将被推送到智能手环或平板电脑上，这样，学生就好像有一位百事通老师总是陪伴在他身边一样，这是学习上的推送与帮助。学生获取知识与方法的来源与途径，不再局限于教师与课堂。学生会使用人工智能服务去寻找学习资源，也不再拘泥于制度化、固定化的课堂时间。

课中，他们的任课老师从在线学习平台中收集大量个性化学习进程中产生的“痕迹”数据后，大数据会对班上每个学生的学习进行深度分析。一方面大数据能分析和生成学习问题和建议。大数据平台会对个体进行实时分析，实现个体层面的课堂定制，提高学生学习的适应性与针对性，优化个性化学习分析。另一方面，对全班的学习数据进行分析，能帮助任课教师全面了解、跟踪和掌握学生特征、学习过程、学习表现等信息，尽量尽早地从海量的信息中发现问题并及时实施干预，采取相应的行动。例如，根据问题进行相关资源的推送，或者帮助教师改进教学设计与教学方法，真正实现因材施教、个性化教学服务。

课后，大数据平台根据每位学生学习效能，推送不同层次、不同组合的练习，并且会进行实时批改与点评。

从小栩班上的课堂教学来看，真正实现了一对一的个性化教学，这种“精准教育”是传统教学无法比拟的。可见，人工智能在改变现代社会知识的性质与来源的同时，也改变了知识习得的方式，最终形成“移动学习与固定学习并驾齐驱、线上学习与线下学习比翼齐飞、人工智能与人的智能交融共生”的新格局。

六、智能记录，记录人生

由于人工智能的陪伴，小栩班上每个同学每节课的学习表现、学习认知过程、学习成效都被记录下来，推送给他们的教师进行数据分析和分享。除了帮助教师因材施教进行个性化教育外，它还可以把孩子的分析报告推送给家长，让他们了解到孩子在学校各种表现情况。

例如，小栩在课堂学习过程当中，发言的积极性如何？没有主动发言是什么原因？在传统的条件下，课堂的学习行为身在校外的家长很难精准地了解到。自从有了人工智能陪伴以后，家长可以及时了解到孩子在学校学习生活的一切表现情况，真正实现了家校互联共育孩子的愿景。

如果一个孩子从一年级入学这种分析与记录就开始，他的所有学习与生活历程都被做了精准的记录，记录一直延伸到中学、大学，这个记录就是他的个人成长档案。这些数据在他将来读大学选专业，甚至找工作时，可不再受限于某些教师的主观意愿，或者某些单位的主观认可。可以通过大数据平台，了解每一个孩子的成长历程、综合能力及兴趣爱好。精确记录、理性分析、持久保存，这些都是人工智能陪伴成长的优势。

七、可视化编程，初识人工智能内核

初步应用感知人工智能、利用人工智能辅助学校管理和帮助学生学习是使用人工智能的初级阶段。为了让学生从小认识人工智能的内涵。近几年，全国各地大部分小学都推广可视化编程教育，小栩所读学校也不例外。他们学校从五、六年级学生就开始学习可视化编程课程，授课内容是 Scratch 编程（Scratch 是由 MIT 开发的智能化编程语言 Scratch Tutorial），激发学生创造力，引导学生开发出丰富多样的交互式故事、动画和游戏。在可视化编程教育过程中，要从培养学生从问题的特征入手，梳理问题的脉络，找到合适的组织方式的能力。学生通过对编程的学习，可以更好地适应和融入未来社会的发展，这才是编程教育的意义所在。

这一天，小栩他们班正在上一节题为“Scratch 趣味编程——接苹果”的信息技术课，教师主要让学生学会导入或绘制背景、添加（删除）角色；理解（x，y）坐标；学会将指令移到（x，y）、y 坐标增加、重复执行等内容。同时，教师引导学生构思主题故事、游戏，分析游戏规则或故事情节，设计相关的剧本，然后根据剧本需求，找到和应用相关指令，并逐步加深理解。整节课，主要分为三个任务：

任务一：选择合适的背景、角色。

任务二：苹果怎样掉下来？

任务三：怎样用篮子接住苹果？

整节课围绕“想象·编程·分享”的理念，让学生把心中的想法和创意通过编程实现。基于五年级孩子刚接触 Scratch，还停留在动作、外观的表面理解，对指令的概念还很模糊，因此，希望通过制作游戏，逐步加深学生对不同指令的理解，培养学生的逻辑思维与计算思维，从而让学生明白人工智能也是以编程为基础的。

八、科普讲座，初步感知

对于小学推进人工智能教育，人工智能科普是首当其冲，因为小学生年龄比较小，人工智能只能停留在认识感知上，所以，智能科普讲座尤为重要。

为了全面普及科学知识，加快人工智能科普与推广，提高小学生对人工智能的整体认知和应用水平。小栩所在学校举行了人工智能科普活动，请来了市科技局陈明老师为他们进行人工智能科普教育。陈老师利用从事科技工作的丰富知识、视频、图片和相关资料，以浅显、通俗、幽默的语言，具体鲜活的事例，从人工智能的定义、怎么实现人工智能、人工智能有多强以及其对人类生活有什么影响等方面展开讲解，让学生们了解尖端科技发展的最新动态。陈老师把高深的尖端科技形象化、浅显化、通俗化，为学生们揭开了尖端科技的神秘面纱。此次人工智能科普知识讲座旨在引导学生关注尖端科技动态，留意身边的科普知识，唤起学生热爱科学、崇尚科学的热情，启发青少年去探索科学的奥秘，引领青少年走进科学的殿堂。

人工智能技术可谓一日千里，这些技术也会给个性化教学带来非常大的改变。虽然人工智能教学进入小学课程困难重重，但只要我们从学生的年龄特点、认知结构等方面出发，逐步推进适合小学阶段的人工智能课程，相信这不是一个梦。

（《人工智能伴成长——小栩同学每天的学习生活》一文 2018 年发表于《中小学信息技术教育》）

第八章

实践：践行数学四大领域

一、“数与代数”案例

“1000 以内数的认识”教学设计

数与代数是小学数学中的主要内容之一。《义务教育数学课程标准（2011年版）》指出，“数与代数”的主要内容包括：数的认识，数的表示，数的大小，数的运算，数量的估计，字母表示数，代数式及其运算，方程、方程组、不等式、函数等。这些知识的学习贯穿小学数学学习的整个阶段，是数学教学的重要内容。

数与代数是小学数学教学的重要组成部分，其内容占据小学数学知识中很大一部分比例，与其他三方面的学习内容相比，更具基础性与抽象性。数与代数知识的学习为其他知识的学习打下了良好的基础，创造了便利的条件。《义务教育数学课程标准（2011 年版）》也用了大量的篇幅进行数与代数内容的介绍，如教学目标、内容划分、经典参考例题等等，从不同的角度强调了数与代数教学的重要地位。

从数的认识开始直到学生学会实践应用，在整个数与代数知识的探索过程中，教师应结合《义务教育数学课程标准（2011 年版）》（以下简称《课程标准》）中不同教学内容的具体要求，充分考虑学生的年龄特点，在不同学段进行不同的教学设计。例如，低年级要注意将数学符号具体化，化抽象符号为具体实物，激发学生的认知反应，从整体上把握数与代数知识的教学。

【教材分析】

“1000 以内数的认识”是小学数学第四册第七单元“万以内数的认识”

的第一课。它是在学生掌握了计数单位“一”“十”“百”及其关系的基础上编排的，是学生对 100 以内数的认识的延伸和扩展，同时又为学习万以内数的认识做好铺垫。

由于 1 000、10 000 都是比较大的数，所以，在学生有限的认识基础上，如何让学生能尽快地建立起大数的概念和意识，显得格外重要。对于这一部分内容，《课程标准》中是这样阐述的：能认、读、写万以内的数，会用数表示物体的个数或事物的顺序和位置；能说出各数位的名称，识别各数位的数字意义；结合现实素材感受大数的意义，并能进行估算。

本课重在进一步认识计数单位“百”，认识新的计数单位“千”，体会相邻的两个计数单位间的十进制关系。数（shù）来源于数（shǔ）。因此，学生认数离不开数数的过程。教材在编排上，特别注意让学生经历数数的过程。学习“1 000 以内数的认识”学生须经历数小立方体的活动，借助计数单位“一”“十”“百”数数，认识新的计数单位“千”，体会十进制（如图 8–1）。

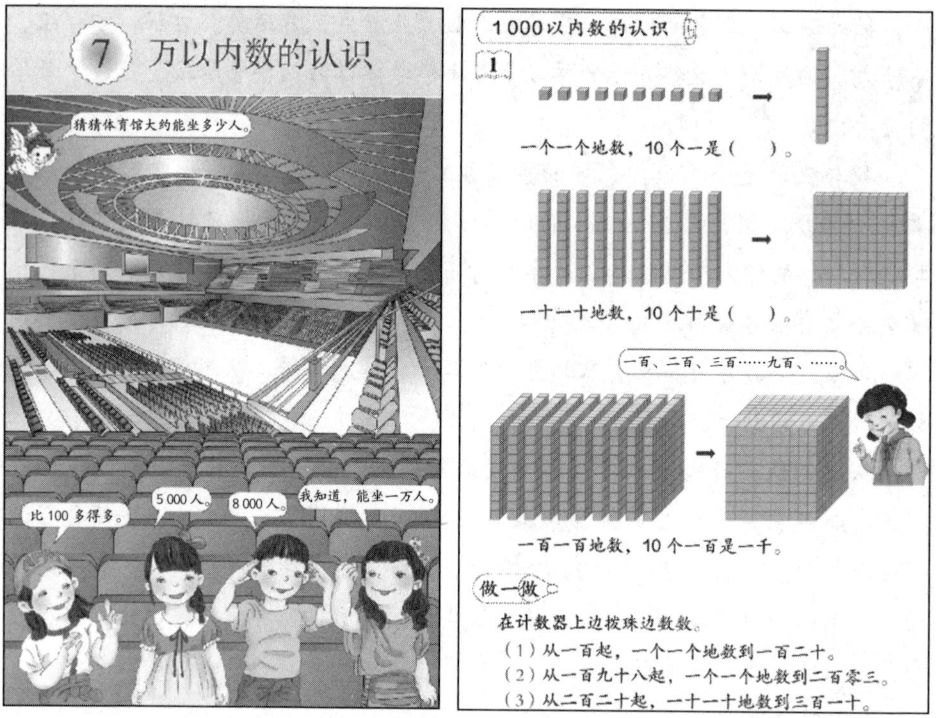

图8–1　“1 000以内数的认识”教学内容

【学情分析】

在学习本课内容之前，学生已经学习了“20 以内的数”“100 以内的数”，学生能够正确地数出 100 以内物体的个数，掌握了 100 以内数的顺序，能结合具体事物感受 100 以内数的意义，具备了一个一个地数、五个五个地数、十个十个地数等数数的方法，知道了10个一是十，10个十是百；理解了个位和十位上的数表示的意义，初步感知了解了十进制，体验了认数知识的形成过程。了解了数学与生活的密切联系，有了一定学习数学的自信心。

在学习动力方面，二年级学生处于智力开发的初级阶段，自觉性很差，动力明显不足，教师需要激发学生学习的主动性和积极性，培养学生学习数学的兴趣。在学习能力方面，二年级的学生学习时间不长，他们思考、观察、表达、练习、概括的能力尚未形成，需要在教师的引导下逐步培养。

【教学理念】

本节课采用学生自主学习和小组合作学习相结合的方式，首先以动手、动口自己数，合作数等形式让学生认识计数单位。然后是小组议一议的活动，教师先引导学生，关于数数，你有什么新发现？学生在独立思考的基础上讨论交流各抒己见，共同促进。最后学生通过生生合作、师生合作，采用拨珠子数数的方式掌握个、十、百、千之间的进位规律和整百整千的数数数法。学生合作过程中，教师不做过多的启发、引导，学生的学习方式主要是自主、合作和探究性的。

【教学目标】

1. 知识与技能目标

掌握 1 000 以内数的组成及读法和写法，通过观看微视频、资源推送和测评等方式，帮助学生巩固知识。

2. 过程与方法目标

通过电脑随机投票、圈、画等活动让学生经历数数的过程，体会如何选择合适的计数单位，发展数感。

3. 情感态度与价值观目标

在学生读数、写数的学习过程中，教师要关注学生的好奇心、求知欲，以及参与活动的情绪、独立思考的习惯，帮助学生培养信息素养。

【教学重难点】

教学重点：让学生通过实践操作数数，感知 1 000 以内数的概念。认识计数单位“千”，发现每两个相邻的计数单位之间都是十进制的关系。

教学难点：数整百或整千的数；体会千以内数数位的意义，理解相邻数位之间的十进制关系。

【创新融合点】

1. 个性化推送

根据教学目标和学情，向学生推送复习检测内容，并及时进行大数据的分析及反馈，课堂也从传统的经验型向数据分析型转变。测评结果由教师猜测转变成精确数据，测评方式由抽查少量学生转变为展示全体学生，真正关注到每一位学生，聚焦“数感”的培养。

2. 互动评价

在教学组织上利用教学助手中的互动课堂，组织学生在虚拟课堂进行学习。教师用小组评价、随机点名等手段调动学生的积极性，营造浓厚的学习氛围。

3. 即时反馈

利用教学助手中的互动课堂，让学生在平板电脑上圈一圈、画一画，数点子的个数，以及在平板电脑上观看微视频、做练习题，做到及时让学生练习，及时反馈，及时讲评，起到很好的巩固作用。学生学有所获，提高了课堂效率。

【教学过程】

1. 复习旧知，导入新课

师：同学们，我们学习了“1 000 以内数的认识”，请运用学过的知识，解决下列问题，有信心吗？

教师利用平板电脑推送复习题，如图8-2所示。

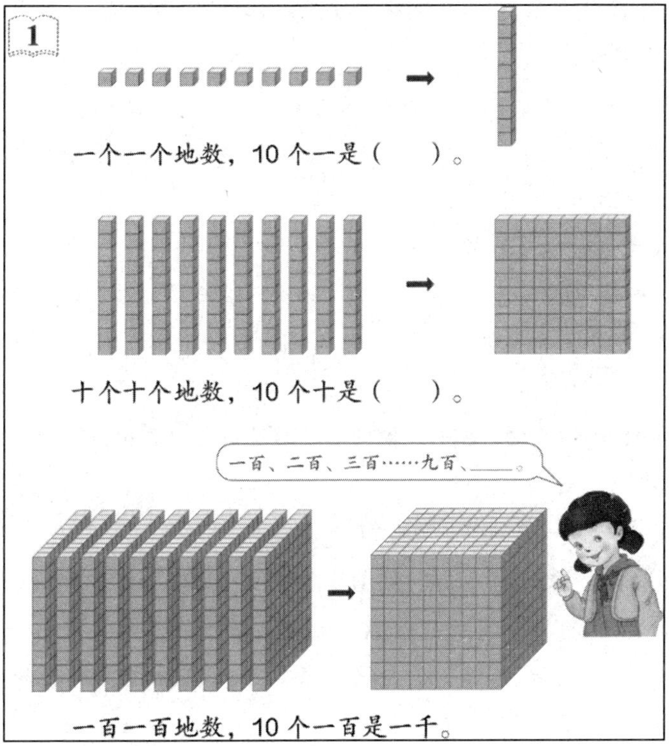

图8-2　推送复习题

学生在平板电脑上自主完成练习，并即时反馈到大屏幕。

师：上节课的知识掌握得非常好，今天我们继续来学习“1 000 以内数的认识”。

（板书：“1 000 以内数的认识”）

（设计意图：教师根据教学目标和学情，向学生推送复习检测的内容，帮助学生巩固计数单位一、十、百、千；回忆让学生用计数单位数数的过程，明确学生的学习起点，为“沟通联系，探索大数”奠定基础；将聚焦 1 000 以内数的数法、数的组成等方面，培养学生的数感。）

2. 自主学习，探究新知

活动一：互动生成——学数数

（1）估一估。教师出示例 2 幅点子图，并引入。

师：哇！这么多小圆点。估一估图中大约有多少个？比 100 多呢？还是比 100 少？我们来现场投票。

学生用平板电脑投票，大屏幕上出示投票结果。

师：从投票结果来看，大多数同学选择比 100 多。估得准不准呢？我们来数一数，看谁数得又对又快。

（2）数一数。让学生在平板电脑上圈一圈，数出圆点数，教师分屏展示 4 位学生的屏幕。

师：说一说你是如何数的？

生1：我是十个十个数的，共数出 235 个小圆点。

生2：一列是 10 个，10 个十是一百。我先一百一百地数，有 2 个一百，不足一百的，我就十个十个地数，有3个十，最后剩下5个一，合起来一共是 235 个小圆点。

师：两种数法都数出 235 个，你们都数对了吗？你喜欢谁的数法？为什么？

生1：第二种。

生2：因为一百一百地数，数起来更方便。

师（小结）：你们真棒啊！数量少的时候，我们可以一十一十地数，数量多的时候，我们可以一百一百地数，数起来很方便，不容易出错。

（设计意图：学生判断点子个数，并用平板电脑投票，教师实时出示投票结果。传统课堂中，教师会用写“正”字等方法整理数据，这对达成本课教学目标而言，费时且效率不高。借助平板电脑的数据分析和反馈功能，可以优化课堂教学进程。接下来，教师让学生在平板上数一数、圈一圈，并用大屏幕实时呈现全体学生的操作过程，及时掌握每个学生的完成情况，大大提高了课堂效率。）

活动二：平板操作——悟组成

师：那么，235 用小棒怎么表示呢？请和你的同桌一起摆一摆，然后相互说说你的摆法。摆完后别忘了拍照哦。

学生动手摆，相互交流。教师巡视，及时评价，并在大屏幕光荣榜上点赞，然后用互动课堂功能随机点两名学生汇报。

生：235 有 2 个百、3 个十、5 个一。（教师小结并及时评价）

师：想一想 316 的组成呢？（指名回答）

生：316 是由 3 个百、1 个十和 6 个一组成的。

师：506 呢？（指名回答）

生：506 由 5 个百和 6 个一组成。（教师及时评价）

师：都说对了，下面我们一起来选一选。

教师推送如下选择题到学生平板电脑上。

（1）2 个百、5 个十和 6 个一组成的数是（　　）。

A. 256　　　　B. 526　　　　C. 652

（2）7 个百和 3 个一组成的数是（　　）

A. 703　　　　B. 730　　　　C. 307

学生运用平板电脑完成练习，教师用大屏幕出示学生完成情况统计图。

学生汇报。

（设计意图：放手让学生运用已有的知识合作学习，摆小棒，拍照上传，交流经验，感受几个百、几个十、几个一结合加法如何表示一个三位数，从而逐步掌握 1 000 以内数的组成。）

活动三：微课自学——练读写

师：我们学习了数数、数的组成，接下来学习数的读法和写法。这是计数器，从右往左依次是个位、十位、百位、千位。请同学们在小组内议一议，拨一拨，在计数器上表示 235。学生操作，教师在大屏幕光荣榜上点赞。

生：我在百位上拨 2 颗珠子表示 2 个百，在十位上拨 3 颗珠子表示 3 个十，在个位上拨 5 颗珠子表示 5 个一，合起来就是 235。

师：老师为你的回答点赞。我们把这个数在计数器上表示出来了（板书，贴计数器图）。接下来，请同学们通过观看微课，自学 1 000 以内数的读法和写法，并完成相应习题。

教师用平板电脑推送微课与以下习题：

（1）读数和写数都是从（　　）开始。

A. 最低位　　　　B. 最高位　　　　C. 任意一位

（2）在写数时，若一个数位上一个计数单位也没有，就要写（　　）来占位。

A. 数　　　　B. 0　　　　C. 1

（3）在读数时，如果中间有一个0就直接读（　　），末尾无论有多少个0都（　　）。

A. 零，不读　　　　B. 不读，零　　　　C. 零，读零

学生独立看微课，完成练习题。

大屏幕显示学生完成情况统计图。

师：这个数是多少？（教师指着板书的计数器说）

生：235。

（板书：写作 235；读作二百三十五）

教师及时评价，并随机点名学生汇报练习题完成情况。

生：①读数和写数都是从（最高位）开始。

②在写数时，若一个数位上一个计数单位也没有，就要写（0）来占位。

③在读数时，如果中间有一个0就直接读（零），末尾无论有多少个0都（不读）。

教师利用平板推送判断题（对的打"√"，错的打"×"）：

304 读作：三百四。（　　）

500 读作：五百零零。（　　）

六百二十写作：620。（　　）

八百八十写作：808。（　　）

6 个百和 3 个一，写作：630。（　　）

学生完成判断题，教师用大屏幕显示学生完成情况统计图。教师在大屏幕光荣榜上点赞。

（设计意图：传统课堂中，学生跟随教师的思路听课，只有部分学生代表回答问题。而本环节基于大数据等信息技术的全面支持与分析，将先学后教转变为以学定教。学生根据自己的学习情况，在观看第一课的过程中选择暂停或回放，实现自主学习。教师成功打造智慧课堂。）

1. 归纳小结，总结收获

师：通过今天的学习你有什么收获？

2. 动态测评，拓展延伸

（1）随堂检测：教师用平板电脑推送下面选择题。

① 五百二十写作：（　　）。

A. 52　　B. 502　　C. 520

② 403 读作：（　　）。

A. 四百三　　B. 四百三十　　C. 四百零三

③ 读数和写数是从（　　）开始的。

A. 最低位　　B. 最高位　　C. 任意一位

④ 5 个十和 3 个一组成的数是（　　）。

A. 53　　B. 503　　C. 530

学生独立完成，教师用大屏幕显示学生完成情况统计图，当堂反馈。

（2）综合练习：读数，并在计数器上画珠子（如图8-3、图8-4）。学生独立完成，当堂反馈。

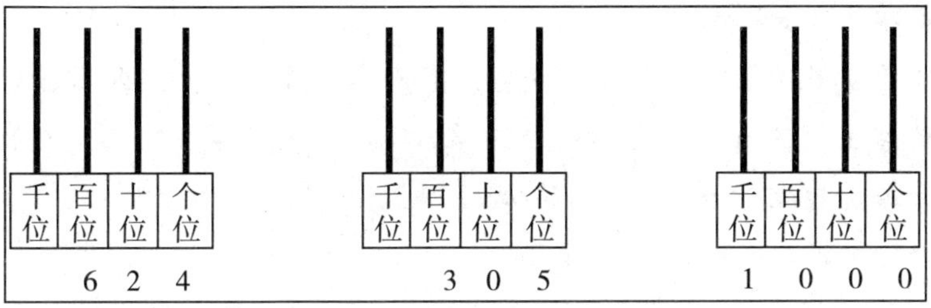

图8-3　画珠子

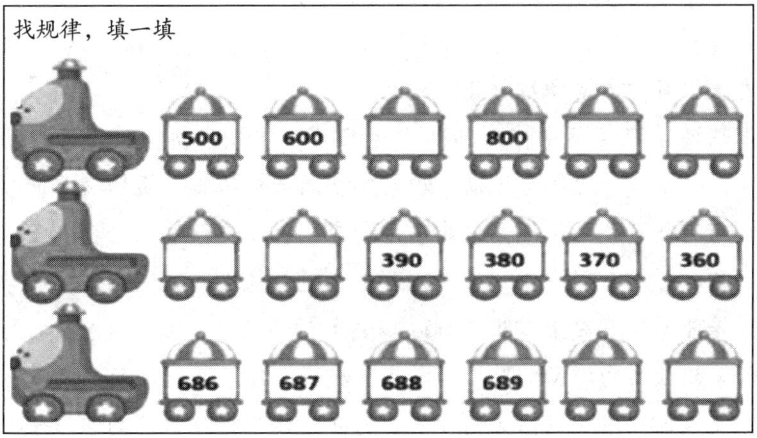

图8-4　按规律填数

（3）拓展延伸：学生将自己的想法上传至教育云空间。

（设计意图：立足学生认知维度和练习梯度进行练习设计。首先，随堂检测。教师用平板电脑推送，快速分析与反馈学生当堂学习效果，达到巩固认知、学以致用的目的。同时有效地帮助学生进一步内化知识，形成能力，拓展思维。其次，综合练习。最后，课后延伸。这是一个开放性的问题，学生将自己的想法上传至教育云空间，真正实现了课堂内外、线上线下、实时互动的混合式学习。）

【教学反思】

教无定法，贵在得法。纵观整节课，笔者借助教学助手与智能终端改变了学生的学习方式。学生利用智能终端主动学习，在学习方法、教学策略和测试方式上有了很大的改变。

1. 学习方式个性化

通过“云+端”的教与学，打破传统教室中黑板、讲台和时空的限制，实现教与学的立体沟通与交流。多途径、多方式培养学生数感，培养了学生的信息素养。

2. 教学策略多元化

传统课堂教学策略、教学方法单一，而本节课采用动态学习分析和智能推送，给学生提供自主探索、充分思考的空间，激活学生思维，发展学生能力，提升课堂效能。

3. 评价方式数据化

相对传统课堂，本课笔者运用课堂交互系统中的大数据统计与反馈功能，及时了解学生掌握的情况，及时呈现正确率与错误率，全面聚焦学生认知的起点和增长点。端数据分析功能的运用，实现课堂学习效能的最大化。

4. 自主学习，丰富学习过程

在本课的学习活动中，教师随学生而动，重视深度体验。学生动脑、动手、动口，全身心深度参与活动，积累丰富的活动体验。现场投票使学生对千以内的数有一个直观的印象，培养了“数感”。在平板电脑上数点子个数、摆小棒、拨算珠等一系列操作，从直观到半直观，从半抽象到抽象，使学生在观察、操作等活动的基础上掌握 1 000 以内数的意义、1 000 以内数的组成等诸多重要但又较抽象的内容，培养了学生的数感，发展了学生的信息素养。微课让学生快速找到 1 000 以内数的读法、写法。学生根据自己的学习情况，在观看过程中可以选择暂停甚至回放，培养了学生的自学能力。学生在生生之间的经验交流与方法互补中形成数学思维，感悟数学思想。

二、“图形与几何”案例

“面积的认识”教学设计

“空间与图形”的主要内容包括简单图形的认识、测量、运动、分类等。《课程标准》根据小学生的心理和生理特征把小学阶段划分为两个学段：第一学段（1～3 年级）和第二学段（4～6 年级）。与此相适应“空间与图形”的教学在不同的学段也有不同的教学目标和教学内容。

“空间与图形”领域的教学目的主要是促使学生空间观念的形成。具有良好的空间观念对于学生今后的学习和生活有着重大的意义。《课程标准》也着重描述了它的积极意义，并对这部分的教学给予重点指导。教材中也设计了多样化的教学活动，并提供了有关空间观念的丰富的素材，让学生自主探索，感受图形的美，促使学生空间观念得到发展。

学生通过学习“空间与图形”能够更好地认识、理解人类生存的空间。人类通常需要分析事物的大小、形状、位置，才能够准确地表达事物之间的关系。人类常用小学数学中的图形、几何模型解决实际生活中的各种问题。所以使学生更好地认识、理解人类生存的空间，是进行“空间与图形”教学的价值所在。

【教材分析】

本课是人教版小学数学三年级下册第五单元“面积”的教学内容（如图8–5）。本单元主要内容为：面积和面积单位；长方形、正方形面积的计算；面积单位间的进率；常用的土地面积单位。面积的概念是本单元的一个重要起始概念。为了帮助学生建立面积概念，教材重视展现面积概念的形成过程，注重常用面积单位表象的形成，注重在直观操作及形式多样的活动中让学生体验，进而形成表象。从教材内容的整体安排看，其顺序是先认识面积，包括物体表面的大小和封闭图形的大小。然后是归纳面积的概念，理解统一面积单位的必要性。

面积和面积单位

1 观察黑板面和国旗的表面，说说哪一个面比较大。

你能像这样说说其他物体表面的面积吗？

做一做

摸摸你的字典的封面和侧面，说说哪一个面的面积比较小。

2 下面两个图形，哪个面积大？

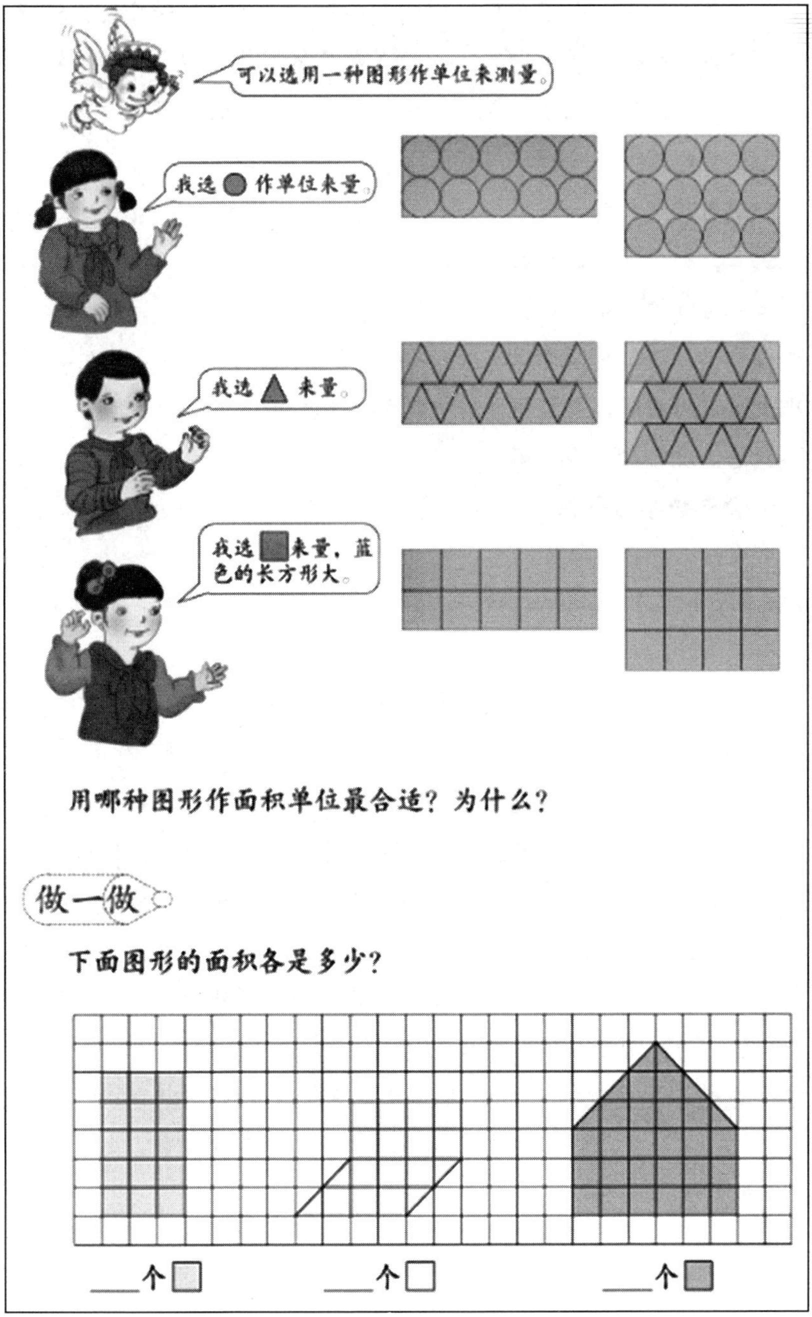
可以选用一种图形作单位来测量。
我选 作单位来量。
我选 来量。
我选 来量，蓝色的长方形大。
用哪种图形作面积单位最合适？为什么？
做一做
下面图形的面积各是多少？
____个
____个
____个

图8-5 “面积”教学内容

【学情分析】

三年级的学生已经建立了长度及长度单位的概念，但是由“长度”概念到“面积”概念，由“长度单位”转到“面积单位”知识跨度大，难度高，抽象性也比较强。此时，学生的思维正处在由具体形象思维向抽象逻辑思维过渡的阶段，他们要以形象的事物或亲自参与活动为认识的基础。

【教学目标】

1. 知识与技能目标

认识面，初步理解面积的含义。

2. 过程与方法目标

通过细心观察、动手操作，初步理解面积的含义，学会利用数学思想方法解决生活中的问题，最终体会统一面积单位的必要性。

3. 情感态度与价值观目标

在活动中培养动手操作能力、分析综合能力和初步的空间观念。感受数学来源于生活，并服务于生活。

【教学重难点】

教学重点：通过观察，认识面积的含义。

教学难点：学会比较物体表面和平面图形面积的大小。

【创新融合点】

考虑学生已有的生活经验，他们对“面”和“面积”都有所了解，但不能分清两者的区别，在回答问题时经常混淆这两个词。因此，笔者让学生从寻找身边物体的面出发，感受面，感受面是有大小的，从而引出面积的概念。教学中，笔者利用电子白板的“淡入”“拖动”“垃圾桶”插件等功能，把生活中的物体“变”到计算机屏幕上，演示由具体到抽象的过程，以神秘的变化吸引学生的注意力，激发其学习热情。

笔者先让学生在课前学习微课，明确操作的原理和需要解决的问题。同时，利用 Smart 软件的“记录器”功能将教学内容录制下来，课上直接展示给学生看，达到事半功倍的效果。

针对本节课的重难点环节——统一面积单位的必要性，笔者把时间留给学生，让他们真正成为课堂的主人。笔者让学生动手在电子白板上拖动、截屏、对比，从而理解教学难点。

笔者利用 Smart Notebook 的“页面记录”功能，把生活中的面积单位演示出来，让学生体会数学与生活的联系，激发其学习数学的热情。

【教学过程】

1. 比赛导入

师：请两位同学上来给这两个图形涂上颜色，如图8-6所示。（学生上来涂色）。谁最快？他一定是最快的吗？今天我们就来学习关于面积的知识。

图8-6 涂色比赛

2. 新授概念

（1）感受物体的面

师：在我们的生活中，像这样的面还有很多，你们能找一找吗？

生：黑板面、桌面、讲台的面……

师：摸一摸课本的各个面，比较课本的面和黑板的面。（学生思考）

师：在刚才的比较中，你们发现了什么？

生：面是不一样大的，面是有大有小的……

师（总结）：我们把物体表面的大小叫作这个物体的面积。

（2）认识面积

师：你们能说一说这个图形的面积是什么吗？（如图8-7所示，让学生认识不封闭图形）

生：它没有面积，它没有封口，不是封闭图形……

师：那什么图形才有面积呢？

生：像数学书封面一样的封闭图形。

师：那么，请同学们静静地思考一下，什么是面积？（学生总结）

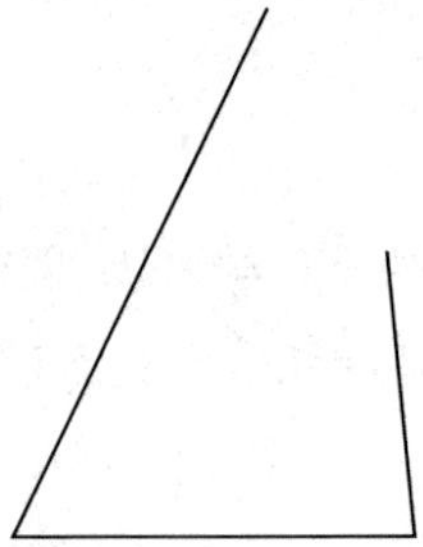

图8-7　不封闭图形

（3）比较面积的大小

师：看来大家已经对面积有了一定的了解，接下来敢接受挑战吗？

比一比，这两个图形（如图8-8），谁的面积大？

图8-8　比一比

生：A 面积大。

师：像这样直接用眼睛观察的方法，叫观察法。现在呢？你还能观察出谁的面积大吗？（改变图形B的大小，如图8-9所示）

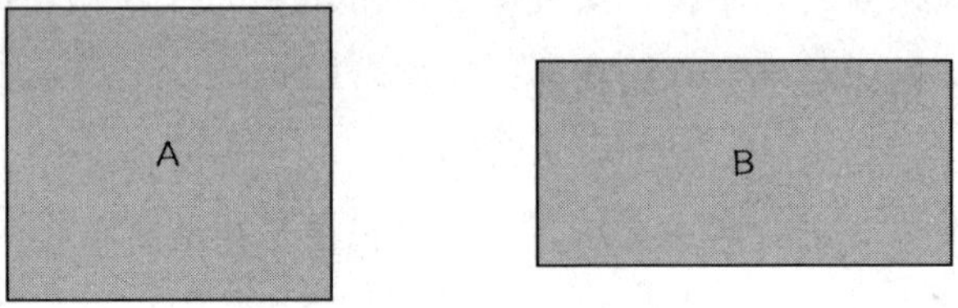

图8-9　比一比

生：不能。

师：那我们来看看小精灵有什么想法吧？（出示微课视频）

实验指导：①在学具中，任意选择一种，摆一摆，测量出两个图形的面积；②4人一组合作，数一数，完成实验报告单；③小组成员交流自己的想法；④完成实验后，小组长收拾好学具。

生反馈：图形A的面积大。用正方形来量比较好，圆形和三角形有空隙，不准确。

3. 练习巩固

（1）猜一猜（比较面积的大小）。

（2）数格子（如图 8-10 所示）。

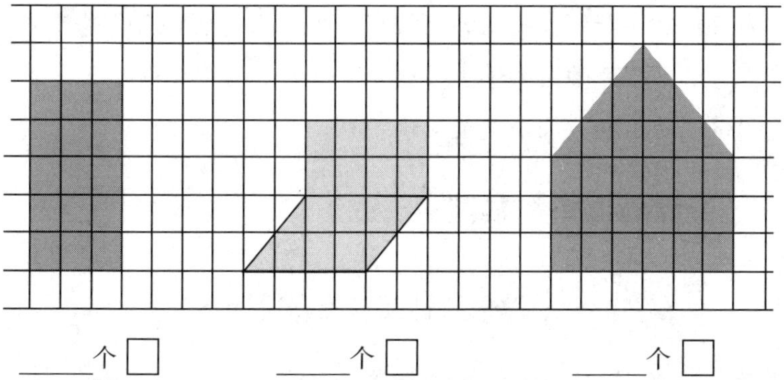

图8-10 数一数

4. 总结，回归生活

师：生活中，其实还有很多测量面积的方法。只要你留心观察、积极思考，生活会充满乐趣。

【教学反思】

信息技术正慢慢改变着我们的生活，交互式电子白板技术给教育领域带来一次新的变革。从黑板到计算机，再到可替代传统黑板、粉笔的数字化教学演示设备，每一次改变，都是对陈旧教学模式的一场革命性突破。接触到了这个新技术，作为一线教师，在一次次学习、探索和发现中，感受着它的强大功能。电子白板不仅具有普通屏幕的显示功能，还有各种触摸式操作功能，特别是其强大的交互性，让课堂更灵活多变，真正地实现了把课堂还给学生。下面笔者结合这节课与电子白板的整合点谈一谈自己的反思。

1. 小工具，大惊喜

“面积的认识”一课侧重数学概念，教学重点是认识面、理解面积的含义。传统教学中枯燥的数学概念并不能引发学生的学习热情，利用电子白板则能够将枯燥的数学课变得生动。教师的“小动作”像魔术一般吸引着学生的注意力，如“荧光笔”功能、“淡入”功能、“垃圾桶”插件、图形放大缩小功能、“放大镜”功能等。

2. 超强互动性，还原真实性

本节课的难点在于让学生体会统一面积单位的必要性。传统数学课上，教师可能会直接给出答案，也可能会提出实验要求让学生动手操作。然而，由于目的不明确，大多数情况下，学生并不知道自己在做什么、思考什么。本节课，一是结合最新的课堂模式——微课，让学生在动手操作前，明确操作的原理和需要解决的问题。二是把时间留给学生，让学生自己尝试动手拖动、旋转、截屏、对比，把课堂还给学生，让学生真正成为课堂的主人，使学生更真实地感受到学习的乐趣，轻松突破教学难点。

三、“统计与概率”案例

“扇形统计图”教学设计

小学阶段“统计与概率”包括数据的收集、整理与分析、认识统计图表、求得数据平均数、简单随机事件及其发生的概率。

小学统计与概率这部分内容，主要分为统计与概率两部分。其中统计的内容包括数据分类与整理、统计表、统计图和平均数四个部分；概率部分只涉及可能性方面，它包含随机现象的可能性和可能性大小两部分。

【教材分析】

1. 教学内容

学生在学习“扇形统计图”之前已经学习了一定的统计知识，如数据的收集与整理分析的过程以及各种统计表与统计图。此外学生也掌握了扇形和百分数，这些知识都为学习扇形统计图奠定了基础，教材内容设计注重知识内部之间的相互联系与综合运用。教材素材选取与学生的生活有密切联系的事件，有助于学生了解扇形统计图的特点与作用。学生观察扇形统计图不仅可以直观地比较各个扇形的相对大小，还可以清楚地看出各个部分与整体之间的关系，从中发现必要的信息，体会统计在现实生活中的作用。以上教学内容的设计安排充分体现了《课程标准》“综合”和“实践”的思想观点。

2. 编写意图

教材创设了学生生活中熟悉的情境，将数学知识与学生的生活实际相结合，提出问题“你能算出喜欢每种运动人数各占全班人数的百分之几吗”，使学生回想起学习过的百分数知识。运用百分比不仅能表示喜欢各项运动人数的具体情况，还能比较出人数与全班总人数之间的关系。教材直接引导学生利用扇形统计图的方式来表示各部分与总数之间的关系，让学生在观察的基础上思考扇形统计图具有什么优势与特点。

《扇形统计图》是人教版数学六年级上册第七单元第一课时关于统计知识的内容（见图8-11）。教材以“大课间活动六（1）班最喜欢的运动项目”为学习材料引入知识学习，有利于学生体会统计在生活中的作用。本节课主要是让学生读懂统计图，加深对扇形统计图特点与作用的认识，深刻体会扇形统计图反映的整体和部分的关系。

7 扇形统计图

1

六（1）班同学最喜欢运动项目的情况如下表：

项目	乒乓球	足球	跳绳	踢毽	其他
人数	12	8	5	6	9
百分比					

12+8+5+6+9=40（人）

12÷40=0.3=30%

我们可以用扇形统计图来表示各部分数量与总数之间的关系。

六（1）班最喜欢的运动项目统计图

2012年10月制

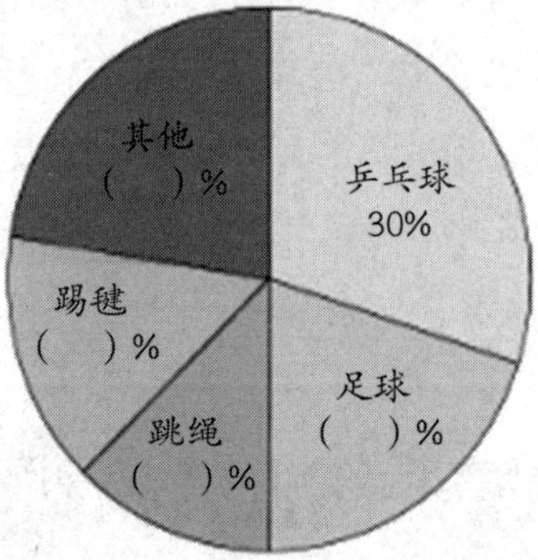

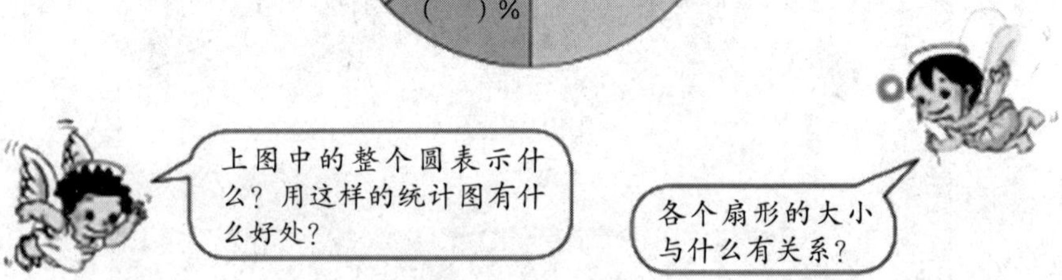

你还能提出什么数学问题吗？

做一做

牛奶里含有丰富的营养成分，各种营养成分所占百分比如下。

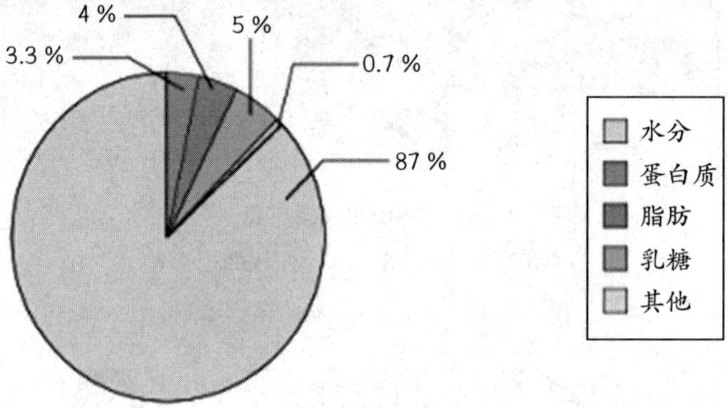

每天喝一袋 250 g的牛奶，能补充每种营养成分各多少克？

图8-11　人教版“扇形统计图”教材截图

【学情分析】

在学习扇形统计图之前，六年级学生已经具备了一定的统计知识，如经历过简单收集、整理、描述和分析数据的过程，学习过统计表、条形统计图和折线统计图等。此外，还学习了百分数的知识，认识了扇形。由于学生之间存在个体差异性，所以微课模式更贴合学生的自主学习节奏，更容易使其完成学习目标。

【教学理念】

1. 面向生活实际

教材联系学生生活实际，引出关于统计的现实背景，反映了社会的需要、数学的特点。教材介绍了大量统计知识，将扇形统计图的学习与百分比相联系，注重统计知识的内部联系与综合。

2. 基于学生认知

教材的内容符合学生的认知规律，使每一个学生都能在数学的学习中获得良好的发展。扇形统计图的学习是在条形统计图和折线统计图的基础上进行的，学生在分析扇形统计图特点的时候有了一定的认知基础，同时，教材注重引导学生思考分析，引出扇形统计图的信息，使学生通过综合与实践的数学活动能探究到扇形统计图的特点与作用，获得良好的教育。

【教学目标】

1. 知识与技能

能知道扇形统计图的特点及其表示的意义，了解它的作用；能读懂扇形统计图，并从中获取有用的信息，体会扇形统计图在现实生活中的作用。

2. 过程与方法

通过对扇形统计图的简单分析，培养统计素养。在数学学习活动中，进一步认识数学与社会生活的密切联系。

3. 情感态度与价值观

进一步体会统计在生活中的意义和作用，体会数学在日常生活中的价值。在数学活动中，进一步体验成功的愉悦感，培养独立学习意识和统计观念。

【教学重难点】

教学重点：在合作讨论的过程中体会数据在现实生活中的作用，理解扇形统计图的特点，并从中发现信息。

教学难点：能从扇形统计图中获得有用信息，并作出合理推断。

【数学思想方法】

1. 符号化的思想方法

在将统计表变化为统计图的过程中，使用计算百分数方法使符号化的数学思想得以体现，同时，使“综合”和“实践”的思想得以呈现。

2. 数形结合思想方法

教材从学生熟悉的生活情境入手，在学生之前学习了百分数的意义基础上引入扇形统计图，将学习内容“数与代数”领域内容同“图形与几何”领域的内容相综合，达到数形结合，体现数形结合的思想方法。

3. 比较思想方法

教材通过比较喜欢每种运动项目的人数和每种运动项目的人数占全班人数的多少，向学生渗透比较的思想方法。

4. 统计思想方法

教师在教授这方面的内容时也可以根据班级的情况进行调查，综合运用统计的知识及其与其他数学领域间的联系，在让学生探究扇形统计图的过程中，渗透统计的思想方法。

【创新融合点】

该教学设计运用建构主义方法形成以“在线学习”或“移动学习”的新型学习方式。它是以讲授知识点为主的“小”课程，时长约 8 分钟，是由易到难的“进阶式”学习方式。这种新型学习方式，能让学生做到随时随地学习，整合碎片化学习时间，更贴合他们的自主学习节奏。学生根据自己的节奏，既可以重复多次学习，也可以随时暂停视频，从而更有效地达到学习目标。

将微课程的教学环节——课前、课中和课后有效结合。该微课程中的新知讲解可以用于课前预习，多层次练习可以用作课中学习和学习评价。该教学视频还能作为课后复习使用，真正达到教学目标要求。同时，教师在微课程中做到教学、评价、诊断、补救紧密结合，创新了教学模式。

【教学过程】

1. 复习旧知，形成知识冲突

师：同学们，生命在于运动，你喜欢什么样的运动？

瞧，六（1）班学生正在进行他们自己喜欢的运动。

根据统计表，我们绘制了条形统计图。

从图中，你能了解哪些信息？（停顿，给学生留一点读图时间）

通过条形统计图，学生可以清楚、直观地看出喜欢各项运动项目人数的多少，并进行数据比较。

2. 处理数据，引入新知

（1）计算每项运动人数占全班人数的百分之几

师：你能算出喜欢乒乓球的学生占六（1）班总人数的百分之几吗？你是怎样计算的？（停顿，给学生留些思考问题的时间）

小结：先算总人数为40人，再用喜欢乒乓球的人数12除以总人数得出30%。

提问：30%是哪两个量比较的结果？算出喜欢其余运动项目人数占总人数的百分数，并与老师一起核对一下你计算的结果。

（2）说一说每个百分数的含义

师：根据算式，你能说一说每个算式的意义吗？

学生跟着教师一起说 12÷40=30%，表示用喜欢乒乓球的人数 12 除以总人数 40 等于喜欢乒乓球人数占总人数的 30%。

（3）引导学生想象一幅图，感受部分和整体关系

师：这些百分数加起来是多少？如果用一幅图来表示各运动项目人数与总人数之间的关系，你会怎么画？

你想的和老师一样吗？这就是我们今天要研究的扇形统计图。

3. 体验过程，学习新知

（1）完善扇形统计图，深入分析各部分表示的含义

师：这里用一个圆来表示总人数，用圆中的扇形来表示各部分占总数的百分比。例如，乒乓球 30%，表示的是喜欢乒乓球的人数占总人数为 30%。请你根据统计表中的数据完成任务单上的扇形统计图（如图8–12所示）。

六（1）班同学最喜欢运动项目的情况统计表

2017年7月

项目	乒乓球	足球	跳绳	踢毽	其他
人数	12	8	5	6	9
百分数	30%	20%	12.5%	15%	22.5%

六（1）班最喜欢的运动项目统计图

2017年7月

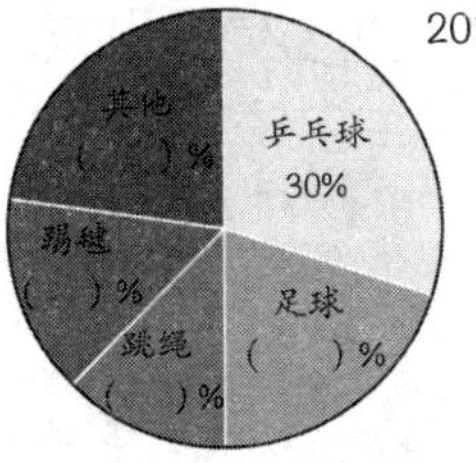

图8–12 最喜欢的运动项目扇形统计图

（2）思考回答扇形统计图的有关问题

① 图8-12中的整个圆表示什么？各个扇形的大小与什么有关系？

② 我们学过条形统计图、折线统计图，扇形统计图与它们有什么不一样？

③ 你还能提出什么数学问题？

4. 练习巩固，内化新知

（1）做一做：从总量推算出部分量

读题：牛奶里含有丰富的营养成分，各种营养成分所占百分比，如图8-13所示。

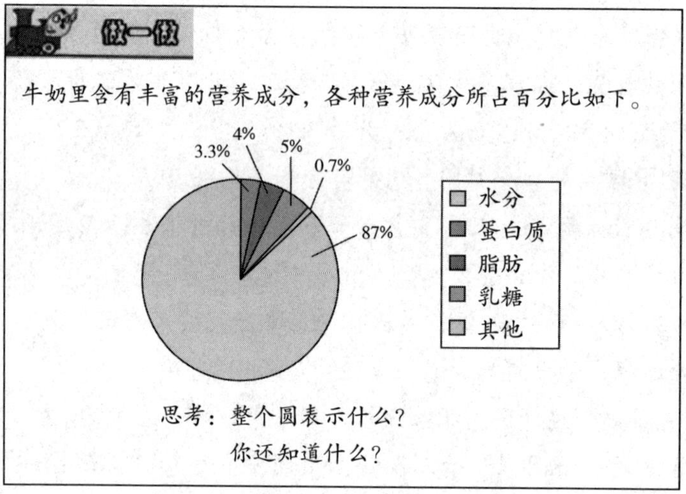

图8-13　牛奶各种营养成分扇形统计图

师：图 8-13 中整个圆表示什么？你还知道什么？

读题：每天喝一袋 250 克的牛奶，能补充每种营养成分各多少克？

（2）想一想：根据不同总量，比较部分量

师：在图8-14中，六（1）班喜欢乒乓球的人数和六（2）班喜欢乒乓球的人数一样多吗？

生：无法确定。因为六（1）班总人数是40人，但是六（2）班总人数不确定，无法算出喜欢乒乓球的人数。

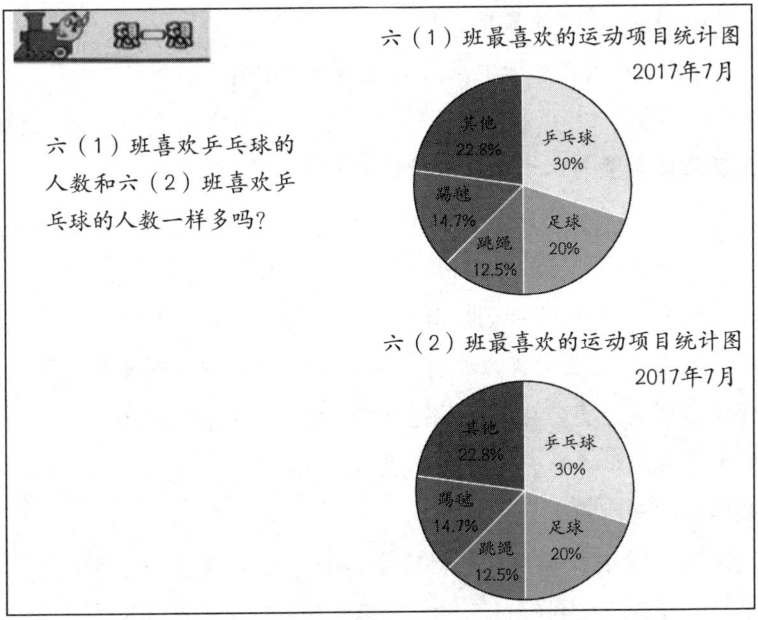

图8-14 两班喜欢乒乓球的人数比较

（3）考考你：从部分量推算出总量，再回到部分量。图8-15是陈东家5月份生活费支出统计图。

① 你能知道哪些信息？

② 如果陈东家 5 月份食品费支出 600 元，那么这个月教育费支出是多少？和教师的答案核对一下。

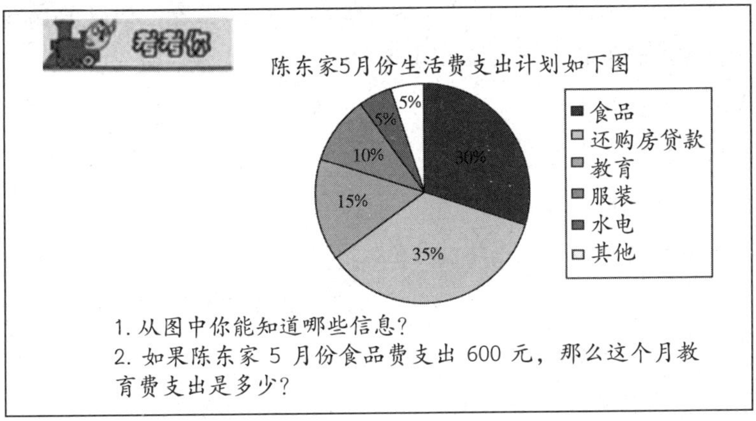

图8-15 陈东家 5 月份生活费支出统计图

5. 回顾小结，拓展新知

（1）今天，你有什么收获？

（2）扇形统计图有什么特点和作用？

（3）扇形统计图在生活中应用广泛，必须学好它，用好它。

【教学反思】

1. 微课程教学要与课堂教学有所区分

在微课程教学中，教师由“关注知识”转向“关注学生”，由“传授知识”转向“引导探索”，学生则由“要我学”转向“我要学”。

在本节课中，我们以读懂扇形统计图为基础，以认识扇形统计图的现实意义为核心，整合人教版新旧教材，通过条形统计图和扇形统计图的对比来让学生理解扇形统计图的特点，同是紧密联系百分数，突出计算百分比的重要性，让学生充分认识并感受扇形统计图的特点。

2. 让学生学有所用

在微课程教学中，如何在短时间突破教学重难点是一个关键。因此，在本节课中，笔者尽量做到一题多用，一题多讲，从创设情境到探究学习，再到布置作业，处处联系学生生活实际，既提高了他们的学习兴趣，也体现了“数学来源于生活，也服务于生活”的理念，让学生不仅学数学，也会用数学。

3. 运用探究法让学生感受到教师就在眼前

在整个教学过程中，教师采用启发式教学，以问题的形式体现探究学习的内容。在教师的引导下，学生自主探究，与屏幕后的教师多互动、多思考，自主构建知识体系。教师引导学生收集资料、获取信息，并合作交流。

本节课的教学设计实现了“培养学生自主学习能力”的目的，在多次实践中力求关注活动中的每个细节，让学生亲历知识形成、发展、应用的过程，创造性地实现了预期目标。

【设计亮点】

1. 充分解读新教材

一是新教材淡化画统计图的目标要求，强调学生读懂统计图的能力。先让学生大致想象用什么图来表示，然后直接给出扇形统计图，让学生对比，而不是让学生自己动手去画。

二是新教材不是通过条形统计图和扇形统计图的对比来让学生理解扇形统计图的特点，而是紧密联系百分数来突破难点，突出计算百分比的重要性，让学生充分认识并感受扇形统计图的特点。

2. 问题设计具有指向性、层次性、开放性

问题“30%是哪两个量比较的结果”指向扇形统计图的特点。问题“这些百分数加起来是多少”让学生感受整体，感知单位“1”。问题“想想你画的圆表示什么？每个大小不一的扇形表示什么”是设计的第二层次，明确要把圆看作单位1，以及扇形统计图中存在部分量与总量的概念。

“从图中你能知道哪些信息”“你还能提出什么数学问题”……这些问题具有开放性，能引导学生去发现、去表达、去理解，进一步激活思维。

3. 微课程设计呈螺旋上升

情境引入，提炼统计表→由表及图（复习统计表、条形统计图），逐层复习→认知冲突，揭示课题→探究数量，理解关系。

4. 练习层层递进

“做一做”，从总量推算出部分量；

“想一想”，根据不同总量，比较部分量；

“考考你”，从部分量推算出总量，再回到部分量。

本节课的微课程设计创新了学习方式、资源结构和教学模式，真正做到“小微课，大变革”。

四、“综合与实践”案例

“奇妙的图形密铺”教学设计

“综合与实践”是一类以问题为载体、以学生自主参与为主的学习活动，重在实践、重在综合。“实践”是指在活动中注重学生的自主参与、全程参与，重视学生的积极动脑、动手、动口；“综合”则要求学生在活动中运用学的知识不仅是数学学科的综合知识，更是数学与生活、与其他学科知识间的综合。

简单地说，“综合与实践”是一种实践活动，是一类以任务为驱动，需要师生共同参与、综合运用相关知识、积累活动经验的数学学习活动。“综合与实践”也可以理解为一种数学探究或数学建模活动，是学生综合运用所学数学知识、思想、方法解决一些数学问题或现实问题的一个活动过程。在学习活动中，尤其会综合运用到“数与代数”“图形与几何”“统计与概率”等知识和方法。其特征主要表现在具有综合性、实践性、探索性。

“综合与实践”的教学目的在于培养学生综合运用有关知识和方法解决实际问题的能力，培养学生的应用意识和创新意识。“应用意识”是指学生有意识地运用数学概念、原理和方法解释现实世界中的现象，意识到现实生活中蕴含大量数学问题。在“综合与实践”教学过程中，教师给学生提供更大的空间，让学生自己发现问题、提出问题、独立思考、合作交流、归纳猜想，有利于学生创新意识的培养。

“综合与实践”活动需要学生自己思考、探索、创新，重在让学生亲自实践，体验过程。学生通过体验性活动，从现实世界中抽象出数学，体会到数学与自然、人类社会的密切联系，真正了解数学的价值。学生通过体验与实践，在探索中获得知识，完善自身的知识结构，增进和增强对数学的理解和运用。总之，在活动过程中，学生亲自动手实践，增强了学生学习的体验性、探究性。

【教材分析】

教学内容：“奇妙的图形密铺”是一节根据有关平面图形特点让学生进行观察、操作、思考和简单设计的实践活动课。教材分三部分安排：

第一部分：通过观察生活中常见的用砖铺成的地面或墙面，初步理解什么是图形的密铺。

第二部分：通过动手操作和思考，探索并了解能够进行密铺的平面图形的特点，知道哪些平面图形可以密铺，哪些不能，哪些还可以利用两种平面图形密铺，从而在活动中进一步体会“密铺”的含义，更多地了解有关平面图形的特征。

第三部分：通过欣赏和设计简单的密铺图案，进一步感受图形密铺的奇妙，获得美的体验。

【学情分析】

通过前几个学期的学习，学生对平面图形的特征有了基本的了解，学生已经掌握各种三角形、四边形的分类及基本特征，认识了圆、不规则多边形等其他平面图形，知道了平角 180 度、周角 360 度，理解了三角形内角和是 180 度，掌握了平面图平移、旋转等知识。而且学生对于生活中的密铺已经积累了一定的感性认识。在此基础上，可放手让学生操作，利用所学过的平面图形探索密铺的奥秘，培养学生的探究意识。另外，动手设计创作密铺图案是学生感兴趣的活动，可以将学生的创造力发挥出来。

【教学理念】

本课借助图形密铺的素材，给学生提供了一个参与学习、亲身体验、获取经验和丰富感知的舞台，尤为突出“做”、突出“过程”，引导学生通过观察、实验、猜测、推理、验证等数学探索活动，培养应用意识和创新意识。具体表现在以下两方面。

1. 注重实践，优选形式

在数学综合实践活动中，注重学生自主参与、全程参与，重视学生积极动脑、动手、动口。教学中学生借助互动学习工具的克隆、拖动、旋转、组合等功能在电脑上进行实践操作，通过“铺一铺”验证自己的猜想，进而发现“有些图形可以密铺，有些图形不能密铺”。灵动的思维，深入的思考激起学生质疑：“图形是否能密铺与什么有关呢？”儿童的思维特点是从形象思维逐步向抽象思维过渡，在形象思维阶段往往又要依靠事物或动作行为作为思维的起点。

伴随着操作、思考，学生用语言总结表达操作、思考的过程，强化操作引起的形象思维，从而摆脱对直观思维的依赖，最终发现，“铺在一个平面上围绕在公共顶点可以铺成360° 角的平面图形可以密铺”。学生动手、动脑、动口参与知识形成过程，调动全体学生的学习积极性；教师从每个学生的基础水平和个性差异出发，让不同层次的学生拥有同等参与学习活动的机会，实现学生有差异发展。

2. 注重综合，关注内容

在数学综合实践活动中，注重数学与生活实际、数学与其他学科、数学内部知识的联系和综合应用。教学中在学生了解图形密铺的原理后，理论联系实际，让学生运用密铺知识解决生活问题：为什么正方形、长方形及正六边形地砖可以密铺？学生感到在学有用的数学，从而激起热爱数学的情感。一波未平一波又起，教师顺应学生思维发展，让学生从纵横两个方向思考：

（1）正三角形、正方形、正六边形能密铺，正五边形不能密铺，其他的正多边形都能密铺吗？一石激起千层浪，学生们陷入深度思考。面对这一挑战性的问题，学生不可能穷尽对所有正多边形验证，只能综合利用角和正多边形的相关知识及求正多边形内角和等知识从数学视角利用密铺的本质进行推理探究，正七边形、正八边形……甚至更多边的正多边形都不能密铺。正多边形中只有正三角形、正方形、正六边形可以密铺，正六边形是能密铺的正多边形中边数最多的。教师进而揭示蜂房奥秘，有机渗透我们人类要与小蜜蜂和平共处的人文精神。

（2）任意三角形、任意四边形能密铺吗？困能激思，惑能启智，创设有利于学生思考，实践探究再次把学生的思维推向深处。学生在解决问题的过程中不断积累解决问题的经验。形成“全面关注、平等对话、资源共享”的课堂教学文化。教师真正做到以学生发展为本，深入学生思维深处，将学生的思维从具象水平提升到抽象水平，更进一步逼近数学的本质。

【教学目标】

1. 知识与技能目标

借助生活中的一些密铺现象，理解平面图形密铺的含义。

2. 过程与方法目标

探索平面图形能单独密铺的特点和本质，培养观察、猜测、验证和推理的能力，进一步发展合情的推理能力。

3. 情感态度与价值观目标

感受数学与生活的密切联系，经历欣赏数学美的过程。

【教学重难点】

教学重点：理解什么是图形密铺，知道哪些平面图形具有密铺的特点。

教学难点：能够选择两种以上的图形密铺，能设计有个性的密铺图形。

【创新融合点】

1. 为学习任务与情境创设提供丰富资源

有效的任务与情境设计有助于学生学习兴趣的激发与学习动机的维持。电子书包中包含的厨房地板、商场瓷砖、马路路面等图案，都是学生在日常生活中随处可见的相关事物，针对“数学好玩——密铺”这个主题，教师可以进行任务设计与情境创设，把数学抽象的知识形象化，让学生更好地内化学习内容并将其运用到解决生活的实际问题中。

2. 为有效教学提供多样化交互方式

在电子书包环境下，学生可以实现教师、学生以及资源之间的深度交互。电子书包中包含丰富的数字化资源，学生可以对所选择的资源进行旋转、切割、翻转等操作，灵活探究。电子书包中的批注、圈画、资源共享等工具，可以方便师生之间进行资源共享与成果共享。此外，它还可以为教师和学生之间的成果点评与观点交流提供支持。电子书包中的提问、抢答、轮答、黑屏、白板、禁言等多样化的课堂组织功能，可以为教学活动与交互提供支持。例如，在“数学好玩——密铺”一课中，学生可以将自己完成的能够密铺的图形，与教师及其他小组成员共享。教师可对其进行批注及评价；还可以根据学生不同的学习情况，给某位学生或某组学生发送个性化学习资源。

3. 为探究活动提供完整的过程支撑

数学思维的培养过程与探究学习过程密不可分。教师根据认知规律，设计出能够使学生发现问题，进行构想、归纳的任务，并通过电子书包发布给学生，引导学生进行学习；学生通过小组合作或自主探究的方式完成任务、分享观点，由电子书包记录完整的探究过程。例如，在“数学好玩——密铺”一课中，学生先借助电子书包猜想不同的图形是否能够密铺，完成猜想表；然后根据猜想结果，对图形进行旋转、伸拉、缩小、放大、拼接、组合等操作，完成验证后对结果进行拍照保存；接着在汇报交流时，利用电子书包呈现探究成果并展现探究过程。与此同时，电子书包对学生探究过程进行完整记录，有利于学生对学习过程进行反思与回顾。

4. 为学习结果生成提供有效评价

评价是课堂教学中的一个重要环节，影响教学目标的达成与学生知识的内化。电子书包不仅提供一般性的评价模板，还提供问卷、调查、投票、测试题等评价工具。例如，在课程结束后，教师和学生可利用评价模板中的随堂评价功能，分别对自己的教学情况和学习情况进行自我评价。教师还可以利用电子书包中的问卷、调查、投票、测试题等功能，对某个教学内容达成情况或学生某种能力形成过程进行结果性或过程性评价，据以调整教学，为师生的个性化评价提供依据。

【教学过程】

第一环节：直观感知，理解含义

教师活动：出示一组生活中常见的“密铺”图片，让学生观察并说说有什么发现及其特征。然后根据学生观察到的特征，初步总结出密铺的含义。

（设计意图：利用生活中常见的场景，可使学生产生亲切感，进而更好地理解抽象概念。）

第二环节：动手实践，探究新知（任务一）

步骤一：先想想这个图形能不能密铺，再动手用平板电脑验证

教师活动：以学习指南 1 的方式呈现活动任务。

（1）铺好四五个图形后，如果你能作出判断，就不用再铺了，拍照保存。

（2）填好“密铺自评表”。

（3）鼓励自主探索，实在没办法，可以组内求助或跳过，接着完成下一个。

学生活动：学生按照自己的选择，先猜想哪些图形可以密铺，填好“密铺自评表”，再选择一个图形试着拼一拼。然后利用教师提供的工具在平板电脑上自由拖动图形自由组合，并在平板电脑上呈现拼接结果。

（设计意图：任务卡能帮助学生梳理并明确活动流程及思考方向，明确本节课的目标是理解抽象概念的含义，并能有效地对学生进行学习方法的指导。通过活动任务卡可以让学生亲手实践，并验证猜想的正确性。学生利用电子书包可以进行个性化实践，并任意尝试，便于对结果进行记录和呈现，同时可以将搭配的结果即时分享给教师，有效地帮助教师快速了解学生的搭配方案，为下一环节层层递进地归纳出解决搭配问题的方法奠定基础。）

步骤二：学生汇报，解释为什么任意四边形能密铺

教师活动：

（1）请学生汇报，密铺的图形是怎么拼接的。

（2）让学生探究任意四边形能不能密铺，是怎么拼的。

（3）让学生观察、讨论满足密铺的条件是什么。

学生活动：

（1）依次介绍平行四边形、梯形等密铺的过程，并在平板电脑上操作演示。

（2）介绍密铺的方法。拼接边，对齐长度相等的边；拼接点，将 4 个不同内角的顶点对齐。

（设计意图：利用电子书包的工具软件对图形密铺进行探究，培养学生猜测、想象的思维能力。利用电子书包的推屏功能和工具软件的互动及记录功能在全班学生面前实时监控搭配的过程。）

第三环节：深入探究，拓展提升（任务二）

步骤一：任意四边形为什么能密铺

教师活动：以学习指南 2 的方式呈现第二个任务。

（1）想一想，能密铺与图形有什么关系？

（2）借助小组学习卡片进行分析、讨论。

（3）出示一组四边形密铺图片，让学生再次验证，并做小结。

学生活动：按照学习指南 2 的要求，尝试利用平板电脑上的工具对任意四边形拼一拼，并进行汇报。

（设计意图：该环节是为了使学生更加深入地理解数学抽象概念，并在理解密铺概念的基础上，探究不同图形的密铺形态，培养猜想、验证思维。）

步骤二：探索并解释任意三角形能不能密铺

教师活动：

（1）提出问题：猜想“哪种三角形可以密铺”。

（2）任意三角形都能密铺吗？为什么？让学生进行解答。

（3）小结并归纳“平面图形的密铺和图形的角有什么关系”。

学生活动：利用平板电脑上的工具对三角形进行密铺，总结出“能密铺的图形跟图形的角有关系”，拼接点所组成的角的和是 360 度的规律。

（设计意图：成果展示，扩展提升。）

步骤三：解释为什么正五边形不能密铺

教师活动：

（1）提问：为什么正五边形不能密铺？

（2）学生汇报完毕后，进行小结。

学生活动：汇报正五边形不能密铺，因拼接角的度数总和不等于 360 度。

（设计意图：通过探究让学生总结出规律，再次验证，巩固新知。）

第四环节：欣赏与思考

教师活动：

（1）介绍关于密铺的相关历史知识，让学生欣赏密铺图形。

（2）要求学生汇报学习感受，并提出问题：足球的球面设计是密铺吗？

学生活动：

（1）利用平板电脑，自行浏览“电子资源包”中的相关素材。

（2）汇报学习感受。

（设计意图：总结梳理，情感升华。）

【教学反思】

本节课分析了电子书包为该节课提供支撑的优势，以期为教师有效融合电子书包环境、促进智慧课堂构建提供相关参考与借鉴。

“数学好玩——密铺”旨在让学生理解平面图形密铺的含义，探索平面图形密铺的特点和本质，培养学生观察、猜测、验证和推理的能力。因此，该节课需要学生能够全情投入，充分探究。但在传统课堂教学中，该节课的实施却存在如下问题。

1. 学生学习动机缺乏激活

教师对学习内容的呈现以将教材内容转换为 PPT 呈现为主，缺乏在对本班学生系统分析的基础上进行再设计。灌输式的学习方式，枯燥的知识呈现方式，以及学习内容与学生生活经验的剥离性，导致学生对学习内容缺乏主动性、兴趣性、积极性。教学与生活中常见事物经常脱节，学生很难理解所学知识并应用到生活中。

2. 图形教具较为传统

传统教具采用纸质图形，虽然制作简便，但是耗费材料与时间。课前，教师布置学生准备各种纸质图形教具；课上，学生根据教师提出的任务进行图形密铺操作。教师还会将各种纸质图形剪成卡片贴在黑板上，将图形密铺过程展现给学生，在任务完成的过程中，需要大量同种类型的图形。所以无论是学生还是教师，都需要提前准备大量相同的纸质图形。

3. 多样化探究实施困难

纸质图形教具的精确性、不易修改性、有限性都会影响探究的多样化，而因为是手工操作，所以同一图形规格未必统一，可能影响图形密铺的效果。制作完的纸质教具不能根据探究过程中的意愿进行任意形变，如果学生或教师要进行预期教具外的图形探索，则还需要耗费时间重新制作纸质教具，而部分形状的教具制作可能存在困难。

4. 过程记录与学习分享不便捷

数学探究过程一般包括提出问题，猜想与假设，验证、分析与评价，交流与合作等过程，在传统环境下，是无法对探究活动过程进行过程性及结果性记录的。在针对学生个体，探究不同图形的密铺性质与规律过程中，学生的思维发展过程、学习步骤与成果难以进行可视化保存，使得学生无法进行有效的回顾与反思。学生群体受到纸质教具限制，成果分享离不开操作台——书桌，往往只限于邻近同学，无法实现更大范围的分享与对比。

5. 学习评价无法及时有效

学习评价工具引导学习成果生成价值与意义，但在常规教学中，教师并不能针对学生个体和小组进行及时评价。在探究过程中，学生可能会有很多观点、做法和思路萌生，但是教师分身乏术，不能同时观察多位学生的学习行为并进行及时引导、干预，而学生也往往对自己的学习过程把控不足，导致与很多有价值的假设、验证与推理失之交臂。

本课是一节智慧课，引发学生智慧生成的原因，不是教师的简单灌输，而是利用技术创设让学生经历发现、构想、归纳、抉择、评价的过程。笔者通过教学实践，从教学设计、活动设计、技术应用三方面进行总结和思考，具体内容如下：

（1）良好的课堂效果必然经过精细化的教学设计，否则就很难激发学生的学习兴趣、保持学生的学习投入与热情，学生的学习质量也会大打折扣，而教学设计中非常重要的一项就是巧设情境。教师结合生活实际情境，讲授密铺的含义，化抽象为具体，营造了轻松的学习气氛，能让学生在轻松愉快的学习过程中感受数学与生活的密切联系。

（2）要以学习目标为导向，通过任务推进学习。每个学习环节都由来自整体任务的子任务驱动，目标导向、任务驱动，显著引发学习的内驱力。在学生初步了解密铺概念后，分别设计了学生独立构想并验证图形是不是能密铺、小组探究图形密铺条件两大任务，每个任务又设计了学生的活动步骤与支架。任务推进过程体现了数学思考，任务的完成过程促进了学生思维经验的积累，有助于学生独立思考、合作探究、归纳概括等能力的提升。

（3）丰富的技术环境有效支撑了课堂活动组织与学生探究过程。整体任务的布置、完成、分享等环节都通过电子书包相关资源与工具完成，教师为学生的学习活动提供了必要的引导，可以随时监控学生或者小组任务的完成情况，并进行点评指导。学生则可以在平板电脑上对图形进行旋转、抻拉、缩小、放大、组合等密铺操作，完成猜想、探究、验证等学习活动。学生通过亲自实践，解决了抽象、难以理解的数学问题，并可以根据学习情况获得个性化的指导与诊断。

五、视点链接

学科融合路上的行者

平头、眼镜、衬衫、西裤，这是他的标配，简约而低调，一如他的为人；日夜奋斗，为专业成长而奔忙，二十年如一日，韧劲可见一斑。认识他的人都知道他勤奋、有追求，对工作热忱负责，为青年教师的成长无私奉献，为学校、师生、学科发展倾注心血。他就是我的导师、专业引路人——黄伟祥老师。

初识黄老师是在一次评课中。那时他是我们邀请来的专家。认真而严肃的他一针见血指出问题所在，让作为新手的我倍感惶恐，因此他给我的第一印象是严苛。直到后来他手把手指导我参加赛课，我才慢慢了解他。他陪我备课，聚焦每字每句，陪我加班，就像参赛的是他自己……他敬业、一丝不苟、对人关怀备至、追求真善美。有学者型的平民领导如斯，实乃吾之幸也。

说起广东省信息技术教育和小学数学领域，大家都要提一下黄伟祥这个人，他精于教学，专于科研，乐于授道，有大学科、大发展的眼光，注重信息化的创新应用和学科融合发展，关注教育和谐发展。

一、专业能力，体现于教学精湛

扎实的专业知识，对前沿的敏锐感，是精湛教学的基石。黄老师是一个爱读书、勤思考的人，在丰厚的文化底蕴下，在教学的日积月累中，他的日常教学踏实而不乏新颖，信手拈来并落到实处，课堂自由活泼且有条不紊。“你是个很会思考的孩子”“你的想法还可以再大胆一点”，他不吝赞美和鼓励之词。伸手邀请，点头微笑，竖起大拇指，是他常用的身体语言……他引领学生在知识的天地里纵横驰骋。他的课，孩子们都很喜欢。

多少次，他进行着多样化的课堂展示，与同行交流共进；多少次，他打造了一堂堂精品课，让教师惊叹、让学生喜爱；多少次，他参加省、市，甚至全国的教学比赛，屡夺桂冠。专业化发展的道路是艰辛的，经过整整二十年的默默坚守与不懈努力，黄老师先后荣获全国和广东省小学信息技术优质课评比一等奖。在数学领域，他是一位不可多得的将才，他还获得全国和广东省教学成果（数学融合组）一等奖。

课堂上的游刃有余，离不开课后的教学反思。黄老师正是这样一个爱思考、善总结的人，他就是这样一个勤劳多产的论文专业户。平均每年，他都有近十篇论文发表与获奖。面对这样的数据，你会惊讶：“论文也可以量产吗？”与此同时，他还编写了省、市两级的信息技术教材，出版个人著作《为主题创作而教》。

二、科研力度，凸显于探究精神

改革，才能进步；研究，才有动力。以前我总是惊叹，黄老师为什么懂得那么多？其实，一个人博学是有原因的，因为他有执着的研究精神，善于抓住教育热点和实践问题，以课题的形式进行有计划、有组织的研究。这些年来，课程开发、学科融合、计算思维、翻转课堂、创课教育、Steam 教育等等，都成为他研究的方向。在研究当中，他注重课题成果的转化与推广，有 21 项课题成果先后获得全国、省、市的奖励。他还在市内外开设示范课、专题讲座 100 多场，曾赴西班牙、葡萄牙、波兰、芬兰、瑞典、澳大利亚、中国香港、中国台湾等国家和地区进行学习交流。他尽己之力，发挥名师的引领和辐射作用。为了学生的切实利益，为了教育的本真，他进行学习的革命精神，将永恒不变。

三、名师之风，成就于言传身教

君子有大胸怀，岂能独善其身。作为名师，帮助和引领青年教师走专业发展道路，是一项重要的任务，而黄老师视之为责任、使命。

作为学校教导处主任和省、市名师工作室主持人，黄老师指导多个学科教师参加比赛，多次荣获一等奖。为了青年教师的成长他无私奉献，多级别、跨学科进行指导，可见其教学素养之深厚。2012 年，在紧促的三个月里，他指导朱钒娜老师参加市说课交流及选拔。随后朱老师参加全国说课比赛、省说课比赛，黄老师亲自撰写说课稿，做课件，设计板书，反复练习，样样亲力亲为。朱老师不负所望，在全国、省说课比赛中均获一等奖。朱老师在赛后日记中记录到："从市到全国比赛经过近三个月，为了学校的荣誉，黄伟祥主任也累倒了，累到声音都发不出来，被医生确诊为声带发炎水肿，连续打了一周吊针，但他还是坚守着'实验人力求向上'的精神。"他用自己的坚毅，影响和鼓舞了一个又一个青年教师，带领他们勤奋向上，走专业发展道路。他用自己的名师成长经历，传递着正能量，影响着他身边的教育人。

四、智慧教育，彰显于融合创新

黄老师对教育事业是如此的热情和执着，他的教育品格就是智慧人格的体现。他说自己是一个半路出家之人，然而，他在信息技术教育方面却取得了丰硕的成果。他也经常涉足其他学科和领域。他的教育理念是教育不仅授予知识和技能，更重要的是授予学习的能力和思维。在他眼中，教育没有学科的界限，而是要带着学科融合、共同发展的大教育眼光，在夯实基础教育事业中不断寻找创新发展的契机。

我校加入C20联盟以来，黄老师被学校委以重任，成为项目研究的主要负责人。他积极研究慕课相关理论，探讨“翻转课堂”模式，努力推进“翻转学习”的革命。他开展相关理论知识的培训，带领教师进行微视频系列化开发，首当其冲进行翻转课堂教学实践。他的翻转课堂，以“学”为中心，以“学”定“教”，以学生为课堂的中心，切实提升课堂实效。课后，学生普遍反映：“黄老师设计的视频挺有意思。课堂上研究的都是我们自己提出来的问题。不是老师说什么我们做什么，这比较有吸引力。”而有幸听课的老师则表示，课堂充满思考，学生愉悦、课堂互动感强，有真实生成性，效率太高了。

他是一位有思想、有智慧、有成果、有追求的教育先锋者。他勤劳、幽默、进取、热心助人，一如他对待生活的态度，以及他不遗余力帮助别人的心。他还写得一手好书法；写起文章才思泉涌；他乒乓球打得顶呱呱，还会弹钢琴、吹笛子、葫芦丝呢……他是一个多才多艺的人。而这一切，源于他对生活和工作的热情。更准确地说，是源于他积极向上的人生态度。

（《学科融合路上的行者》一文 2018 年发表于
《中小学信息技术教育》）

参考文献

[1] 北京师范大学智慧学习研究院.2016年全球教育机器人发展白皮书 [DB/OL]. [2017-7-20] .http://sanwen8.cn/p/34fFTTF.html.

[2] 中华人民共和国国务院.新一代人工智能发展规划 [EB/OL]. [2017-11-19] .http://www.gov.cn/XinWen/2017-07/20/content_5212122.htm.

[3] 白盈盈，马德俊.教育信息化环境下新型学与教方式研究 [J] .中国教育信息化，2013 (13)：41-44.

[4] 鲍雪莹，赵宇翔.游戏化学习的研究进展及展望 [J] .电化教育研究，2015 (8)：45-52.

[5] 陈凯泉，沙俊宏，何瑶，等.人工智能2.0重塑学习的技术路径与实践探索——兼论智能教学系统的功能升级 [J] .远程教育杂志，2017 (5)：40-53.

[6] 陈琳，李佩佩，华璐璐.论智慧校园的八大外部关系 [J] .现代远距离教育，2016 (5)：3-8.

[7] 陈琳，王蔚，李冰冰.智慧学习内涵及其智慧学习方式 [J] .中国电化教育，2016 (12)：31-37.

[8] 陈琳，杨英，华璐璐."十三五"开局之年以信息化推动教育现代化新发展 [J] .中国电化教育，2017 (2)：69-75.

[9] 陈琳，杨英，孙梦梦.智慧教育的三个核心问题探讨 [J] .现代教育技术，2017 (7)：47-53.

[10] 崔友兴，李森.基于学生核心素养培育的教学变革 [J] .当代教育与文化，2017 (1)：29-34.

[11] 丁卫平，王杰华，管致锦.基于数据挖掘技术的教学评估智能辅助决策平台的设计与实现 [J] .电化教育研究，2009 (4)：90-92.

[12] 甘容辉，何高大.大数据时代学习分析与外语教学研究展望 [J] .外语电化教学，2016 (3)：40-45.

[13] 郭华.新媒体时代的教学及教学变革 [J].中小学管理，2014 (12)：4-6.

[14] 郭庆琳，樊孝忠.自然语言理解与智能检索 [J].信息与控制，2004 (1)：120-123.

[15] 郭绍青，贺相春，张进良，等.关键技术驱动的信息技术交叉融合——网络学习空间内涵与学校教育发展研究之一 [J].电化教育研究，2017 (5)：28-35.

[16] 何克抗.促进个性化学习的理论、技术与方法——对美国《教育传播与技术研究手册（第四版）》的学习与思考之三 [J].开放教育研究，2017 (2)：13-21.

[17] 贺相春，郭绍青，张进良，等.网络学习空间的系统构成与功能演变——网络学习空间内涵与学校教育发展研究之二 [J].电化教育研究，2017 (5)：36-42.

[18] 胡航，董玉琦.深度学习内容的构成与重构策略 [J].中国远程教育，2017 (10)：72-78.

[19] 胡加圣，靳琰.教育技术与外语课程融合的理论与实践研究 [J].中国电化教育，2015 (4)：114-120.

[20] 黄荣怀，刘德建，徐晶晶.教育机器人的发展现状与趋势 [J].现代教育技术，2017 (1)：13-20.

[21] 黄荣怀，杨俊锋，胡永斌.从数字学习环境到智慧学习环境——学习环境的变革与趋势 [J].开放教育研究，2012 (1)：75-84.

[22] 金陵.大数据与信息化教学变革 [J].中国电化教育，2013 (10)：8-13.

[23] 康淑敏.信息化背景下的教学方式变革研究 [J].教育研究，2015 (6)：96-102.

[24] 李葆萍，周颖.基于大数据的教学评价研究 [J].现代教育技术，2016 (6)：5-12.

[25] 李志河，伊洁.AIED技术支持下的适应性教育模式的构建及应用 [J].现代教育技术，2017 (11)：12-18.

[26] 刘红晶，谭良.SPOC助学群组促进深度学习的策略和方法研究 [J].电化教育研究，2017 (2)：73-81.

[27] 刘小冬.自然语言理解综述[J].统计与信息论坛，2007（2）：5-12.

[28] 刘清堂，毛刚，杨琳.智能教学技术的发展与展望[J].中国电化教育，2016（6）：8-15.

[29] 刘雍潜，李龙，谢百治.信息技术环境对“学与教”方式的支持[J].中国电化教育，2010（11）：17-21.

[30] 刘勇，李青，于翠波.深度学习技术教育应用：现状和前景[J].开放教育研究，2017（5）：113-120.

[31] 马玉慧，柏茂林，周政.智慧教育时代我国人工智能教育应用的发展路径探究——美国《规划未来，迎接人工智能时代》报告解读及启示[J].电化教育研究，2017（3）：123-128.

[32] 孟志远，卢潇，胡凡刚.大数据驱动教育变革的理论路径与应用思考——首届中国教育大数据发展论坛探析[J].远程教育杂志，2017（2）：9-18.

[33] 牟智佳，武法提.教育大数据背景下学习结果预测研究的内容解析与设计取向[J].中国电化教育，2017（7）：26-32.

[34] 牟智佳.“人工智能+”时代的个性化学习理论重思与开解[J].远程教育杂志，2017（3）：22-30.

[35] 牟智佳.学习者数据肖像支撑下的个性化学习路径破解——学习计算的价值赋予[J].远程教育杂志，2016（6）：11-19.

[36] 尚俊杰，庄绍勇，李芳乐，等.游戏化学习行为特征之个案研究及其对教育游戏设计的启示[J].中国电化教育，2008（2）：65-71.

[37] 唐烨伟，郭丽婷，解月光，等.基于教育人工智能支持下的STEM跨学科融合模式研究[J].中国电化教育，2017（8）：46-52.

[38] 陶侃.从触发到关联：游戏化学习的路径新探——以游戏中的人工智能、认知技能树为例[J].现代远距离教育，2013（3）：72-77.

后　记

人生拐角处遇见那抹彩霞

两年前，出版的第一本专著《为主题创作而教》，被中国国家图书馆收为藏书，能得到如此高的肯定，确实没有想到。两年后的今天，把七年来的研究成果，撰写成书也是项目研究计划中的事情。我希望做一个项目研究，就出版一本专著，这样既可以系统地提炼研究成果，又能促进自己更投入、更深层次地进行研究。

对于写作，很多人都觉得是老大难问题，其实，我也如此。撰写的过程是艰难的，因为我希望不只是将几篇文章简单地结集，而是希望有系统、有层次、有实践地提炼思想，希望在融合创新的话题上发出自己的声音——一种独立的、个性的、富有思考性的声音。也许我的声音还很稚嫩，但我勤勉而认真。

书写到后记，说明书稿基本完成了，此时此刻，我更愿意把即将画上的句号改成感叹号。感叹号承载着我这颗拳拳的感恩之心，感恩自己与团队的艰辛付出，感恩我成长路上的导师、朋友和同行，不管我遇到什么困境，他们对我都是不离不弃，悉心教导，大力支持。在这里我就不一一列举具体名单了，他们的名字我会永远藏于心底。

这本书与第一本专著一样，都是在暑假完成书稿的，但两者又有很多不一样的地方。这本书稿完成期间，是我处于人生拐角处。工作、生活、未来等等不确定因素让我千头万绪。在身心极度疲惫的状态下，能把书稿完成下来，是因为在人生拐角处遇见那抹彩霞，她用柔光，静静地，打开了我心中的一道封印，照亮我的内心深处，让我看见了诗和远方，给了我继续前行的勇气和力量。

诗和远方，多么美好的愿景！是呀！人，不能让自己变成工具和机器，不断重复一成不变的语言、行为和思想。人的成长过程应该像登山一样，尽管脚步是重复的，但高度是不一样的，直至登上思想和觉悟的顶峰，极目远眺、心旷神怡，天际的那抹彩霞尽收于眼，这正是无限风光在险峰的真谛。

七年的融创研究之旅，我付出了鲜为人知的艰辛，承受着研究背后多少的孤寂，但我坚定不移，怀着朝圣者的虔敬与执着，向着心中教育圣境跋涉。这是一次何等美妙的历程啊！写此专著，我希望珍藏，珍藏七年来艰难探索的脚步；我渴望抒写，抒写每一点收获的喜悦与幸福；我需要呼唤，呼唤铭刻于心的永不褪色的信仰。在信息化时代澎湃激荡的教育洪流中，我也许很渺小，但我很真实，也很真诚。这，就是我撰写这本书的全部勇气。

多少次的迷茫与困惑，甚至感觉到窒息般的重压与窘迫，但是我没有想过放弃，我从每一次阻碍的背后捡拾点滴的收获，从每一次点滴的收获中咀嚼信念的味道。而更重要的是，我明白，我撰写的每一段文字、每一个符号都是研究团队用汗水浇灌，用生命参与的，书里有对他们学习、生活、成长的真实写照。这，就是我撰写的责任。

宋人张载《咏芭蕉》一诗写道："芭蕉心尽展新枝，新卷新心暗已随。愿学新心养新德，旋随新叶起新知。"我愿与同行共勉，不断探索，不断增添新知，重构教学新范式。

我不知未来还会发生什么，
但我一直对未来充满期待，
因为我相信只要信念还在，
彩霞将照亮每一个人生的拐角。
融创的风景线，
就在路上，
相信未来，
终生不移，
直达彼岸！

黄伟祥

2019年8月